跟毛泽东读二十四史

王小宽　张明林◎著

红旗出版社

图书在版编目(CIP)数据

跟毛泽东读二十四史 / 王小宽，张明林著.
--北京:红旗出版社，2015.11(2025.3重印)
ISBN 978-7-5051-3461-4

Ⅰ.①跟… Ⅱ.①王… ②张… Ⅲ.①毛泽东著作研究-中国历史②《二十四史》-研究 Ⅳ.①A841.692②K204.1

中国版本图书馆CIP数据核字(2014)第018812号

书　名：跟毛泽东读二十四史
GENMAOZEDONGDUERSHISISHI

编　著　王小宽　张明林

责任编辑　于鹏飞　　责任印务　金　硕
责任校对　马瑞霞　　封面设计　三味书香
出版发行　红旗出版社
地　　址　北京市沙滩北街2号　　邮政编码　100727
　　　　　杭州市体育场路178号　　邮政编码　310039
编 辑 部　0571-85310806　　发 行 部　0571-85311330
E - mail　rucdj@163.com
法律顾问　北京盈科(杭州)律师事务所　钱　航　董　晓
图文排版　北京金荣伟艺图书有限公司
印　　刷　三河市天润建兴印务有限公司
开　　本　787 毫米 ×1092 毫米　1/ 16
字　　数　280 千字　　印　　张　20
版　　次　2015年11月北京第1版　　印　　次　2025 年4月北京第3次印刷
ISBN　978-7-5051-3461-4　　定　　价　66.00 元

前言

《二十四史》是一部卷帙浩繁的中国历史典籍。它从西汉司马迁的《史记》开始，经由2000多年来历朝著名的历史学家精心编撰而成，是一部纪传体史书合集，全套书共3259卷，约4000万字，记叙了从传说中的黄帝时代到明崇祯十七年长达4000多年里中华民族的政治、经济、文化、天文、地理等各方面内容，是我国最详细、最权威的一部历史巨著。

1952年，毛泽东特意购置了一部清乾隆武英殿版的《二十四史》，开始系统地阅读。从此时起，直到他逝世，在这漫长的24年间里，毛泽东不仅通读了《二十四史》，而且还对其中十五史的重点篇章进行了反复阅读，做了大量的批注。

其他九史，如《南齐书》《梁书》《陈书》《魏书》《北齐书》《周书》《辽史》《金史》和《元史》，虽然正文没有评点，但都已经通读，并且有些内容在其他史书中相应的位置上也有评注。

毛泽东读二十四史，始终坚持历史唯物主义的观点。他曾对芦荻讲："一部《二十四史》大半都是假的，所谓实录之类也大半是假的。"毛泽东这样说，有以下几点原因：

第一，每一部史书，基本上都是由新封建王朝的臣子奉命修撰的，凡关系到本朝统治者不光彩的地方，一般不去写，也不敢写。

第二，封建社会有一条"为尊者讳"的伦理道德标准，即对皇帝或父亲的罪行，或是隐而不书，或是把责任推给臣下或他人。

第三，史书中的内容，也多写帝王将相，人民群众的生产情形、生活情形，大多只字不提，有的写了些，不是一笔带过，就是刻意歪曲，如农民反压迫、剥削的斗争，一律被骂成十恶不赦的"匪""贼""逆"……这是最不符合历史的。

第四，一部《二十四史》，写符瑞、迷信的文字，占了很多，各朝各代的史书里都有。像《史记·高帝本纪》里，写了刘邦斩白蛇的故事，又写了刘邦藏身的地方上面常有云气。不可否认，这些都是骗人的鬼话。

毛泽东虽然认为《二十四史》大部分都是假的，但同时他也明确指出："如果因为历史大半是假的就不读了，那就是形而上学。不读，靠什么来了解历史呢？反过来，一切信以为真，书上的每句话，都被当作证实的信条，那就是历史唯心论了。正确的态度是用马克思主义的立场、观点和方法，分析它、批判它，把颠倒的历史颠倒过来。"

在这种历史唯物主义观点的指导下，毛泽东读《二十四史》，往往便能透过现象看清本质。如对陈桥兵变，毛泽东就明确指出：“宋太祖赵匡胤本是后周的臣子，奉命北征，走到陈桥驿，竟发动兵变，篡夺了周的政权。《旧五代史》却说他黄袍加身，是受将士们‘擐甲将刃’、‘拥迫南行’被迫的结果，并把这次政变解释成是‘知其数而顺乎人’的正义行为。”读到《宋史·秦桧传》，毛泽东则点明：“宋高宗、秦桧主和投降，实际上主和的责任不全在秦桧，起决定作用的是幕后的宋高宗赵构。”

当然，历史事件是纷繁复杂的，要完全用某一种固定的理论来解释所有的历史问题显然也是不科学的。因而毛泽东在读《二十四史》时所作的诸多批注，往往是从具体的问题出发，在强调理论概括的前提下，既注重对历史人物的个体研究，也注重对历史经验和教训的总结。

与此同时，毛泽东读史还注意联系现实。他是作为一个大思想家、政治家、实践家在读书。他不但想了解历史，还把它与现实紧密地联系在一起，想从对历史的了解上来变革现实。毛泽东评《二十四史》，是怀着让人们从中汲取经验教训的目的，对于许多事件的分析，对各种人物行为、言论的评价，不仅自己受益，也使其他干部从中获得教益。

比如说，毛泽东读《二十四史》的时候，中国最根本的现实是如何建设社会主义。《二十四史》上没有社会主义的内容，但是毛泽东在读《张鲁传》时写的长达1300余字的评语中，却联系到社会主义道路这个中国最大的现实问题。

另外，毛泽东对历史人物的个体研究，还敢于突破传统的偏见。例如，欧阳修在《新唐书》卷98《马周传》卷末的“赞”中写道：“（马）周之遇太宗，顾不异哉！由一介草茅言天下事，若素宦于朝、明习宪章者，非王佐才，畴以及兹？其自视与筑岩、钓渭亦何以异！迹乎帝锐于立事，而周所建皆切一时，以明佐圣，故君宰间不胶漆而固，恨相得晚，宜矣。然周才不逮傅说、吕望，使后世未有述焉，惜乎！”毛泽东不同意欧阳修的看法，认为马周在唐太宗贞观六年（632年）的上奏，是继西汉贾谊的《治安策》以后的第一奇文。于是批注道：“傅说、吕望，何足道哉！马周才德，迥乎远矣。”

从以上介绍可知，毛泽东读《二十四史》，是带着历史唯物主义的观点，注重联系现实去品读的，这样不仅客观，而且能够从中获得经验教训。所做批注总体来说比较妥帖，体现了优秀史学家的远见卓识。

此本《跟毛泽东读〈二十四史〉》分两大部分，第一部分辑录了毛泽东品读的原文，真实地再现了毛泽东的品读记录；第二部分是对毛泽东品读的精华分析，为更深地理解毛泽东的思想、观点提供帮助。

读此书，您不但能够快速地了解《二十四史》，而且还能从毛泽东的品读中获得非凡的启迪，让自己受益终身，从而获得一个高质量的人生。

目 录

第一章

史家之绝唱，无韵之离骚——毛泽东品读《史记》

第二章
整齐划一，文赡事详——毛泽东品读《汉书》

第三章
网罗一代，事义周悉——毛泽东品读《后汉书》

第四章

词多劝诫，有益风化——毛泽东品读《三国志》

第五章

览古今之失，察安危之机——毛泽东品读《晋书》

第六章

行文优美流畅，语言简练有法——毛泽东品读《宋书》

第七章

以古为镜，可见兴替——毛泽东品读《隋书》

第八章

举起精要，周不毕记——毛泽东品读《南史》

第九章

叙事简劲，近世佳作——毛泽东品读《北史》

第十章

裁国史之繁略，记礼法之沿革——毛泽东品读《旧唐书》

第十一章

必备一家之史，以为万世之传——毛泽东品读《新唐书》

第十二章

见闻较近，是以征信——毛泽东品读《旧五代史》

第十三章

法严词约，多取《春秋》遗旨——毛泽东品读《新五代史》

第十四章

卷帙浩繁，贯通南北——毛泽东品读《宋史》

第十五章

断代体裁的完璧之作，跨越世纪的历史巨著——毛泽东品读《明史》

第一章

史家之绝唱，无韵之离骚

——毛泽东品读《史记》

《史记》是毛泽东从青少年时期就开始阅读并终生喜爱的史书，毛泽东称赞它“严格、准确”，并且读时做了许多批注。同时，毛泽东对《史记》的作者司马迁也十分崇敬，对他“求实”的高尚史德给予很高的评价。以史为鉴，毛泽东注重调查研究，坚持实事求是，并且得出“没有调查，就没有发言权”这一著名论断。从这里可以反映出，毛泽东十分善于继承和发扬中国古人的优秀品质和传统。

禹王做官，但也耕田

【品读原文】（禹）八年于外，三过其门而不入，耐久而已。

——摘自毛泽东早年文稿《体育之研究》。

【品读原文】历史上的禹王，他是做官的，但也耕田。

——摘自毛泽东1939年4月24日在抗大生产运动初步总结大会上的讲话（见陈晋：《毛泽东的文化性格》，中国青年出版社1991年版，第157页）。

【品读精华解析】1915年，当时在长沙第一师范读书的毛泽东，曾经和罗章龙一起到过长沙许多地方。长沙附近有个拖船埠，那里有座禹王碑，传说禹王曾在此拖过船。面对历史遗迹、先人功勋，青年毛泽东势必产生为民造福的雄心壮志。古史说："大禹治水，栉风沐雨，八年于外，三过家门而不入。"毛泽东对大禹治水的历史记载颇有兴趣，他不仅在早期文章中赞扬大禹治水的忘我精神，而且在延安时期，面对国民党的封锁，更号召边区军民学习大禹的吃苦精神，而且毛泽东认为大禹是身体力行的劳动者。在评价大禹时，一方面，毛泽东称大禹为"王"，说他是做"官"的；另一方面又指出禹也耕田，从侧面道明了原始共产主义向奴隶制王朝转化时期的历史特征。

大禹治水，摩顶放踵，身经百难，历尽艰险，终于百川归海，水患消失。禹得到人民拥护，遂称天下之王。关于大禹治水的故事，可以说炎黄子孙代代相传，家喻户晓，妇孺皆知。

中国土地广袤，江河众多，水患频繁。可以说水患的治理情况直接影响到历代王朝的兴衰。西汉时文帝、景帝到武帝，都使黄河得到了很好的治理。东汉时光武帝、汉明帝也曾注意治理黄河，遂有文景之治和汉武帝的文治武功，以及光武的中兴局面，使两汉绵延四百余年。而在隋末、元末，河患严重，得不到好的治理，致使民怨沸腾，加剧了两朝统治的灭亡。因此有人说，中国的文化是治水文化，中国的历史，是一部治水的历史。可以这样说：在中国历史上，谁抓住了水患的治理，谁就抓住了稳定天下形势的一个关键。

老子不是唯物论者

【品读原文】 我们必须学会全面地看问题，不但要看到事物的正面，也要看到它的反面。在一定的条件下，坏的东西可以引出好的结果，好的东西也可以引出坏的结果。老子在二千多年以前就说过："祸兮福所倚，福兮祸所伏。"日本打到中国，日本人叫胜利。中国大片土地被侵占，中国人叫失败。但是在中国的失败里面包含着胜利，在日本的胜利里面包含着失败。历史难道不是这样证明了吗？

——摘自毛泽东1957年2月27日《关于正确处理人民内部矛盾的问题》。

【品读原文】 任继愈讲老子是唯物论者，我是不那么赞成的。得到了天津有个叫杨柳桥的教授的书《老子今译》，他说老子是唯心主义者，客观唯心论者。

——摘自陈晋：《毛泽东之魂》，吉林人民出版社1993年版，第295页。

【品读精华解析】 1917年暑假，毛泽东和他的同学萧子升"游学"途中，曾在宁乡境内拜访了刘翰林。刘翰林问他俩读过什么书，毛泽东告诉他读过《十三经》《老子》和《庄子》，并说："最好的《老子》注是王弼作的，最好的《庄子》注是郭象作的。"后来他们还拜访了沩山寺，方丈和他们侃侃而谈。萧子升在《我和毛泽东的一段曲折经历》中回忆说："最后谈及孔子和老子，我们觉得这是自己熟悉的问题，于是便表白了自己的意见。”可见毛泽东对老子是很熟悉的。

在读书笔记中毛泽东也提到过老子。如在《讲堂录》中便记有：“《老子》天下莫柔弱于水，而攻坚强者莫之能胜。”在读泡尔生的《伦理学原理》时，毛泽东批注道：“老庄绝学弃智、老死不相往来之社会，徒为理想之社会而已。”

老子的理想社会，脱离社会发展进步的实际，摒弃人类文明的创造，以一种近于世外桃源的空洞想象，表现出对现实生活的隔绝、对人类历史的隔绝。这样一种主张，和青年毛泽东立志要改造社会，学习西方的文明，强调人的主观意志的积极力量的主张显然相差较远，所以毛泽东认为其“徒为理想之社会”，这种空洞的幻想，既是无法实现的，也是不切实际的。

新中国成立以后，毛泽东还常读《老子》一书，他在外出时，曾指名带上《老子》。毛泽东对老子的社会主张不感兴趣，他最欣赏的是其中的辩证法。

春秋末年到战国初年，社会处于巨大的变革之中，个人的富贵贫贱，国家的安危兴亡，都像自然界的“高峰为谷，深谷为陵”一样变动不居。作为史官的老子，从“社稷无常奉，君臣无常位”，飘风不终朝、骤雨不终日的自然、历史与现实中，认识到运动变化是世界的永恒主题。

这种变化的一个重要原因，是宇宙间万事万物都存在着相互矛盾的两个对立面。因此，《老子》中提出了一系列的对立范畴。如：阴阳、有无、刚柔、强弱、大小、高下、前后、美丑、祸福、难易、荣辱、贵贱、损益、生死、智愚、巧拙、胜败、攻守、进退、曲直、轻重等等。这些对立面，既有矛盾对立的一面，也有互相依存和转化的一面，如“有无相生，难易相成，长短相形，高下相倾，音声相和，前后相随”等。前面引的毛泽东谈老子的福祸相互倚伏的观点，是 1957 年 2 月 27 日毛泽东在最高国务会议第十一次（扩大）会议上作题为《关于正确处理人民内部矛盾的问题》的讲话中评述的。

在这里，毛泽东教导人们要全面地看问题。所谓全面地看问题，就是对一件事情不只看它有利的一面，还要看到它不利的一面，以增强危机感，保持头脑清醒。同理，既要看其不利的一面，还要看到它有利的一面，以增强信心，鼓舞斗志。毛泽东在这里举老子的“祸兮福所倚，福兮祸所伏”的话，来证明这一点。毛泽东发表这个讲话时，正逢国内曾有一部分群众闹事，国际上发生了匈牙利事件。.这两件事都不是好事，但毛泽东却认为坏事可变成好事：群众闹事“可以促使我们接受教训，克服官僚主义”；由于匈牙利的同志们在事件的发展过程中间处理得正确，“匈牙利现在比过去更巩固了”。

明白了矛盾着的事物相互转化的道理后，接着就是如何促进这种转化了。李泽厚在《中国古代思想史论·孙老韩合说》一文中说，据传毛泽东曾认为《老子》是一部兵书，这种说法是否属实姑且不论，但《老子》中充满着以退为进、以静制动、以柔克刚、以弱胜强的韬略智谋却是不争的事实。这些矛盾转化的原则，这些韬略智谋，毛泽东高度重视，并将之应用于革命之中。

毛泽东 1936 年 12 月写的《中国革命战争的战略问题》一文中，在谈到战略退却时写道：“关于丧失土地的问题，常有这样的情形，就是只有丧失才能不丧失，这是‘将欲取之必先予之’的原则。如果我们丧失的是土地，而取得的是战胜敌人，加恢复土地，再扩大土地，还是赚钱生意的。”

这里，毛泽东就是运用了老子“将欲取之，必先予之”的策略，不计较一城一池的暂时得失，着眼于最终的获取、最终的胜利。丧失是为了取得，退却是为了前进。毛泽东对老子辩证法的运用臻于化境。

当然，智谋在某种意义上讲也是阴谋，毛泽东对这一点看得比较透。1964 年 8 月 3 日，毛泽东在一次谈话中明确地指明这一点。他说：“我看老子比较老实，他说‘将欲取之，必先予之’，要打倒你，先把你抬起来，搞阴谋，写在了书上。”

这一坦白和径直的分析，值得人们思考与回味。

20 世纪五六十年代，我国哲学界对老子到底是属于唯物主义还是属于唯心主义（唯心主义又分主观唯心和客观唯心）的问题开展了广泛的讨论，毛泽东对这场讨论也很感兴趣。他在一份学术界讨论老子思想的综述材料上批示道：“印十份交我为盼。毛泽东廿七日上午六时。”

毛泽东对这场讨论中所涉及的问题有自己的看法。前面引的第二段话，是毛泽东 1968 年 10 月 31 日在中共中央八届十二中全会闭幕会上的一段讲话。毛泽东说：“任继愈讲老子是唯物论者，我是不那么赞成的。得到了天津有个叫杨柳桥的教授的书《老子今译》，他说老子是唯心主义者，客观唯心论者。我就很注意这个人。后头一调查，糟糕，这个人是个什么右派嘛。”

据分析，毛泽东比较赞同的观点是老子属于客观唯心主义者，这种观点现在已成哲学界关于这个问题的主流观点。

孔子的思想也有弊端

【品读原文】　我们共产党人看孔夫子，他当然是有地位的，因为我们是历史主义者。

——摘自毛泽东1958年11月在武昌会议上的讲话（见石玉山著：《毛泽东怎样读书》，中国大百科全书出版社1991年12月版，第76页）。

【品读原文】　剥削阶级当还能代表群众的时候，能够说出若干真理，如孔子，苏格拉底，资产阶级，这样看法才是历史的看法。

孔孟有一部分真理。

——摘自毛泽东1943年6月在一篇关于“人性”问题的通信上的批示（见陈晋：《毛泽东的文化性格》，中国青年出版社1991年版，第195~196页）。

【品读原文】　孔夫子是封建社会的圣人，鲁迅则是现代中国的圣人。

——摘自毛泽东1937年10月19日在延安陕北公学鲁迅逝世周年纪念大会上的讲话（见黄丽镛编著：《毛泽东读古书实录》，上海人民出版社1994年6月版，第106页）。

【品读原文】　青年要犯错误，老年就不犯错误呀？孔夫子说，他七十岁干什么都合乎客观规律了，我就不相信，那是吹牛皮。

——摘自毛泽东1956年11月15日在中共八届二中全会上的讲话（见黄丽镛编著：《毛泽东读古书实录》，上海人民出版社1994年6月版，第

228 页）。

【品读原文】　曲阜县是孔夫子的故乡，他老人家在这里办过多少年的学校，教出了许多有才干的学生，这种事是很出名的。可是他不大注意人民的经济生活。他的学生樊迟问起他如何从事农业的话，他不但推开不理，还在背后骂樊迟做“小人”。现在他的故乡的人民办起社会主义的合作社来了。经过了两千多年仍然是那样贫困的人民，办了三年合作社，经济生活和文化生活都开始改变了面貌。这就证明，现在的社会主义确实是前无古人的。社会主义比起孔夫子的“经书”来，不知道要好出多少倍。有兴趣去看孔庙孔林的人们，我劝他们不妨顺道去看看这个合作社。

——摘自毛泽东 1955 年 12 月为《一个在三年内增产百分之六十七的农业生产合作社》一文写的按语（见《中国农村的社会主义高潮》的按语）。

【品读精华解析】　1936 年，毛泽东在延安的窑洞里向美国记者埃德加·斯诺叙述自己的过往经历时曾这样说过：“我八岁那年开始在本地一个小学堂读书，一直读到十三岁。早晚我到地里干活。白天我读孔夫子的《论语》和四书五经。”

事隔 20 多年后，1964 年毛泽东在北戴河与哲学工作者座谈时，还追忆道：“我过去读过孔夫子的四书、五经，读了六年，背得，可是不懂。”

1913 年毛泽东在长沙读书时，作有题名《讲堂录》的课堂笔记和读书笔记，在这之中，有不少记有《论语》的。

可以讲，学生时代的毛泽东对孔子基本是采取一种学习、接受的态度，只是在有名的新文化运动的杂志《新青年》的影响下，他才走上了一条激烈的反孔道路。他在《新青年》上发表文章，批驳尊孔宗孔的言论，批判孔学思想专制的弊害，当然，这已经超过了对孔子的评判，而转到社会文化政治的层面上了。

1920 年 4 月，毛泽东到曲阜游览了孔子的陵庙和故居。虽然这时他已经进一步接触了马克思主义，很想走俄国的道路。他后来同斯诺谈到这次孔子故乡行：“在前往南京的途中，我在曲阜停了一下，去看孔子的墓，我看到了孔子的弟子濯足的那条小溪和孔子幼年所住的小镇。在有历史意义的孔庙附近的一棵有名的树，相信是孔子栽种的，我也看到了。我还在孔子的一个著名弟子颜回住过的河边停留了一下，并且看到了孟子的出生地。”这表明，他不是一般的参观旅游，而是带着倾慕之心的。

在中国共产党成立后，虽然马列主义成为毛泽东分析观察形势的指导理论，但他并没有忘记孔夫子。

1930年在《反对本本主义》一文中，毛泽东指出，没有调查就没有发言权：“迈开你的两脚，到你的工作范围的各部分各地方去走走，学个孔夫子的‘每事问’，任凭什么才力小也能解决问题，因为你未出门时脑子是空的，归来时脑子已经不是空的了，已经载来了解决问题的各种必要材料，问题就是这样子解决了。”“每事问”（见《论语·八佾》）表现孔子对周公、周礼的尊敬和谨慎的态度，同时也体现孔子重视多见多闻、虚心请教。毛泽东在《反对本本主义》中主要是取后一个意思，把“每事问”当作一种值得提倡的工作方法、工作态度与精神，以此来说明解决问题必须重视调查研究。

1942年在《反对党八股》一文中，谈道“孔夫子提倡‘再思…’”。孔子说的学习态度，“知之为知之，不知为不知，是知也”；要“不耻下问”；“要学而不厌，诲人不倦”；等等。孔子的话，毛泽东在文章和讲话中是常常引用的。综观毛泽东的著作中，对《论语》等孔孟儒家学说有许多肯定的引证，也有必要的批判，采取的是一种马克思主义历史主义的态度。

为了响应毛泽东研究历史的号召，1939年间，陈伯达就孔子、老子和墨子的哲学思想，写出长篇论文，先后在延安出版的《解放》上发表，这三篇文章都送毛泽东审阅过。毛泽东在给张闻天的两封信中，就陈伯达的《孔子的哲学思想》谈了对孔子的哲学思想的看法。

《论语》中有一句名言：“名不正则言不顺，言不顺则事不成。”毛泽东认为：“如果孔子在‘名不正’上面加了一句‘实不明则名不正’，而孔子又是真正承认实为根本的话，那孔子就不是观念论了，然而事实上不是如此，所以孔子的体系是观念论；但作为片面真理则是对的，一切观念论都有其片面真理，孔子也是一样。”

“中庸”是孔子哲学的重要范畴，毛泽东认为陈伯达文章中对此的解释基本上是对的，但是有不足，“文中最好引《中庸》上面‘舜其大知也与，舜好问而好察迩言……执其两端用其中于民’，及‘回之为人也，择乎中庸得一善则拳拳服膺而弗失之’，更加明确地解释了中庸的意义”。毛泽东认为朱熹在《四书集注·中庸》中相关的一段注文基本上是对的，他在信中引了这段注文：“两端谓众论不同之极致，盖凡物皆有两端，如大小厚薄之类。于善之中又执其两端而度量以取中，然后用之，则其择之审而行之至矣。然非在我之权度精切不差，何以与此？此知之所以无过不及而道之所以行也。”

他进而又结合现实分析道：“说这个事物已经不是这种状态而进到另一种状态了，这就是别一种质，就是‘过’或‘左’倾了。说这个事物还停止在原来状态并无发展，这是老的事物，是概念停滞，是守旧顽固，是右倾，是‘不及’。孔子的中庸观念没有这种发展的思想，乃是排斥异端树立己说的意思为多，然而是从量上去找出与确定质而反对‘左’右倾则是无疑的。”

他称这“是孔子的一大发现，一大功绩，是哲学的重要范畴，值得很好地解释一番”。

在致张闻天的信中，毛泽东另外还谈到了关于孔子的道德论的问题。他说：关于孔子的道德论，应给以唯物论的观察，加以更多的批判，以便与国民党的道德观（国民党在这方面最喜欢引用孔子）有原则性的区别。孔子的知（理论）即是不根于客观事实的，是独断的，观念论的，则其见之仁勇(实践)，也必是仁于统治者一阶级而不仁于大众的；勇于压迫人民，勇于守卫封建制度，而不勇于为人民服务的。

毛泽东完全是以无产阶级政治家的观点来批判两千年前的孔子，自是一家之言。他主要分析了孔子学说中的“知仁勇”的说法，认为“知是理论，是思想，是计划，方案，政策，仁勇是拿理论、政策等见之实践时候应取的一二种态度。仁像现在说的‘亲爱团结’，勇像现在说的‘克服困难’（现在我们说亲爱团结，克服困难，都是唯物论的，而孔子的知仁勇则一概是主观的)，但还有别的更重要的态度如‘忠实’，如果做事不忠实，那‘知’只是言而不信，仁只是假仁，勇只是白勇”。他还深刻地指出：“‘仁’这个东西在孔子以后几千年来，为观念论的昏乱思想家所利用，闹得一塌糊涂，真是害人不浅。我觉孔子的这类道德范畴，应给以历史的唯物论的批判，将其放在恰当的位置。”他认为陈伯达在这个问题上的批判“不大严肃”。

由此我们可以看到，毛泽东对孔子是采取一分为二的态度，指出其中非真理性的同时，也肯定其中真理性的内容。这一点，从毛泽东在一篇关于“人性”问题的通信上的批语中也可以看出。

1943年6月，一位党内负责人在给一位民主人士的关于“人性”问题的长篇通信中说：“一切剥削阶级的学者关于人性、是非、善恶、好恶联系起来所构成的学说，没有一个不是说得错误百出的。”毛泽东批道：“剥削阶级当还能代表群众的时候，能够说出若干真理，如孔子，苏格拉底，资产阶级，这样看法才是历史的看法。”又说：“王阳明也有一些真理。”这位领导同志提出：“我们决不能把这种哲学，把孔孟之道，看作中国文化的优良传统，相反，这恰是中国文化的不良传统。”毛泽东批道：“孔孟有一部分真理，全部否定是非历史的看法。”

新中国成立以后，毛泽东对孔子的批评明显多了。如1957年1月27日在省市自治区党委书记会议上的讲话中，他把孔子的学说看作“反面的东西”了。他说：“我劝在座的同志，你如果懂得唯物主义和辩证法，那就需要补学一点它的对立面唯心主义和形而上学。康德和黑格尔，孔子和蒋介石的书，这些反面的东西，需要读一读。”

毛泽东对孔子及传统儒学的激烈的批判态度，可能与毛泽东试图独立地探索出一条中国式的社会主义建设道路的努力有关。像有的学者讲的：“在苏共二十大揭露批判斯大林的问题以后，他滋长了对苏联模式与文化规范的厌弃情绪。与这种反规范心态相联系，他对中国以孔子为代表的规范性文化在公开场合也转而采取了以批判为主的导向。”毛泽东在推动历史的道路上独树一帜的决心，使他与一切具有保守倾向的观念形态绝不相容。

林彪出逃事件发生后，江青等人在林彪住处查到一些林彪肯定孔孟的文字，报送毛泽东后，毛泽东认为，林彪的政治路线是与孔学的文化传统相联系的，由此引发了“批林批孔”的政治运动，这里就不详述了。

虽然，毛泽东晚年基于各种原因反孔批孔的调门很高，但整个来看，他对孔子还是一分为二的，还是肯定其中的真理性的，我们对毛泽东对孔子的评价，也应当完整准确地去理解。

孟子有人民性的一面

【品读原文】 孔孟有一部分真理。

——摘自毛泽东 1943 年 6 月在一篇关于“人性”问题的通信上的批示（见陈晋：《毛泽东的文化性格》，中国青年出版社 1991 年版，第 196 页）。

【品读精华解析】 有“亚圣”之称的孟子，继承和发展了孔子的思想。其中关于“民贵君轻”“性善”“仁政”等方面的论述，对我国历代王朝的施政纲领有很大影响。它所倡导的“浩然正气”“威武不屈”的修养功夫，不仅陶铸了很多的“志士”“仁人”，而且影响了整个中华民族的精神面貌。

对于孟子，和对待孔子一样，毛泽东在批判的基础上，也肯定了他的进步、合理的一面。1958 年 8 月，毛泽东在审阅一篇题为《教育必须与生产劳动相结合》的文章时，在加写的一段话中还特别提到“孟子的民贵君轻”，说其有“人民性的一面”。

“引而不发，跃如也”，是《孟子》上的话，意思是说善于射箭的人，引满了弓，却不射出去，只摆着跃跃欲动的姿势。1926 年，毛泽东在《湖南农民运动考察报告》中曾借其用来阐明共产党的农民政策。他说，在领导农民运动过程中，共产党的宣传政策应当是“引而不发，跃如也”。

菩萨要农民自己去丢，烈女祠、节孝坊要农民自己去摧毁；共产党应当善于领导农民提高政治觉悟，依靠农民自觉自愿去破除迷信和其他不正确的风俗习惯，而不能包办代替。1944 年，毛泽东在整风运动期间又借用孟子所说“心之官则思”一语，告诫人们要善于思考，要养成多动脑筋、勤于分析思索的好习惯。

屈原一跃冲向万里涛

【品读原文】 屈子当年赋楚骚，手中握有杀人刀。

艾萧太盛椒兰少，一跃冲向万里涛。

——毛泽东：《屈原》（七绝）（摘自陈晋：《毛泽东之魂》，中央文献出版社 1997 年版，第 385 页）。

【品读原文】 屈原如果继续做官，他的文章就没有了。正是因为开除“官籍”，“下放劳动”，才有可能接近社会生活，才有可能产生像《离骚》这样好的文学作品。

——摘自毛泽东 1959 年 12 月至 1960 年 2 月读苏联《政治经济学（教科书）》的谈话（见《党的文献》1994 年第 5 期）。

【品读原文】 骚体是有民主色彩的，属于浪漫主义流派，对腐败的统治者投以批判的匕首。屈原高居上游。

——摘自毛泽东 1959 年 8 月 16 日《关于枚乘（七发）》（见陈晋主编：《毛泽东读书笔记解析》，广东人民出版社 1996 年版，第 1191~1192 页）。

【品读精华解析】 毛泽东从青年时代起就十分崇敬屈原，喜爱屈原的作品。早在湖南省立第一师范学校读书时，他在自己的笔记《讲堂录》中，用工整的笔迹抄录了《离骚》、《九歌》全诗，在《离骚》正文的天头上写有各节提要。这本《讲堂录》共有 47 页，抄文占去了前 11 页，它是记录毛泽东精读、深读屈原作品的珍贵史料。

另据罗章龙回忆，在他和毛泽东初次见面交谈的三个多小时中，毛泽东“对《离骚》颇感兴趣，曾主张对《离骚》赋予新评价”。为了纪念这次有意义的会面，罗章龙还写诗纪事，其中特别提到：“策喜长沙傅，骚怀楚屈平。”这里，贾谊的《治安策》和屈原的《离骚》都是他们所喜爱的作品，也是他们的谈话内容。

新中国成立后，毛泽东每次外出携带的书籍中，都有《楚辞》。1957年，他请人收集各种版本的《楚辞》，以及有关《楚辞》和屈原的著作，一共50余种。在那段时间里，他比较集中地阅读了这些书。1958年1月12日，他在一封信中写道：“今晚我又读了一遍《离骚》，有所领会，心中喜悦。”寥寥两笔，一代伟人从《离骚》中得到的思想启迪和艺术上的享受，跃然入目。

毛泽东热爱《离骚》《楚辞》还有若干旁证。1958年1月11日至22日，党中央在南宁召开部分中央领导人和部分地方领导人参加的会议，18日凌晨一点多钟，突然发现国民党飞机向南宁方向飞来，全城立即进入空防状态。警卫人员要求毛泽东进防空洞，以保安全。他却安然处之，让人点燃蜡烛，聚精会神地读起《楚辞》。另一年夏天，习惯于夜间工作的毛泽东，中午时分仍然辗转难眠，经过服务人员的按摩，他终于合上了眼睛，抓在手中的书放在胸脯上，那是一本《楚辞》。

接着，1959年、1961年，毛泽东又两次要《楚辞》读，还特别指名要人民文学出版社影印的宋版《楚辞集注》和明陈第撰写的《屈宋古音义》这两本书。收藏在故居里的这本《屈宋古音义》中，毛泽东用红蓝两色铅笔，对《离骚》中的一些段落又圈又画，句末都有点断。上述都属后人的回忆，点点滴滴，不能囊括全貌，即便如此，也可看到毛泽东读《离骚》不是一遍、两遍，超出了“三复四温”，而是从青年读到老年，常读常新，时有领悟。

毛泽东高度评价屈原的《离骚》及其流派。1958年，张治中陪同毛泽东外出视察工作，毛泽东向他推荐《楚辞》，说：“那是好书，我介绍给你看看。”1959年庐山会议期间，他说：“骚体是有民主色彩的，属于浪漫主义流派，对腐败的统治者投以批判的匕首。屈原高居上游。宋玉、景差、贾谊、枚乘略逊一筹，然亦有可喜之处。”1964年在北戴河同哲学工作者的谈话中，他又说：“《天问》了不起，几千年以前，提出各种问题，关于宇宙，关于自然，关于历史。”可见毛泽东对屈原作品的肯定是多方面的。

毛泽东同情屈原的生活遭遇，他在50年代末60年代初读苏联《政治经济学（教科书）》的谈话中说：“屈原如果继续做官，他的文章就没有了。

正是因为开除‘官籍’，‘下放劳动’，才有可能接近社会生活，才有可能产生像《离骚》这样好的文学作品。”司马迁的那句“……屈原放逐，乃赋离骚……”是他经常引用、教育人们在逆境中自强不息的精神武器。

1954 年 10 月 26 日，毛泽东在会见访华即将回国的印度总理尼赫鲁时，引用屈原《九歌·少司命》中的“悲莫悲兮生别离，乐莫乐兮新相知”的诗句，用以表达对客人的心情。他还向尼赫鲁介绍说：“屈原是中国一位伟大的诗人，他在一千多年前写了许多爱国的诗篇，政府对他不满，把他放逐了。最后屈原没有出路，就投河而死。后来中国人民就把他死的一天作为节日。人们吃粽子，并把它投入河里喂鱼，使鱼吃饱了不伤害屈原。”

毛泽东作为一位诗人，他和屈原情相投、心相通；毛泽东作为一位无产阶级革命家，他对屈原政治上的坎坷和作为，寄予无限同情。

以上是张贻玖在《毛泽东批注历史人物》一书中的材料。最能反映毛泽东对屈原的综合性评价的，大概要算是他晚年写的以《屈原》为题的一首七绝了：

屈子当年赋楚骚，
手中握有杀人刀。
艾萧太盛椒兰少，
一跃冲向万里涛。

诗的第二句是对屈原作品的战斗性的描述，第三句寓其人格的高洁并感叹其遭谗受讥的处境，最后一句无疑是对屈原生命结局中光亮一闪的赞美和高扬。

评价秦始皇，要一分为二

【品读原文】 毛泽东接见埃及副总统沙菲时说，秦始皇是中国封建社会第一个有名的皇帝，我也是秦始皇，林彪骂我是秦始皇。中国历来分两派，一派讲秦始皇好，一派讲秦始皇坏。我赞成秦始皇，不赞成孔夫子。因为秦始皇是第一个统一中国、统一文字，修筑宽广的道路，不搞国中有国，而用集权制，由中央政府派人去各地方，几年一换，不用世袭制度。

——摘自甄不贯：《毛泽东读书笔记》（《希望》1992 年新总第 1 期）。

【品读原文】 秦始皇作为一个历史人物评论，要一分为二。秦始皇在历史发展过程中的进步作用要肯定，但他在统一六国后，丧失了进取的方面，志得意满，耽于佚乐，求神仙，修宫室，残酷地压迫人民，到处游走，消磨岁月，无聊得很。

——摘自杨建业：《在毛泽东身边读书》。

——访北京大学中文系讲师芦荻（《光明日报》1978 年 12 月 29 日）。

【品读原文】 范文澜同志最近写的一篇文章《历史研究必须厚今薄古》，我看了很高兴。这篇文章引用了很多事实证明厚今薄古是史学的传统。敢于站起来说话了，这才像个样子。文章引用了司马迁、司马光……可惜没有引秦始皇，秦始皇主张"以古非今者族"，秦始皇是个厚今薄古的专家。当然，我也不赞成秦始皇。

——摘自毛泽东《在中共八大二次会议上的讲话》（见王子今：《毛泽东与中国史学》，中共中央党校出版社 1993 年版，第 316~317 页）。

【品读精华解析】 当海内一统，人们从七国常年的战乱中苟且逃生的时候，他们衷心感谢秦始皇；当徭役无虚日，苛捐杂税如牛毛，人们随时可能沦为刑徒，书籍毁于烟火，儒生被活埋的时候，人们对这个残暴的皇帝又恨之入骨。赞誉者欣赏他统一中国的伟大，毁弃者大骂他的残暴，几千年来，秦始皇这个千古一帝，遭到多少毁弃，受到多少赞誉。毛泽东对秦始皇的态度是：不要大骂秦始皇。

秦始皇统一中国的历史功绩，毛泽东给予充分肯定。但秦始皇统一中国后，开始追求享乐，其生活奢靡无度。他不惜民力，修造旷世无比的阿房宫。为了能够长生不老，他四处巡游，求取神仙和长生不老之药。为了追求来世的幸福，他耗费了巨大的人力物力修造骊墓。为了满足其生活需要，他对百姓横征暴敛。毛泽东对秦始皇的这些方面也有过一分为二的批判。“批林批孔”运动中，有人大捧秦始皇，不准人们对秦始皇作历史的分析。1975年夏，毛泽东和他身边的工作人员芦荻谈到了秦始皇（见前第二段引文）。

毛泽东对秦始皇的肯定，是以肯定法家在中国历史上的进步作用为出发点的。新中国成立以后，毛泽东对法家思想多为肯定，尤其是法家思想中的厚今薄古思想，更是得到毛泽东的称赞。法家的实践者秦始皇，被毛泽东称为厚今薄古的专家。

毛泽东把对秦始皇的肯定性评价，始终和对儒家的批判联系在一起，“文化大革命”中，“批林批孔”运动的另一方面便是对秦始皇的肯定。林立果在搞《五七一工程纪要》时，说毛泽东是当代的秦始皇。毛泽东接见埃及副总统沙菲时说，秦始皇是中国封建社会第一个有名的皇帝，我也是秦始皇，林彪骂我是秦始皇。

毛泽东对秦始皇的评价，着眼于法家的观点，因此也出现一些偏颇，其中对秦始皇焚书坑儒和秦始皇暴政的评价，偏颇之处最为明显。对此，我们应当有一个较客观的认识。

陈胜、吴广掀开了农民战争的序幕

【品读原文】 陈胜、吴广揭竿而起，反抗秦的暴政，完全是正义的。这次战争掀开了我国封建社会中波澜壮阔的农民战争的序幕，在历史上有很大意义。

——摘自杨建业：《在毛主席身边读书——访北京大学中文系讲师芦荻》（见《光明日报》1978年7月7日）。

【品读原文】 一误

二误

——摘自毛泽东读《史记·陈涉世家》批语（见《毛泽东读文史古籍批语集》，中央文献出版社 1993 年版，第 122 页）。

【品读精华解析】 对陈胜、吴广领导的农民起义，毛泽东给予了高度的评价。第一，他肯定了这场起义的正义性，一反历代正统史书将农民起义贬为贼、盗的评价；第二，陈胜、吴广起义拉开了这一正义行动的序幕，是中国历史上第一次全国性的农民战争，这种首创性值得赞赏；第三，在历史上有很大意义，这场起义推翻了秦朝的黑暗统治，推动了历史的进步。

毛泽东在阅读《陈涉世家》时，另外批注有："一误二误"。

据介绍，在一本清武英殿版的《史记》中，毛泽东对《陈涉世家》这篇传记，用红黑两种颜色的笔迹做过不少圈画，并写下批注。毛泽东主要是从总结农民起义的失败教训这个角度来阅读这篇传记的。

《陈涉世家》记载，陈胜还是雇农时，曾对伙伴们说："苟富贵，勿相忘。"及至陈胜起义胜利立国称王后，那些旧伙伴来找他，陈胜未忘前言，接待旧相识，使之出入宫廷。这些人常常毫无顾忌地谈论陈胜当农民时的贫困往事，"或说陈王曰：'客愚无知，专妄言，转威。'陈王斩之。诸陈王故人皆自引去，由是无亲陈王者"。毛泽东在这段文字的书页天头上，用红铅笔批注："一误"。

传记又载：陈胜自立为王以后，任朱房、胡武为人事和监察官员。这两个人大权在握后，胡作非为，对许多不顺从他们的将士随意治罪。陈胜对这类专横跋扈、残害忠良的酷吏，不仅不撤职查办，反而加官晋级。许多将士见此都不愿意追随陈胜了。司马迁痛惜地指出："此其所以败也。"毛泽东在这段天头上又批注："二误"。

这很少的几个字，内涵却相当丰富。它简明扼要地总结了秦末农民起义之所以失败的原因，即陈胜犯了功成忘本，脱离了本阶级的群众和重用奸人、偏听偏信的错误。保持本色，不脱离本阶级的群众；任用贤能，打击邪恶，这两条来自两千年前农民起义的教训，牢牢地记在了毛泽东的心中。毛泽东指出这"二误"的经验教训，于古于今，都有极为深刻的意义，毛泽东和老一辈无产阶级革命家对此无不十分重视。

李斯的《谏逐客书》说服力很强

【品读原文】 李斯的《谏逐客书》，有很大的说服力。那时候各国内部的关系，看起来是领主和农奴的关系，每个家庭都有自己的战车、武士。

——摘自毛泽东 1959 年 12 月至 1960 年 2 月读苏联《政治经济学（教科书）》的谈话（见《党的文献》1994 年第 5 期）。

【品读原文】 李斯是拥护秦始皇的，思想上属于荀子一派，主张法后王。

——摘自毛泽东 1964 年 8 月 30 日的谈话（见甄不贾：《毛泽东读书笔记》，《希望》1992 年新第 1 期）。

【品读原文】 在范老的书上，对于法家是给了地位的。就是申不害、韩非这一派，还有商鞅、李斯、荀卿传下来的。

——摘自毛泽东 1968 年 10 月在扩大的八届十二中全会闭幕会上的讲话（见甄不贾：《毛泽东读书笔记》，《希望》1992 年新第 1 期）。

【品读精华解析】 秦始皇初年，秦王拜李斯为客卿（当时别国人在秦国做官的称客卿）。客卿影响了秦国贵族势力，秦国宗室贵族借韩国派水工修灌溉渠阴谋消耗秦国力量这一事件，请秦王逐客，说客卿都是为他本国的利益来秦国，并不真心为秦国。于是秦王下令逐客，李斯就作《谏逐客书》劝阻。文中首先历叙秦穆公以来，都是以客卿致富而成霸业，列举了由余、商鞅、张仪、范雎等外来的人物对秦国的重大贡献借以表达用人唯才，不必限于本土的主张。指出对“客”不应一概排斥，否则将不利于秦。

文中还列举种种器物玩好，虽不产于秦，而秦用之，以其与异国人才相比；晓之以理，动之以情，指出下令逐客无异于“以资敌国，损民以益仇”，内虚外患是不可取的。秦王看后马上取消了逐客令，并恢复了李斯的职务。

《谏逐客书》是李斯上给秦王的奏章，实际是一篇说理极强的文字。李斯的这篇奏章，最大的特点是非常鲜明地揭露出秦王使物用人这两者之间的矛盾，从而暴露出逐客之非。文章除了一般议论文所具有的各种论证方法外，行文还具有婉转的措辞与犀利的语锋完美结合的特点；而词采缤纷的大肆铺陈，以及气势充沛的排比句式，也极大地增强了文章的说服力。

所以，毛泽东在1959年12月至1960年2月读苏联《政治经济学（教科书）》的谈话中，赞扬这篇文章"有很大的说服力"，并说："那时候各国内部的关系，看起来是领主和农奴的关系，每个家庭都有自己的战车、武士。"言外之意，那时各诸侯国各自为政，关系复杂，统一程度很低，李斯《谏逐客书》的主张，为秦国招贤纳士，蓄兵买马，积累力量为日后统一中国是很有利的。

汉王是一位高明的政治家

【品读原文】 刘邦是在封建时代被历史家称为"豁达大度，从谏如流"的英雄人物。刘邦同项羽打了好几年仗，结果刘邦胜了，项羽败了，不是偶然的。

——摘自毛泽东1962年1月30日在扩大的中央工作会议上的讲话（见《毛泽东著作选读》下册，人民出版社1986年8月版，第821页）。

【品读原文】 项王非政治家。汉王则为一位高明的政治家。

——毛泽东读司马迁《史记·高祖本纪》的批语（见《毛泽东读文史古籍批语集》，中央文献出版社1993年11月版，第121页）。

【品读原文】 刘邦比西楚霸王项羽强，他得天下一因决策对头，二因用人得当。

——摘自毛泽东1957年6月13日同吴冷西等人的谈话（见吴冷西：《新闻的阶级性及其他——毛主席几次谈话的回忆》，《缅怀毛泽东》上册，中央文献出版社1993年版，第206页）。

【品读原文】 这首诗（《大风歌》）写得很好，很有气魄。

——摘自张贻玖编《毛泽东评点、圈阅的中国古典诗词》，中国工人出版社1992年版，第32页。

【品读精华解析】 刘邦以一平民身份，在秦末起义群雄中脱颖而出，战胜强大的敌手项羽，夺得天下，开创几百年的王朝基业，这在中国夏、商、周以来的历史上，算是第一个人。司马迁在《史记·高祖本纪》里，也多次强调他“起微细”，还描述了他早年在沛县乡里颇有些无赖的表现。如“不事家人生产作业”，“好酒及色”等。另外，刘邦又“仁而爱人；喜施（舍）意豁如也。幸有大度”。这些，大抵是刘邦出身“细微”低贱而又有不凡的意气志向的“老粗”本色。毛泽东很欣赏刘邦这个人物，对他的生平遭遇、奋斗历程、才德风格，十分熟悉，多次评论，引为借鉴，教育干部。

在毛泽东看来，刘邦之所以能胜利，他自身的一些因素起了重要作用。首先，他“比较熟悉社会生活，了解人民心理”，同情人民的疾苦。早先，他与项羽及众诸侯相约，最先夺取关中者为王。其后他果然先夺取关中，进入关中后，他对父老乡亲们说：你们受秦的苛法很久了，我来是为你们“除害”，不必害怕。并与之约法三章：“杀人者死，伤人及盗抵罪。余悉除去秦法。”老百姓用牛羊酒肉慰劳他的军队，他一概不接受。并说，粮食多，不要浪费。这样，“人又益喜，唯恐沛公不为秦王”。对比之下，项羽虽然勇武善战，军事实力比刘邦强，怎奈却是一个残暴成性的“霸王”，所到之处烧杀抢掠，“秦人大失望，然恐，不敢不服耳”。刘邦即皇帝位后，虽然基本上实行的是秦朝的封建统治制度，但他实行与民休养生息的政策，对内定律令、定军法、定礼仪，提倡节俭；对外与少数民族匈奴单于等实行和亲，以求得边界的平静。这些，都为汉王朝的兴盛奠定了基础，起好了步，开好了局。

其次，刘邦“豁达大度，从谏如流”。他能听取别人的意见，不固执武断。《史记》中记载了他不少肯于纳谏，善于选择的事例。一是见郦食其，采纳他攻取陈留之计；一是听张良劝说，封举足轻重的韩信为齐王；一是楚汉划界鸿沟后，听张良、陈平之劝，乘胜追击引兵东向的项羽；一是刘邦称帝后，欲建都洛阳，后听齐人刘敬建议，入都关中长安。这些正确举措，使得刘邦一步步走向胜利。

关于刘邦听取郦食其意见一事，毛泽东曾在 1962 年 1 月 30 日扩大的中央工作会议上有过叙述，讲得生动活泼。他说：“从前有个项羽叫‘西楚霸王’他就不爱听别人的不同意见。他那里有个范增，给他出过些主意，可是项羽不听范增的话；另外一个人叫刘邦，就是汉高祖，他比较能够采纳各种不同的意见。有个知识分子叫郦食其，去见刘邦。初一报，说是读书人，孔夫子这一派的。回答说，现在军事时期，不见儒生。这个郦食其就发了火，他向管门房的人说，你给我滚进去报告，老子是高阳酒徒，不是儒生。管门房的人进去照样报告了一遍。好，请。请了进去，刘邦正在洗脚，连忙起来欢迎。郦食其因为刘邦不见儒生的事，心中还有火，批评了刘邦一顿。他说，你究竟要不要取天下，你为什么轻视长者！这时候，郦食其已经六十多岁了，刘邦比他年轻，所以他自称长者。刘邦一听，向他道歉，立即采纳了郦食其夺取陈留的意见。此事见《史记》中《郦生陆贾列传》。刘邦是在封建时代被历史学家称为‘豁达大度，从谏如流’的英雄人物。”毛泽东由此发出慨叹：“刘邦同项羽打了好几年仗，结果刘邦胜了，项羽败了，不是偶然的。”

最后，刘邦知人善任，采人所长。建立汉朝后，有一次刘邦曾与自己的大臣讨论自己胜利、项羽失败的原因，各位大臣都做了分析，他均不赞成，最后拿出自己的见解来：“夫运筹策帷帐之中，决胜于千里之外，吾不如子房。镇国家，抚百姓，给馈饷，不绝粮道，吾不如萧何。连百万之军，战必胜，攻必取，吾不如韩信。此三者，皆人杰也，吾能用之，此吾所以取天下也。项羽有一范增而不能用，此其所以为我擒也。”众大臣听罢，心悦诚服。

刘邦即帝位后，昔日的功臣淮阴侯韩信，淮南王英布等异姓王发生叛乱，他亲往征讨后，回归故里沛县时，与故乡父老子弟饮酒时作了一首《大风歌》，诗云：“大风起兮云飞扬，威加海内兮归故乡，安得猛士兮守四方！”这首诗唱出了这位开国皇帝的真实心态，既流露出英雄风云际会的豪迈之情，又流露出失去患难与共的良将、无所倚傍的空虚感。毛泽东称赞“这首诗写得很好，很有气魄”。他认为，刘邦没有读过几天书，能写出这样的诗，很不容易。

有感于刘邦等人的经历和业绩，毛泽东曾得出一个结论：老粗出人物。自古以来，能干的皇帝大多是老粗出身。汉朝的刘邦是封建帝王里边最厉害的一个。南北朝，宋、齐、梁、陈，五代梁、唐、晋、汉、周，很有几个老粗。文的也有几个好的，如李世民。

毛泽东晚年谈史，越来越强调这个观点。1964 年 3 月 24 日，他在一次谈话中说：“可不要看不起老粗。知识分子是比较最没有出息的。历史上当皇帝，有许多是知识分子，是没有出息的。隋炀帝就是一个会作文章、诗词的人。陈后主、李后主，都是能诗能赋的人。宋徽宗既能写诗，又能绘画。一些老粗能办大事情，成吉思汗、刘邦、朱元璋。”同年 5 月 12 日的谈话中，毛泽东又说：“《明史》我看了最生气。明朝除了太祖（朱元璋）、明成祖不识字的两个皇帝搞得比较好，明武宗、明英宗还稍好些以外，其余的都不好，尽做坏事。”

毛泽东列举的这些事例，说明统帅之才并非读书人才行。有些读书不多，乃至不读书的“老粗”往往能成大业。但是，绝不可以偏概全，由此得出知识分子无用的结论。历史上的老粗能成大事，很大一个因素是他们善于利用读书人的才智，刘邦如此，刘备如此，朱元璋更是如此。而且老粗们在成大业的过程中，都自觉不自觉地多多少少走向“儒化”。

毛泽东常拿刘邦、项羽的事例来教育干部。有一次会上讲民主集中制的问题时，他说：“党委的领导，是集体领导，不是第一书记个人专断。”如果不能做到民主，就是一人称霸。这样的第一书记，应当叫作霸王，不是民主集中制的“班长”。他尖锐地指出：“我们现在有些第一书记，连封建时代的刘邦都不如，倒有点像项羽。这些同志如果不改，最后要垮台的。不是有一出戏叫《霸王别姬》吗？这些同志如果总是不改，难免有一天要‘别姬’就是了。（笑声）我为什么要讲得这样厉害呢？是想讲得挖苦一点，对一些同志戳得痛一点，让这些同志好好地想一想，最好有两天睡不着觉。他们如果睡得着觉，我就不高兴，因为他们还没有被戳痛。”《霸王别姬》这出戏，取材于项羽兵败垓下，夜起饮酒帐中，慷慨悲歌：“力拔山兮气盖世，时不利兮骓不逝。骓不逝兮可奈何，虞兮虞兮奈若何！”项羽有骏马名骓，有美人名虞。“歌数阕，美人和之。项王泣数行下，左右皆泣，莫能仰视。”最后在乌江边以拔剑自刎而告终。

毛泽东批评项羽不爱听别人意见，导致失败的可悲下场，肯定刘邦“豁达大度，从谏如流”，赞赏刘邦“比较熟悉社会生活，了解人民心理”，“对策对头”，“用人得当”，这些对我们的各级领导干部，具有重要的启迪，可从中获得宝贵的教益。

做人不可沽名学霸王

【品读原文】 宜将剩勇追穷寇，不可沽名学霸王。

——摘自毛泽东 1949 年 4 月《七律·人民解放军占领南京》（见《毛泽东诗词集》，中央文献出版社 1996 年版，第 74 页）。

【品读原文】 项羽是有名的英雄，他在没有办法的时候自杀，也比汪精卫、张国焘好得多。从前有个人作了一首诗，问他为什么要自杀，可以到江东去再召八千兵来打天下。我们要学项羽的英雄气节，但不自杀，要干到底。

——引自陈晋《毛泽东的文化性格》，第 240 页。

【品读精华解析】 毛泽东对项羽作过多次评价，有时单独评价，有时与刘邦一起评价。当与刘邦放在一起时，则是作为刘邦的对立面，作为失败者总结其教训时说的。项羽作战英勇，史有定论，毛泽东对此并不否认，但项羽刚愎自用，不肯纳谏，图爱虚名，终致失败。

1963 年 1 月 7 日，毛泽东在一次谈话中，曾说到项羽有三个错误：一个是鸿门宴不听范增的话，放跑了刘邦；一个是楚汉订立了鸿沟协定，项羽认真了，而刘邦却不以为然，不久就违反协定东进攻楚；再一个就是他建都徐州，位置没有选好。

在毛泽东看来，项羽除了在战略上发生一些失误外，最重要的教训是“不爱听别人的不同意见”，即不能知人、用人，不肯纳谏，不听谋士范增的意见，本应在鸿门宴上杀掉刘邦却反而放跑了他，本应该乘胜夺取汉甬道，反而放弃了它。

司马迁在《史记·淮阴侯列传》中谈项羽有“妇人之仁”。

《史记·项羽本纪》中也多有记叙。在毛泽东看来，“沽名”就是项羽主观上的一个明显弱点，也是他失败的一个原因。当他率军经过苦战，击败秦军主力入关后，与先到的刘邦部队发生冲突。可项羽“为人不忍”，为避免负“不义”之名，没有以 40 万对 10 万的军事优势去消灭刘邦，甚至在鸿门宴上莫名其妙地阻止了部下诛杀刘邦之举。项羽的缺点还表现在对汉的姑息宽容。在楚汉战争最激烈的时期，两军在荥阳相持，本来楚军已经打断了刘邦的粮道，刘邦害怕了，便请求休战，以让出荥阳来换取项羽承认荥阳以西为汉的领土，项羽竟准备同意。大臣范增坚决反对。

范增说，现在已经接近了灭汉的胜利，今天如果放弃不取，日后必定悔之无及。楚军于是重新围攻荥阳。刘邦遂用反间计使项羽对范增产生怀疑，范增被迫辞职，疽发背而死。后来，战事几经反复，楚军逐渐失去了优势，“项王乃与汉约，中分天下，割鸿沟以西者为汉，鸿沟以东者为楚”。合约签订后，项羽就解除了戒备，引兵回到了东边，可刘邦却背约出击，打了过来，终于在垓下，彻底击败了项羽。

1949 年 4 月，国民党南京政府的和谈代表曾经向共产党提出划江分治，维持类似历史上南北朝时期的政治局面。当时的苏共领导人斯大林，也反对人民解放军打过长江，建议划江分治。但是，以毛泽东为代表的中国共产党人，吸取了历史上项羽的教训，也从希腊寓言《农夫和蛇》中得到启迪，打过了长江，解放全中国。1949 年 4 月人民解放军占领南京后，毛泽东挥笔写成七律一首。其中，“宜将剩勇追穷寇，不可沽名学霸王”一句之吟成，显然是经过了深沉的历史思考。

项羽的“沽名”还表现在一些善良的愿望上。司马迁在《史记·项羽本纪》中记述：“楚汉久相持未决，丁壮苦军旅，老弱罢转漕。项王谓汉王曰：‘天下匈匈数岁者，徒以吾两人耳，愿与汉王挑战决雌雄。毋徒苦天下之民父子为也。’”楚汉相争，连年不决，天下愁苦疲敝，项羽不忍“天下匈匈数岁”，“徒苦天下之民父子”，产生了销兵歇战的愿望，最终导致决策失误。对此，毛泽东也作了总结：“惧怕一时不良的政治影响，就要以长期的不良影响做代价。”（见《中国革命战争的战略问题》）毛泽东一向主张把战争分为正义的和不正义的两种，并认为应该用正义的战争去消灭非正义的战争，以战争求得和平。

毛泽东对项羽这个失败人物也有肯定之处，那就是他临终时的个性风采。项羽败走乌江时，以“与江东八千子弟渡江而西，今天一人还”为由，觉得无颜面见江东父老，“乃自刎而死”。对这种选择毛泽东并不赞同，但认为他有“羞耻心”，并以此来讽刺蒋介石。1948 年 10 月 31 日毛泽东为新华社写的述评《评蒋傅军梦想偷袭石家庄》中写道：“蒋介石最近时期是住在北平，在两个时期内，由他经手送掉了范汉杰、郑洞国、廖耀湘三支大军。他的任务已经完毕，他在北平已经无事可做，昨日业已潜回南京。蒋介石不是项羽，并‘无面目见江东父老’那种羞耻心理。他还想活下去，还想弄一点花样去刺激一下已经离散的军心和人心。亏他挖空心思，想出了偷袭石家庄这样一条妙计。”毛泽东的讽刺可谓辛辣绝妙。

当然，对项羽悲剧结局时表现出的个性风采，或者说他的气节，古人也有过赞赏，宋代女诗人李清照就写过一首著名的五绝：“生当作人杰，死亦为鬼雄。至今思项羽，不肯过江东。”

“不可沽名学霸王”，这既是毛泽东对项羽所作的科学评价，也是这位伟人对革命人民的宝贵教诲。

登徒子不好色，且是个模范丈夫

【品读原文】 人民日报的社论反冒进，使用的是战国时代楚国一位文学家宋玉攻击登徒子大夫的手法，攻其一点，不及其余。（毛主席详细地讲了宋玉的故事）起因是登徒子大夫在楚襄王面前说宋玉此人“体貌闲丽，口多微辞，又性好色”，希望楚襄王不要让宋玉出入后宫。有一天楚襄王对宋玉说，登徒子大夫说你怎么样怎么样。宋玉回答说：“体貌闲丽，所受于天也。口多微辞，所学于师也。至于好色，臣无有也。”楚襄王问，你说自己不好色，有什么理由呢？宋玉回答说：“天下之佳人莫若楚国，楚国之丽者莫若臣里，臣里之美者莫若臣东家之子。东家之子，增之一分则太长，减之一分则太短；着粉则太白，施朱则太赤；眉如翠羽，肌如白雪，腰如束素，齿如含贝，嫣然一笑，惑阳城，迷下蔡。然此女登墙窥臣三年，至今未许也。”宋玉说这样一个绝代佳丽勾引他三年，他都没有上当，可见他并非好色之徒。接着，宋玉攻击登徒子说：“登徒子则不然，其妻蓬头挛耳，齞唇历齿，旁行踽偻，又疥且痔。”意思是说登徒子的老婆头发蓬蓬松松，额头前突，耳朵也有毛病，不用张嘴就牙齿外露，走路不成样子而且驼背，身上长疥疮还有痔疮。宋玉问楚襄王：登徒子的老婆丑陋得无以复加，登徒子却那么喜欢她，同她生了五个孩子。请大王仔细想想，究竟是谁好色呢？宋玉终于打赢了这场官司。他采取的方法就是攻其一点，尽量夸大，不及其余的方法。整个故事见宋玉写的《登徒子好色赋》。昭明太子把这篇东西收入《文选》，从此登徒子成了好色之徒的代名词，至今不得翻身。

——引自吴冷西：《忆毛主席》，新华出版社 1995 年 2 月版，第 52 页。

【品读精华解析】 1958 年 1 月 12 日，南宁会议开始，毛泽东一上来就讲 1956 年“反冒进”是错误的。“反冒进”是指 1956 年 6 月到 11 月，中央一些同志针对一些地方和部门的基本建设投入过大、造成财政赤字原料紧张的情况，提出反对急躁冒进。1956年6月20日《人民日报》发表了反冒进的社论，毛泽东在会上认为是非常错误的，他说《人民日报》社论反冒进，使用的是宋玉攻击登徒子的方法。于是，毛泽东就详细地讲了这个故事。讲话的第二天，毛泽东还将宋玉的这篇赋印发给大家看。这个故事毛泽东讲了不止一次。1958年1月6日，毛泽东在杭州会见部分史学家、科学家和著名新闻工作者时，谈话中也提到了宋玉写的《登徒子好色赋》。

毛泽东用辩证的观点对这篇文章作了分析，他说："宋玉攻击登徒子的这段话，完全属于颠倒是非的诡辩，是采用'攻其一点，不及其余，尽量夸大'的手法。"他风趣而幽默地说："从本质看，应当承认登徒子是好人。娶了这样丑的女人，还能和她相亲相爱，和睦相处。照我们的看法，登徒子是一个爱情专一的、遵守《婚姻法》的模范丈夫，怎能说他是'好色之徒'呢?"在毛泽东看来，登徒子是蒙受了不白之冤，应当为他"正名平反"。他把宋玉视为得意的论据，作为诡辩术的典型反面教材看待。

毛泽东这番巧解《登徒子好色赋》，为登徒子"翻案"给人以启迪。他引导人们思考：宋玉攻击登徒子固然用的是"攻其一点，不及其余，尽量夸大"的诡辩术，而楚王和章华大夫却为之悦服，赞成了他的观点。这说明诡辩术是容易迷惑人的。作为领导干部，身边少不了有人进言、打各种报告，必须学会全面地看问题，不要被诡辩手法所迷惑，像楚王和章华大夫那样轻信和受骗。

苏秦羞张仪说明人没压力难进步

【品读原文】 像今天我们在一起吃饭一样，大家团结得很好，这就好。你们整风，检查一下，批评一下，大家还是团结在一块。这就叫作从团结的愿望出发，经过批评或者斗争，使问题得到解决，在新的基础上达到新的团结。批评就是帮助，对人是有好处的。

从前有苏秦和张仪两个人，都是鬼谷先生的学生，鬼谷是个地方，出了一个先生，所以叫鬼谷先生。后来苏秦在赵国当了宰相，地方就在邯郸。邯郸这个地方，你们到过没有？张仪在楚国做个小官。楚相丢了一块宝玉，怀疑是张仪偷的，把他狠狠打了一顿，满嘴的牙都被打掉了。那个时候，大概还不会安假牙吧！张仪回到家里，叫老婆看看他嘴里的舌子还在不在。他老婆说：舌子还在。他说：那就不要紧了。他跑到邯郸找苏秦，一去就住进“招待所”，大概是现在北京饭店之类的住所，好几天没有见到苏秦的面。后来，苏秦请他吃饭。张仪到了苏秦的衙门，看了摆的酒席，排场大得很，苏秦坐在当中高处，请了各国使节。

席面当然比我们今天吃的丰盛得多。却把张仪安排坐在下面角上，盛了点仆人吃的饭食给他吃。这下张仪的气可就大了，无非是破口大骂苏秦你这个王八蛋等。回到“北京饭店”，满肚子的气。“北京饭店”的经理看他这个样子，就问他：张先生脸色不痛快，有什么生气的事吧？他说：当然有气。就把当年和苏秦是同学，今天苏秦如此这般对待他说了一番，并且骂苏秦简直无情无义，是王八蛋。这位“经理”说：这样看来，你在赵国待不住了。张仪说：当然待不下去了，马上走。“经理”问他：你到哪里去呢？他说：这倒还没有想好，不管他，走了再说。“经理”说：看来只有到秦国去。张仪一想也对，就此动身。“经理”陪他走到秦国，一路的花费大概相当现在的三四十万人民币吧！

到了秦国，他们为了见秦王，就走走门路，行些贿赂和送些衣服，一共又花了四五十万人民币。以后，张仪当上了秦国的宰相，“北京饭店”的“经理”就向他告辞回国，并问他今后怎么打算。张仪一提起苏秦还是咬牙切齿，并说过两年一定要出兵攻打赵国。“经理”见他这样说，就告诉他，赵国宰相苏秦是个好人，当时苏秦所以要气他，是故意的，怕他在赵国安居下来，不想上进，做不了大事。

苏秦知道张仪是个人才，能做大事，如果在赵国依靠苏秦，他也只是当个“科长”什么的就算到顶了。策划张仪到秦国来，和给他一切花销，都是苏秦主使的。张仪一听，这才恍然大悟。“经理”又说：苏秦只希望你当了秦国宰相，十五年内不要出兵攻打赵国。张仪听后表示：只要苏秦活着，我就决不出兵打赵国。

这是一个故事。你们看，苏秦对张仪是好意还是恶意？我们之间，进行批评帮助都是好意。就是知道某些批评是恶意也要听下去，不要紧嘛！人就是要压得像榨油一样，你不压，是出不了油的。人没有压力是不会进步的。

——摘自毛泽东1960年12月25日同部分亲属和身边工作人员的谈话(人没有压力是不会进步的）（见《党的文献》1993年第4期）。

【品读精华解析】 苏秦羞张仪事件，本是《史记·张仪列传》中记载的一个战国时代的传说故事，毛泽东从这个故事中阐发了对待批评的态度问题，他还告诉人们：人没有压力是不会进步的。

1960年12月25日，毛泽东67岁生日前一日，他和部分亲属以及工作人员在一起进餐，参加的人有十几个。吃饭的时候，毛泽东说：“像今天我们在一起吃饭一样，大家团结得很好，这就好。你们整风，检查一下，批评一下，大家还是团结在一块。这就叫作从团结的愿望出发，经过批评或者斗争，使问题得到解决，在新的基础上达到新的团结。批评就是帮助，对人是有好处的。”为了说明这个深刻的道理，毛泽东给大家生动地叙述了《史记·张仪列传》所记载的苏秦羞张仪事件。

讲完后，毛泽东对大家说：“你们看，苏秦对张仪是好意还是恶意？我们之间，进行批评帮助都是好意。就是知道某些批评是恶意也要听下去，不要紧嘛！”在毛泽东的思想里，批评是一件非常好的事，批评是使人走向完美境界的重要途径。即使是恶意的批评，也可以把它看成是好意，耐心地听下去，有则改之，无则加勉。就是敌人的诽谤，有时也能帮助我们找出自身缺点。通过批评，倾听不同意见，最后达到团结。

早在延安整风运动时期，毛泽东曾经写过《改造我们的作风》的文章，文中便提出批评与自我批评的工作作风，此作风后来成为我党三大优良作风之一，它对保障我党的团结与纯洁，发挥了非常重要的作用。

毛泽东在给亲属和身边工作人员讲述苏秦羞张仪事件时，除了给他们说明对待批评的态度外，更重要的是给他们讲述人没有压力就不会进步的道理，鼓励他们自强自立。在这个故事中，毛泽东详细讲述了张仪在发迹以前所受到的压力，一是在楚国被怀疑偷了和氏璧而遭受毒打，二是厚着脸皮投奔才能本在自己之下的同学苏秦却受到了极大的羞辱，这才使张仪发愤上进，最后成为名震诸侯的连横领袖。

毛泽东用张仪成才的过程启发亲属与身边工作人员，人在有压力的情况下，才能有所成就。毛泽东得出的这个结论，其中包含了自己丰富的人生体验。在这次谈话中，毛泽东还举了自己在中央苏区受打击的事情为例，来说明压力使人进步的道理。

第二章

整齐划一，文赡事详

——毛泽东品读《汉书》

汉代是中国历史上一个强大的时代，此阶段世态百变，人才辈出。而毛泽东又特别对这个历史阶段发生的汉武帝与匈奴相争一事颇感兴趣，因此《汉书》是他阅读最勤的正史之一。毛泽东读《汉书》，不仅认真品读，还做了许多点评。他尤其喜欢读《汉书》中的《赵充国传》，称赞他敢于坚持真理，由此也能看出毛泽东对真理的追求。

文景之治是“萧规曹随”

【品读原文】 文、景二帝乃守旧之君，无能之辈，所谓“萧规曹随”，没有什么可称道的。

——摘自毛泽东1957年6月13日与吴冷西等人的谈话（见吴冷西：《新闻的阶级性及其他——毛泽东几次谈话的回忆》，《缅怀毛泽东》上册，中央文献出版社1993年版，第206页）。

【品读精华解析】 西汉的文、景二帝，历来史家评价甚高，称他们统治期间是中国封建社会第一个盛世，有“文景之治”的美誉。但毛泽东却有自己独特的看法。他在1957年与吴冷西等人谈话时，评价了汉代的几个皇帝，在谈到文、景二帝时说：“高祖之后，史家誉为文景之治，其实，文景二帝乃守旧之君，无能之辈，所谓‘萧规曹随’，没有什么可称道的。”他将“文景之治”看成是文景二帝继承高祖政策的成果，而他们本身并没有什么大胆的改革与创新，因此，此二人是守成之君，进而是无能之辈，没有什么值得夸耀的，这确实是令人耳目一新的评价。

文、景二帝在位期间，继承了刘邦制定的“顺民之情与民休息”的政策，减少干预，使百姓能够在比较安全的环境中从事生产，促进了经济的发展，这些政策主要包括：继续倡导以农为本；进一步推行“轻徭薄赋”的政策；“约法有禁”，废除严刑酷法；对外与匈奴约和。

这些政策虽然取得了一些成就，但是，渐渐地也产生了一些弊端。“和亲”不能从根本上消除匈奴的侵扰；“分封”潜伏着割据分裂的危机。最终酿成七国之乱。因此，毛泽东称文景二帝为无能之辈也是有一定道理的。

至于毛泽东将他们称为守成之君，认为不值得称道，则反映出毛泽东的个性和志趣。毛泽东喜欢“事态百变，人才辈出”的时代，也喜欢这样时代的人物，如刘邦、朱元璋、汉武帝刘彻，而对和平时代则不甚喜欢。他说：“至若承平之代，则殊厌弃之，非好乱也，安逸宁静之境，不能长处，非人生之所堪，而变化倏忽，乃人性之所喜也。”这大概就是毛泽东不喜欢文、景二帝的原因。

衰国者汉元帝刘奭

【品读原文】 汉高祖刘邦比西楚霸王项羽强……倒是汉武帝雄才大略……前汉自元帝始即每况愈下。汉元帝好儒学，摒斥名、法，抛弃了他父亲的一套统治方法，优柔寡断，是非不分……

——摘自毛泽东 1957 年 6 月 13 日同吴冷西等人的谈话（见《缅怀毛泽东》上册，中央文献出版社 1993 年版，第 206 页）。

【品读原文】 历史上不是提什么“文景之治”吗？实际上，文帝景帝只是守成，是维持会，庸碌无能。从元帝开始，每况愈下。元帝“牵制文义，优游不断”。他说他父亲宣帝持刑太深，主张起用儒生。宣帝生气地说：“汉家自有制度，本以霸王道杂之，奈何纯任德政，用周政乎？”并说：“乱我家者、太子也！”到了哀（帝）平（帝），更是腐败。

——1959 年 4 月 10 日，毛泽东同《人民日报》负责人及有关领导的谈话（摘自《毛泽东评点二十四史人物精选》，时事出版社 1997 年 12 月版）。

【品读精华解析】 毛泽东讲汉元帝“儒学治国”的故事，是在 1959 年 4 月 10 日同《人民日报》负责人的一次谈话中。

1959 年 4 月 20 日，吴冷西从新华社调到《人民日报》工作。毛泽东又召见吴冷西等人，重提他 4 月 10 日对原《人民日报》负责人的谈话内容。据吴冷西《忆毛主席——我亲身经历的若干重大历史事件片断》所谈：1957

年6月13日晚上，毛泽东召胡乔木和他到其卧室谈话。毛泽东在这次谈话中，对吴冷西说，中央正式决定调你到人民日报去工作。在会谈中，毛泽东重提他10天前同原《人民日报》负责人的谈话内容。毛泽东从领导的任务一是决策，二是用人讲起，评说了汉代几个皇帝的优劣。

他称赞刘邦会用人。他说刘邦比西楚霸王项羽强，他得天下一因决策对头，二因用人得当。毛主席接着又说，高祖之后，史家誉为“文景之治”，其实，文景二帝乃守旧之君，无能之辈，所谓“萧规曹随”，没有什么可称道的。倒是汉武帝雄才大略，开拓刘邦的业绩，晚年自知奢侈、黩武、方士之弊，下了罪己诏，不失为鼎盛之世。前汉自元帝始就每况愈下了。元帝好儒学，摒斥名、法，抛弃他父亲的一套统治方法，优柔寡断，是非不分，贤佞并进，君权旁落。他父亲骂他：“乱我家者、太子也!”

毛泽东读《汉书》，对汉元帝很不感兴趣，这除了西汉是从他手上衰败的原因外，对他改变“霸王道杂之”的治国之策，任用儒生很不以为然。因此，他很同意《汉书》作者班固在《元帝纪》的“赞”里说的话：“少而好儒，及即位，征用儒生，委之以政……而上牵制文义，优游不断，孝宣之业衰焉。”以儒术治国，似乎就是西汉走向衰败的重要原因之一。10年后，毛泽东还曾谈起他这个观点。1966年3月，在杭州的一次谈话中，他说，汉元帝用《诗经》治国，“儒学”治国，汉元帝的老子汉宣帝，对他说汉朝要亡在你的手啊！班固说他优柔寡断。

从几次毛泽东讲汉元帝的故事，不难看出毛泽东似乎是在阐述治国的道理，具体到办报来说，也是要政治家办报，而不能是书生办报。

毛泽东当时要调吴冷西去《人民日报》，无非是觉得原《人民日报》的负责人不是政治家办报，只是“书生”办报。调吴冷西去的目的就是加强报纸的阶级性和战斗性。当时，知识分子们提出了大量尖锐的意见，毛泽东觉得当时的形势已有些“黑云压城城欲摧”了，因而对知识分子产生了不信任甚至反感，有鉴于汉元帝儒术治国而衰国的史实，故毛泽东认为书生办党报，势在必换。

之于古代的帝王将相，毛泽东对他们的得与失十分感兴趣，他特别推崇那些出身布衣而终成大器的人物。在评价汉高祖刘邦时，毛泽东就说过“老粗出人物”。

从50年代后期，毛泽东就经常列举历史上有作为的“老粗”皇帝及书生出身的亡国之君。毛泽东对汉元帝的评述，就是他这一观点的明确体现：“老粗出人物”，书生多亡国。

王莽是个失败的改革家

【品读原文】 关于王莽变法，汉时一般做史的人——范晔、班固班昭等——因为他们吃的是汉朝的饭，要给汉朝说几句好话，把王莽说得怎么坏。其实王莽也不是怎么不得了的一个坏人。我们现在研究王莽，要拿很公平诚恳的态度来研究的。均田制是王莽时提倡的，可见他注意农民问题了。因为农民问题最重要者其唯土地，而他先节制土地。地主阶级见王莽所行的政策，诸多不利于己欲寻一代表本身利益之人，取而代之。而刘秀遂于是时起来了。倡人心思汉，以迷惑一般人之目耳。盖因王莽代表农民利益，不得地主阶级拥护。刘秀则代表地主阶级之利益，故能得最后之胜利。

——转引自《毛泽东评点二十四史》，时事出版社1997年12月版，第512页。

【品读精华解析】 王莽身死国亡后，历代封建正统史学家以幸灾乐祸的态度，把最恶毒的言辞加在他的头上，肆意歪曲王莽的形象。对此，毛泽东有不同的看法，他认为以往的史学家把王莽说得如此这般坏，是因为他们站在封建正统的立场上，要维护正统宗法统治的利益和形象。特别是东汉建立后，更把他看成是篡权夺位、祸国殃民的罪魁祸首，东汉的史学家班固撰写的《汉书·王莽传》正是站在正统的宗法立场上，记载了王莽发迹篡权、从变法到灭亡的一些事迹，对他多有批判和贬斥，甚至谩骂和丑化。

诚然，王莽上台前使用了一些欺世盗名、骗取人心、玩弄权术等阴谋手段，不够光明磊落。不过，生逢乱世如果没有这一套权谋，哪个帝王又能登上皇帝的宝座？何况西汉末年阶级矛盾尖锐，必得有人解决。成帝之时，思想家谷永就曾说过："天生蒸民……不私一姓。"并特别指出："天下乃天下人之天下，非一人之天下也。"（《汉书·谷永传》）汉朝刘邦建立天下，不也是从秦朝手中夺得的吗？为什么王莽就不可以从刘家的孤儿寡母手中夺得呢？如果抛开封建正统观念，王莽也完全可以当皇帝。

毛泽东认为对王莽的评价不能跟在正统的封建史学家后面人云亦云，要用"很公平诚恳的态度来研究"，要实事求是。白居易有诗曾云："王莽谦恭未篡时"，班固的《汉书·王莽传》经过作者的严重歪曲，以致泯灭其真，不过，我们还是从其字里行间窥见一些王莽未篡时谦恭的遗迹。王莽出身贫寒，自小生活俭朴，身居高位后，也少有一般高官显贵的豪华奢侈。王莽就任大司马后的一天，他的母亲生病了，公卿列侯派夫人去探望，王莽的妻子出门迎接，她没有穿丝毫的绫罗绸缎，更没有贵夫人那种满身的珠光宝气，和普通的百姓没什么区别，人们看见还以为是用人，一问才知道是王莽的夫人，都很吃惊。对自己的母亲，王莽也称得上是一个典型的孝子。对于自己的儿子，他也严格要求。一次，二儿子王获杀死了奴仆，王莽严厉斥责他，并要他自杀以谢罪。每遇水旱灾荒，王莽就吃素食，以示和天下百姓同甘共苦。王莽对地位比自己高的人都恭敬谦逊，但在重大问题上敢于坚持原则，并不怕丢官罢职。

太后的侄子淳于长犯罪，他不怕得罪太后予以揭发。哀帝时，未央宫摆酒宴，内者令为哀帝的祖母定陶傅太后设置幄帐，把她的座位安放在太皇太后的座位旁边。王莽发现后，认为定陶傅太后是藩国之妾，不能与太皇太后同列并坐，就命撤去幄帐，另设座位。对此，傅太后大发脾气，对王莽极为愤恨，不久王莽就因此而丢官。对于地位没有自己高的贤士，王莽也恭敬有加，经常把自己赏赐和采邑收入所得全部拿来供给他们，而自己过节俭的生活。从这些事迹来看，假如王莽在未篡位时就身亡，他也会获得像周公旦那样的颂扬。这些事迹也可能含有矫揉造作的成分在内，即便如此，我们总不能说他比那些贪图享乐、穷奢极欲、鱼肉百姓的贪官污吏还要坏。而且王莽当皇帝前的所作所为和当皇帝这件事本身也并不能证明他就是一个了不得的坏人。

从他当政后所进行的改革来看，内容涉及政治、经济、军事体制等多方面，往往在否定或扬弃现有体制的同时，援引古义作一些创新，属于托古改制性质，尤其是经济方面的改革受到了毛泽东的重视。在所有制方面，王莽实行了重大改革，设立“王田”和“私属”。西汉后期，土地高度兼并，成为十分严重的社会问题。王莽从平均主义的幻想出发，下令：“今更名天下田为王田，奴婢曰私属，皆不得卖买。”（《汉书·王莽传》）就是将土地全部收归国有，称为“王田”，然后按男劳力进行再分配。八个男劳力分给一井（九百亩），这样就保证一夫一妇有一百亩田地。

如果男劳力不足八个的家族，就要把按规定多出的土地交出来分给别人；原来没有土地或土地不足的人，都可以按井田制规定的份额分到土地。为了防止大地主购买大量男劳力做奴隶，继续占有大量土地，又下令奴婢称为“私属”。土地和私属一概不准买卖。对于敢于违反和反对新的土地制度的人，就把他们遣送到边远地区。这对于无地或少地的贫苦农民有很大好处，对于拥有大量田地的大地主显然是一个沉重的打击，在某种程度上维护了农民的利益，或多或少地触及了大地主、大商人的利益。实事求是地讲，王莽的“王田”主张并未认真实行，但却抓住了中国封建社会社会问题的要害，即土地兼并问题，为后代提供了可资借鉴的经验教训。后来北魏、隋唐的均田制和占田制，不能说与王莽的“王田”主张毫无关系，从这一点上可以说王莽是一个失败的改革家。

毛泽东看到王莽政权的实质仍然是地主阶级利益的代表，而这些变法措施代表的却是农民的利益，损害的是地主的利益，“王田”实施后，地主官僚因买卖田宅，获罪者不可胜数，这样，改革就遭到了地主阶级的强烈反对。刘汉贵族更是如此，南阳大地主刘氏家族“自王莽篡汉，常愤愤，怀复社稷之虑……倾身破产，交结天下雄俊”（《后汉书·齐武王演传》），待机起兵反莽。这样，统治阶级内部矛盾日益尖锐。加之制度本身的弊病，给劳动人民带来的不是福利，而是巨大的灾难。这些措施不能落到实处，而且推行中吏治腐败，贪官污吏借机鱼肉百姓，人民已无法生活，被迫起来反抗。而豪强地主刘秀代表地主的利益，他巧妙地利用了人们心目中的传统宗法意识，一举推翻了王莽政权。

王莽变法失败的原因相当复杂。可以说，他是被自己、被改革的失误，被人民群众、被反对派一起扼杀的。从总体上看，王莽的改革不够成熟，显得草率，没有章法，又是处在那样危机四伏、情况严重的氛围之中，其失败也是必然的。不过，历史不应以成败论英雄，而应做出公正的裁断。王莽的改革措施未能在匆忙的历史瞬间落实，不但未能解决西汉后期就开始沉积的大量社会问题，而且同原有矛盾一起激化，诱发了农民大起义，把他及其改革很快淹没了。从这个意义上说，王莽不过是西汉后期政治矛盾的替罪羊和牺牲品。

赵充国能坚持真理到底

【品读原文】 赵充国主张在西北边疆屯田，这个人很能坚持真理，坚持正确的主张。……真理要人接受，总要有个过程，无论是过去和现在都是如此。

——张贻玖：《毛泽东批注历史人物》，鹭江出版社 1993 年版，第 79 页。

【品读原文】 说服力强之效。

——毛泽东读班固《汉书》卷六十九《赵充国传》的批语（见《毛泽东读文史古籍批语集》，第 125 页）。

【品读精华解析】 《汉书》是毛泽东阅读最勤的正史之一。毛泽东读《汉书》，尤其喜欢读《赵充国传》。敢于坚持真理的西汉名将赵充国，一直是毛泽东津津乐道的一位历史人物。

50 年代末的一天，毛泽东和周谷城在中南海游泳后，两人并肩坐在遮阳伞下谈古论今，毛泽东顺手拿起一本线装书，翻到了某一页看了一眼，就说：赵充国这个人，当年主张在西北边疆屯田，很能坚持自己的主张，他的主张在开始时，赞成的人不过十分之一二，反对的人达十分之八九，到后来，他的主张逐渐被人接受了，赞成的人达十之八九，反对的却只有十之一二。真理要人接受，总要有个过程，无论是过去和现在都是如此。毛泽东拿的这本书就是《汉书》，他翻的这页是《赵充国传》。毛泽东对赵充国的行为十分赞赏。

为此，他不仅在《汉书·赵充国传》上批注了“说服力强之效”六个字，还特意在与他老朋友历史学家周谷城交谈时拿出《汉书》，翻到《赵充国传》，对周谷城说：“这个人很能坚持真理，他主张在西北设屯田军，最初赞成者只十之一二，反对者十之八九。他因坚持真理，后来得到胜利，赞成者十之八九，反对者十之一二。真理的贯彻，总要有一个过程，但要坚持。”还说：“无论是过去和现在都是如此。”

不可存“五日京兆”之心

【品读原文】 如果接收企业的人员只准备接收，不准备经营，待接收之后再派人经营，则接收人员存“五日京兆”之心，无心经营，浪费物资，对企业生产损失甚大。

——《通报平津接收企业的经验》（一九四九年五月二十六日）（《毛泽东文集》第5卷，人民出版社1996年8月版，第301页）。

【品读精华解析】 在领导中国共产党和中国人民取得新民主主义革命胜利的过程中，毛泽东创造性地走出了一条“农村包围城市”的道路。然而，新中国要想实现真正的富强，仅靠农村小生产是不行的，必须依靠城市社会化大生产走出一条工业强国的路子。因此，以毛泽东为代表的中共领导人果断地作出将党的工作重心由乡村转移到城市的重大决策。

实际上，早在抗日战争后期，毛泽东就断言党以后的工作中心将是城市问题。他曾明确指出：“新民主主义社会的基础是机器，不是手工……现在的农村是暂时的根据地，不是也不能是整个中国民主社会的主要基础。由农业基础到工业基础，正是我们革命的任务。”此后，在党的六届七中全会和七大上，他又多次提到城市工作的重要性。但由于当时对日作战处于战略大反攻阶段，加之主要城市尚处在国民党统治区，党中央没有时间和条件去实践城市各项具体工作，毛泽东等领导人更多的时候只能在理论上思考关于城市工作的方针与对策。

进入 1948 年后，随着人民革命战争全面胜利的临近，毛泽东开始更多地考虑党的工作重心转移的问题。2 月 15 日，由他起草的《各地应注意总结城市工作经验》明确要求各中央局、分局、前委以及中工委准备“将党的注意力不偏重于战争与农村工作，而引导到注意城市工作”，并责成各领导机关“对于自己占领的城市，凡有人口五万以上者，逐一作出简明扼要的工作总结，并限三至四个月内完成此项总结”，掀开了党的工作重心从乡村转移到城市的序幕。经过了七个月的摸索后，这年 9 月，党中央召开政治局会议，明确提出了“使党的工作的重心逐步地由乡村转到城市”的战略构想。

当时，由于长期饱经战乱，重要城市大都破败不堪，一些资本家担心共产党执政后没收其资本，纷纷将资金转移出去，工业生产处于停滞状况的现象很普遍。所以，想要解决好城市问题，第一步就是在占领城市后尽快恢复和发展经济。在 1949 年 3 月召开的七届二中全会上，毛泽东强调：城乡统筹兼顾，决不可以丢掉乡村。但是，党和军队的工作重心必须放在城市，必须用极大的努力去学会管理城市和建设城市。管理和建设城市的中心关键是恢复和发展工业生产，其他工作“都应当为恢复和发展工业生产这一中心工作而服务”。七届二中全会后不久，4 月中旬，根据实际情况，毛泽东又提出了“公私兼顾，劳资两利，城乡互助，内外交流”的城市经济工作方针。这之后，毛泽东在致各中央局和前线各部的电文中，多次就城市工作问题提醒他们要注意总结经验，做好接管工作。

5 月 21 日，毛泽东以中共中央名义起草致华中局、林彪、罗荣桓、谭政电，要求他们“充分注意抓紧对于新占各城市的政策指导，不要过了很久才去检查和指导”。5 月 26 日，毛泽东又以中共中央名义起草了致华东局、华中局、西北局和南京市委电，向他们通报北平、天津接收企业的经验。在电报中，毛泽东强调：“据平津经验可知，如果接收企业的人员只准备接收，不准备经营，待接收之后再派人经营，则接收人员存‘五日京兆’之心，无心经营，浪费物资，对企业生产损失甚大。”

为避免出现这种情况，毛泽东要求：“接收初期派去接收企业的负责人，即应尽可能选择那些可以付托他们经营的人们，嘱咐他们不但要接好，而且要管好，使生产不受损失，此点务请注意。此外，不可把企业物资（存厂的或已交给国民党政府、政府尚未付价的都在内）当作战利品没收、分配、消耗掉。如果把企业物资（纱布、被服及其他制造品）当作战利品消耗掉，则政府势必要向企业付价，企业才能继续开工，否则企业即将停工，无力继续生产。”

这里毛泽东摘用《汉书·张敞传》中“五日京兆”这个典故，委婉地批评了那些“只准备接收，不准备经营”的错误想法和做法，提醒党的各级干部在接收城市的问题上，应将接收与经营统筹考虑，将城市日后的持久发展作为接收的最终目的，将城市作为百姓安居乐业、国家繁荣富强的大本营来用心经营，决不可存“五日京兆”之心，将城市作杀鸡取卵式的战果享受。

讲“闻喜县的由来”是激励干部作为

【品读原文】 毛泽东问陶鲁笳：“你们山西有个闻喜县，你知道为什么叫闻喜县？”

陶鲁笳摇摇头说：“不知道。”

毛泽东便说：“汉武帝乘楼船到了这里，正好传来在越南打了大胜仗的捷报，汉武帝就给这名为闻喜。汉武帝那时就能坐楼船上行驶，可见当时汾河水量很大，可水干了，我们愧对晋民呀！”

——引自陶鲁笳：《我记忆中的毛泽东同志》（见《缅怀毛泽东》，中央文献出版社 1993 年版，第 350 页）。

【品读精华解析】 陶鲁笳曾担任过山西省委书记。1958年3月，在毛泽东主持的成都会议上，陶鲁笳向毛泽东汇报说：“山西同北京商量，为了解决工农业缺水问题，我们有一个共同的雄心壮志。想从内蒙古的清水河县岔河口引黄河水200个流量，100个流量经桑干河流入官厅水库，100个流量入汾河，科技术人员经过勘查，已提出了初步设想。”

毛泽东听后点头表示同意，然后说：“我们不能只骂黄河百害，要改造它，利用它。其实黄河很有用，是一条天生的引水渠。”他还谈笑风生地说：“你们的设想算什么雄心壮志！不过是继承古人的遗志而已。你们查查班固《汉书·沟洫志》，汉武帝时就有一个人建议从包头附近引黄河水经过北京。”毛泽东又说：“可以设想，引用黄河水，把桑干河修成一条运河，也可以设想，把山西的汾河也变成运河；还可以设想，用黄河水在内蒙古改造沙漠，那才叫雄心壮志。”

陶鲁笳说：“山西十年九旱。金木水火土，就是缺水，如果解决了缺水问题，旱涝都不怕，山西也和四川一样就成为‘天府之国’我们也设想过，引黄入汾，使汾河不但可以保证太原的用水，而且可以有灌溉之利，舟楫之便。”

说到这里，毛泽东问道：“你们山西有个闻喜县，你知道为什么叫闻喜？”陶鲁笳摇摇头说：“不知道。”毛泽东便说：“汉武帝乘楼船到了这里，正好传来在越南打了大胜仗的捷报，汉武帝就给这地方起名为闻喜。汉武帝那时就能坐楼船在汾河上行驶，可见当时汾河水量很大，现在汾河水干了，我们愧对晋民呀！”

陶鲁笳回到太原后，查到《汉书》里有如下记载：汉武帝时，齐人延年上书言：“河出昆仑经中国，注渤海，是其地势西北高东南下也。可按图书，观地形，令水工准高下，开大河上岭，出之湖中，东注之海。如此，关东长无水灾，北边不忧匈奴，可以省堤防备塞，士卒传输，胡寇侵盗，覆军杀将，暴骨原野之患。天下常备匈奴而不忧百越者，以其水绝壤断也。此功一成，万世大利。”“汉武帝元鼎六年，行东，将幸缑氏，至左邑桐乡，闻南越破，以为闻喜县”。

毛泽东讲闻喜县得名的故事，表面上是在论证当时山西境内的汾河水水量之大，可以行船载客，而今天汾河水却干了，但更深的意旨是警醒当地的干部，希望他们能够有雄心壮志，改变山西长期缺水的面貌。

董仲舒有形而上学的思想

【品读原文】　所谓形而上学的或庸俗进化论的宇宙观，就是用孤立的、静止的和片面的观点去看世界。这种宇宙观把世界一切事物，一切事物的形态和种类，都看成是永远彼此孤立和永远不变化的。……在中国，则有所谓“天不变，道亦不变”的形而上学的思想，曾经长期地为腐朽了的封建统治阶级所拥护。

——《矛盾论》（一九三七年八月）（《毛泽东选集》第 1 卷，人民出版社 1991 年 6 月版，第 301 页）。

【品读精华解析】　1937 年日本发动全面侵华战争后，中国顿时成为各种矛盾的集结点。在国内，民族矛盾取代阶级矛盾成为主要矛盾的客观变化并未被大多数人意识到。同时，党内仍存在着以毛泽东为代表的实事求是者与以王明为代表的“左”倾教条主义者的矛盾。从理论上正确认识和解决这些矛盾，给中国革命以正确的指导，就成为共产党人亟待解决的问题。

为此，在精心研究马克思主义辩证法和前人研究成果之后，1937 年 8 月，毛泽东完成了我党思想史上第一部系统地、深刻地、翔实地论述唯物主义的专著——《矛盾论》。该书是毛泽东哲学思想体系中的重要著作，是对马克思主义辩证法的继承和发展。全书以对立统一规律为主线，贯穿始终，又将马克思主义基本原理同中国实际相结合，以通俗易懂的语言建立了一个关于矛盾学说的逻辑体系。具体内容包括：一，系统总结人类的认识史，提出“发展是减少和增加”，是重复和“发展是对立的统一”两种对立的宇宙观，并对前一种观点进行批判；二，提出矛盾的普遍性和特殊性问题。普遍性

"其一是说，矛盾存在于一切事物的发展过程中；其二是说，每一事物的发展过程中存在着自始至终的矛盾运动"。特殊性即是说"各个物质运动形式的矛盾，各个运动形式在各个发展过程中的矛盾，各个发展过程的矛盾的各方面，各个发展过程在其各个发展阶段上的矛盾以及各个发展阶段上的矛盾的各方面"都有自身特性；三，举例论证主要矛盾的存在和发展影响着其他矛盾、主要矛盾决定着事物发展方向的观点；四，提出矛盾主要方面和次要方面的同一性和斗争性、二者可以相互转化的问题，提醒广大干部在工作中正确对待，不要犯错误。

毛泽东摘用《汉书·董仲舒传》中"天不变，道亦不变"是在论述第一个内容时。在这部分中，毛泽东首先提出了历史上两种对立的宇宙观——"形而上学"和"唯物辩证法"。接着，他分别对这两种宇宙观进行了阐释。

毛泽东说："所谓形而上学的或庸俗进化论的宇宙观，就是用孤立的、静止的和片面的观点去看世界。这种宇宙观把世界一切事物，一切事物的形态和种类，都看成是永远彼此孤立和永远不变化的。如果说有变化，也只是数量的增减和场所的变更。而这种增减和变更的原因，不在事物的内部而在事物的外部，即是由于外力的推动。"

毛泽东认为，这种思想属于唯心论的宇宙观，它长期统治着人们的思想。他进一步解释说："形而上学家认为，世界上各种不同事物和事物的特性，从它们一开始存在的时候就是如此。后来的变化，不过是数量上的扩大或缩小。他们认为一种事物永远只能反复地产生为同样的事物，而不能变化为另一种不同的事物。"由于形而上学家否认唯物辩证法所主张的事物因内部矛盾引起发展的学说，所以，他们只能简单地从事物外部去找事物发展的原因。这就是他们不能解释事物的质的多样性，不能解释一种质变为他种质的现象的根本原因。

毛泽东强调，这种思想，不但欧洲有之，就是在中国也有着"悠久"的历史，为此，他特别指出汉代唯心主义哲学家董仲舒"天不变，道亦不变"的观点就是形而上学的思想，在很长一段时间禁锢了人们的思想，是为腐朽封建统治阶级维护其利益的唯心主义学说。而后，毛泽东笔锋一转，开始论述唯物辩证法的宇宙观的科学性和合理性。通过对比，使人们更加清晰地认识到了两种宇宙观的孰优孰劣，为下文的有序论述作了一个很好的开端。

第三章

网罗一代，事义周悉

——毛泽东品读《后汉书》

毛泽东在《后汉书》91卷至94卷第21册的封面上写道："《后汉书》写得不坏，许多篇章胜于《前汉书》。"又在《后汉书·光武帝纪》中写了一则批注："李贤好，刘攽好。李贤贤于颜师古远甚，确然无疑。"称他们好就好在"长篇大论，搜集历史资料，使读者感到舒服爱看"。比颜师古好得很多，确实是"青出于蓝而胜于蓝"。毛泽东对《后汉书》的文采很欣赏，虽然对东汉的历史没有太大的兴趣，认为："东汉两头均无意思，只有光武可以读。"不过，由于东汉的士大夫很讲求气节，因而毛泽东对这些士大夫做了比较多的批注，品读得十分仔细。

班超“不入虎穴，焉得虎子”值得借鉴

【品读原文】 中国人有一句老话：“不入虎穴，焉得虎子。”这句话对于人们的实践是真理，对于认识论也是真理。离开实践的认识是不可能的。

——《实践论》（一九三七年七月）（《毛泽东选集》第1卷，人民出版社1991年6月版，第288页）。

【品读精华解析】 经过了十余年斗争的中国共产党，已经在中国革命的大风大浪中走过了一段传奇经历，其间有过成功的经验，也有过失败的惨痛。尤其是1931年至1934年间以王明为代表的“左”倾机会主义者的教条主义统治，几乎葬送了中国革命。

这时，为了更好地领导中国人民进行抗日战争，系统总结党的历史经验和教训，统一党内各种思想，就成为亟待解决的问题。中央红军到达陕北后，党中央赢得了一段相对宽松的时间，毛泽东也充分利用起这段时间从理论高度对这一问题进行思考和总结。《实践论》就是一篇创作于这个时期、用以从理论上指导中国革命实践的、充满着马克思主义思辨思想的重要哲学文献之一。

该文以实践观点为基础，以认识和实践的辩证统一关系为主线，系统地论述了以下几个方面：一，实践是认识的来源；二，认识的发展过程；三，无产阶级认识和改造世界的责任。在第一部分中，毛泽东具体地论述了实践及其在认识过程中的地位和作用，强调人类的生产活动是最基本的实践活动，是决定其他一切活动的基础；社会实践有阶级斗争、政治生活、科学和艺术活动等多种形式，其中各种形式的阶级斗争给人的认识发展以深刻的影响；实践是认识的来源和推动认识发展的动力；只有人们的社会实践，才是人们对于认识外界的真理性的标准；实践还是认识的目的，无产阶级认识世

界的目的是改造世界；阶级性和实践性是马克思主义哲学的两个最显著的特点。为了强调实践对于认识的重要性，毛泽东还特别摘用了《后汉书·班超传》中，“不入虎穴，焉得虎子”这句古语来说明：实践是主观见之于客观的话。

黄琼耿直方正、李固以国家为重

【品读原文】（将《黄琼传》、《李固传》）送刘、周、邓、彭一阅。

送陈毅同志一阅。

可读李固给黄琼书，就思想文章而论，都是一篇好文章。

——引自张贻玖：《毛泽东批注历史人物》，鹭江出版社 1993 年版，第 100 页。

【品读精华解析】《后汉书·黄琼传》和《后汉书·李固传》是毛泽东多次阅读的两篇人物传记。1965 年，毛泽东还特意批示，将这两篇传记“送刘、周、邓、彭一阅”，“送陈毅同志一阅”。刘少奇、周恩来、邓小平、彭真、陈毅等人遵照毛泽东的指示，都认真阅读了这两篇传记。毛泽东之所以推荐这两篇传记，原因就是李固那种以天下为己任，为了国家的利益，敢于坚持自己的意见，宁死不屈的气节，深深地感动了毛泽东。

1974 年，毛泽东评价这两篇传记中李固给黄琼的信说：“就思想文章而论，都是一篇好文章。”“可读。”

黄琼、李固都是东汉人，以耿直方正、敢于以国事为重、忠言谏君著称。东汉时，外戚、宦官相互倾轧，争相专政擅权。大将军梁冀的两个妹妹分别是顺帝、桓帝的皇后，梁冀垄断朝政近 20 年，骄奢横暴，不可一世。顺帝时，黄琼两次被举荐到朝廷做官，他都托病不去。李固非常仰慕黄琼，写信劝他出来协助朝廷治国安邦。这封信从两个方面开导黄琼，一方面批判了当时名士们的孤傲；另一方面针对当时名士专靠声名而其实不副，以致容易被人攻击其缺点。信中对黄琼进行规劝和告诫道：“……若当辅政济民，今其时也。自生民以来，善政少而乱俗多，必待尧舜之君，此为志士终无时矣。常闻语曰：‘峣（音 náo）峣者易缺，皦（音 jiǎo）皦者易污。’《阳春》之曲，和者必寡，盛名之下，其实难副……是故俗论皆言处士纯盗虚声。愿先生弘此远谟，令众人叹服，一雪此言耳。”这就是被毛泽东评价为“就思想文章而论，都是一篇好文章”的那封信。

黄琼出来做官后，经常上书规劝顺帝，所提批评和建议多被采纳。顺帝死，梁冀和梁太后先后立冲帝、质帝，两帝在位的时间都很短。其后桓帝立，拟褒崇梁冀，说梁冀功劳，可与周公相比，黄琼不畏惧梁冀的权势，在众人随声附和中，只有他坚决反对。他举出萧何、霍光等功臣为例，认为“赏必当功，爵不越德”，桓帝接受了这个意见。黄琼临死前，仍上书直谏，指出桓帝“即位以来，未有胜政。诸梁秉权，竖宦充朝”。这些人作威作福，“言之者必族，附之者必荣。忠臣惧死而杜口，万夫怖祸而木舌”，使皇帝耳目闭塞。他还列举当朝的忠与奸，规劝桓帝要清醒、要明察。并表示自己在临死前说这些话的一片忠心。

李固也是汉顺帝时人，“少好学，常步行寻师，不远千里。遂究览坟籍，结交英贤。四方有志之士，多慕其风而来学”。李固多次上书顺帝，规劝他慎重选用官员，协助他整顿朝纲，为天下树立榜样。他说：“夫表曲者景必邪，源清者流必洁，犹叩树本，百枝皆动也。”顺帝死，质帝立，李固被委任为宰相。他任职后，“其黄门宦者一皆斥遣，天下咸望遂平，而梁冀猜专，每相忌疾”，质帝死后，李固建议“清河王蒜明德著闻，又属最尊亲，宜立为嗣”。他给梁冀写信说：“传曰：‘以天下与人易，为天下得人难。’”梁冀不同意，免了李固的职，立了他的妹夫蠡吾侯，是为桓帝。李固后为梁冀诬陷，被诛，死时 54 岁。

《黄琼传》《李固传》中的“峣峣者易缺，皦皦者易污”；“阳春白雪，和者盖寡；盛名之下，其实难副”；“夫表曲者景必邪，源清者流必洁”；“以天下与人易，为天下得人难”等充满哲理的警句，当时曾为不少同志引为箴言。

陈寔使“梁上君子”改过自新

【品读原文】 人在一定条件下是可以改造的。

——毛泽东读《后汉书·陈寔传》的批语（见《毛泽东读文史古籍批语集》，中央文献出版社1993年版，第133页）。

【品读精华解析】 陈寔（104~187年）字仲弓，东汉颍川许县（今河南许昌东）人。陈寔是东汉末年的名士，年轻时曾当过县吏，尽管地位卑微，但他却喜欢读书，能诵读各种儒家经典。县令邓劭很欣赏陈寔才干，便让他进入太学读书。其后，历任颍川西门亭长、功曹、太丘县（旧治在今河南永城西北）县长等职。

陈寔为官公正廉洁，为人讲究道德。因而陈寔的官职尽管不高，但在当时的朝野却很有威望。民间产生纠纷，人们往往请陈寔判定是非曲直。经陈寔调解裁决后，当事人都心服口服，毫无怨言。因此当时流传有这样的乡谣：“宁受到刑法处置，也不愿受到陈君（陈寔）指责。”太尉杨赐、司徒陈耽常感叹陈寔的地位与声望不符，对自己在陈寔之前担任了高官感到惭愧。

汉桓帝延熹九年（166年），名士李膺、太学生郭泰等人因结党抨击宦官集团，被定为“诽讪朝廷”罪，以李膺为首的200多名“党人”遭到逮捕，史称“党锢之祸”。在这次党锢之祸中，陈寔也受到了牵连。许多“党人”为躲避灾祸而纷纷逃亡，可陈寔却说：“吾不就狱，众无所恃。”于是，他自己要求官府把自己逮捕下狱。党锢之祸结束后，大将军何进、司徒袁隗想授予陈寔高官，但陈寔却不愿接受。陈寔逝世后，全国竟有3万多人赶去他为送葬。

毛泽东很欣赏陈寔。1965年，他曾把《后汉书·陈寔传》推荐给刘少奇、周恩来、邓小平、彭真、陈毅阅读。

《后汉书·陈寔传》中有一段记载：有一次，一个小偷潜入陈寔家，藏在房梁上，想等到夜深人静、陈寔家的人都睡熟后行窃。陈寔发现小偷后，没有大喊捉贼，而是起床穿戴整齐，把儿孙们叫醒，召集到一起，严肃地说："夫人不可不自勉。不善之人，未必本恶，习以成性，遂至于此。梁上君子者是矣。"小偷大吃一惊，从梁上跳下来，向陈寔谢罪。陈寔很和气地劝说他："视君状貌，不似恶人，宜深克己反善。然此当由贫困。"并让家人送给他两匹绢。此后，县中盗窃绝迹。后来的"梁上君子"这一成语即出自此。

毛泽东对此批注道："人在一定条件下是可以改造的。"充分肯定了陈寔对小偷偷窃行为的认识和分析，以及他对小偷的教育和鼓励。千百年来，"梁上君子"只是用作窃贼的名词，而毛泽东却能用辩证的观点来看待这一问题，把它提高到了对人改造的认识高度。由此可见毛泽东读史的真知灼见。

曾受"胯下之辱"的韩信当了大元帅

【品读原文】 青年人打倒老年人，学问少的人打倒学问多的人，这种例子多得很。……韩信也是一个被人看不起的人，他在年轻的时候，曾经受过"胯下之辱"。人家让他钻"胯裆"，他一看没办法，只好钻。

——摘自王子今：《毛泽东与中国史学》，第 197~198 页。

【品读精华解析】 毛泽东 1958 年 5 月 8 日在中共八大二次会议上的第一次讲话中，重点讲了"破除迷信"的问题，他强调："从古以来，发明家创立新学派的，在开始时都是青年，学问比较少的，被人看不起的，被压迫的人，这些发明家在后来才变成壮年、老年，变成有学问的人。这是不是一个普遍的规律？不能完全肯定，还要调查研究。但是，可以说多数是如此。”毛泽东还说：“青年人打倒老年人，学问少的人打倒学问多的人，这种例子多得很。”接着他举出很多这方面的例子。其中就包括韩信。

韩信青年时代因家贫而行为放荡，为了求食度日，受人讥讽，面对恶势时甚至甘受凌辱。他的能怒、能忍、能知恩报德的气质对他的一生产生重大影响，甚至让他成为叱咤风云的人物。毛泽东举韩信为例，在于以历史人物说明青年人尽管经历坎坷，也是可以有所作为的，并表示寄希望于青年一代。

班超的抵抗不属于侵略

【品读原文】 只有一点，对于那些“兼弱攻昧”“好大喜功”的侵略政策（这在中国历史上是有过的）应采取不赞同态度，不能和积极抵抗政策混同起来。为抵抗而进攻不在侵略范围之内，如东汉班超的事业等。

——选自《毛泽东书信选集》，第136~137页。

【品读精华解析】 毛泽东提到“班超的事业”是在他1939年1月17日致陕北公学教授、中国问题教研室主任、历史学家何干之的信中。何干之给毛泽东写信，表达了他欲研究民族史的想法，毛泽东认为很好，盼望他切实地去做，并说：“如能在你的书中证明民族抵抗与民族投降两条路线的谁对谁错，而把南北朝、南宋、明末、清末一班民族投降主义者痛斥一番，把那些民族抵抗主义者赞扬一番，对于当前抗日战争是有帮助的。”

只有一点，对于那些“兼弱攻昧”“好大喜功”的侵略政策（这在中国历史上是有过的）应采取不赞同态度，不使其和积极抵抗政策混同起来。为抵抗而进攻，不在侵略范围之内，如东汉班超的事业等。班超不是被动地防范匈奴的侵扰，而是采取主动的进攻策略，抵御住了敌人的侵犯。因此毛泽东认为这不在侵略范围之内，而是积极的抵抗。

贾谊英才早逝可惜

【品读原文】 贾谊云：仁义不施，而攻守之势异也。

——摘自张贻玖：《毛泽东批注历史人物》，第7页。

【品读原文】 汉朝有个贾谊，十几岁就被汉文帝找去了，一天升了三次官，后来贬到长沙，写了两篇赋，《吊屈原赋》和《鵩鸟赋》。后来又回到朝廷，写了一本书，叫《治安策》。他是秦汉历史专家。他写了10篇作品，留下来的是两篇文学作品（两篇赋），两篇政治作品——《治安策》和《过秦论》。他死在长沙的时候才只有33岁。

——摘自毛泽东1958年5月8日在八大二次会议上的讲话（转引自陈晋主编：《毛泽东读书笔记解析》，广东人民出版社1996年7月版，第1210~1211页）。

【品读原文】 家英同志：

如有时间，可一阅班固的《贾谊传》。可略去《吊屈》、《鵩鸟》二赋不阅。贾谊文章大半亡失，只存见于《史记》的二赋二文，班书略去其《过秦论》，存二赋一文。《治安策》一文是西汉一代最好的政论，贾谊于南放归来著作，除论太子一节近于迂腐以外，全文切中当时事理，有一种颇好的气氛，值得一看。如伯达、乔木有兴趣，可给一阅。

毛泽东四月二十七日

——摘自《毛泽东书信选集》，第539页。

【品读精华解析】 1958年4月27日，毛泽东致信田家英，这即前面引的信。信中推荐他阅读《贾谊传》。毛泽东对贾谊十分赞赏。他在多次讲话中，历数年轻有为的历史人物时，常常说到“英俊天才”贾谊。对贾谊任梁怀王太傅时因梁怀王意外坠马而死，自责“为傅无状”，33岁即郁郁去也叹惋不已。曾深怀感念地写道：“梁王坠马寻常事，何必哀伤付一生。”

至于毛泽东在给田家英的信中提到的班书略去其《过秦论》一文，有的学者撰文指出班固《汉书》并未“略去”《过秦论》。颜师古注《汉书·陈胜项籍传》“赞曰：昔贾生之《过秦》曰”，引应劭曰：“贾生书有《过秦》二篇，言秦之过。此第一篇也。司马迁取以为赞，班固因之。”应氏所谓“此第一篇也”，即“仁义不施，而攻过之势异也”这一篇。“司马迁取以为赞”，并非见于《史记·屈原贾生列传》，而是收入《秦始皇本纪》，毛泽东“班书略去其《过秦论》”，当系误记。此说可备参考。

《过秦论》是贾谊影响最大的政论文。它纵览秦国兴衰成败的历史轨迹，分析秦统一中国前后的功过得失，在对历史的回顾与梳理中，力图总结出其中的经验教训，以期为汉文帝的政治改革提供历史借鉴。

《过秦论》的主旨在于揭示秦王朝灭亡的根本原因在于“仁义不施”，不知“攻守之势异也”，即在夺取天下、统一天下之后，秦政权没有及时地意识到形势的变化，没有及时地调整政策和策略，文中对此说道：

“秦王怀贪鄙之心，行自备之智，不信功臣，不亲士民，废王道，立私权，禁文书而酷刑法，先诈力而后仁义，以暴虐为天下始。夫并兼者高诈力，安定者贵顺权，此言取与守不同术也。秦离战国而王天下，其道不易，其政不改，是其所以取之守之者无异也。孤独而有之，故其亡可立而待。”

由“取”转变为“守”，由“并兼”转变为“安定”，政策、策略必须相应转换，然而秦始皇没有能够努力克服长年战争后形成的强大的历史惯性，“其道不易，其政不改”，因而没有“取之”和“守之”的区别，这样纵使有强将利兵，金城千里，终难免灭亡的命运。关于贾谊的这一论点，后人有不少评论。宋代真德秀在《文章正宗》中说：“谊之论秦，备述本末，而断以两言，可谓至矣。然谊之意以攻守为二涂。用权谋以攻，而用仁义以守，然后为得。汉初豪杰，所见大抵如此。故陆贾有逆取顺守之言，而谊亦为攻守异势之说。”

毛泽东提到贾谊的“仁义不施，攻守之势异也”的话，是在他读《旧唐书·朱敬则传》的时候。据王子今介绍，毛泽东在《旧唐书·朱敬则传》开篇的天头上批注：“朱敬则，政治家、历史家。”他注意到朱敬则善于以历史经验完善现时政治的特点。朱敬则在武则天当政时任正谏大夫等职。他曾上书借秦亡的历史教训来阐发自己的政见。他说：“臣闻李斯之相秦也，行申、商之法，重刑名之家，杜私门，张公室，弃无用之费，捐不急之官，惜日爱功，话耕急战，人繁国富，乃屠诸侯。此救弊之术也。故曰：刻薄可施于进趋，变诈可陈于攻战。兵犹火也，不戢将自焚。况锋镝已销，石城又毁，谅可易之以宽泰，润之以淳和，八风之乐以柔之，三代以礼以导之。秦既不然，淫虐滋甚，往丽不返，卒至土崩，此不知变之祸也。”秦政推行法家之术，政策以苛急酷烈为特征，在当时情况下促进了人口增长，国家富强，于是有了消灭六国的基础。然而这都是不得已的“救弊之术”。政策、策略的刻薄与变诈，只适合于进趋与攻战的形势，进入和平时期之后，政风就应当转而宽泰淳和。秦王朝“不知变”，于是导致败亡之祸。毛泽东在这段话的天头上批注：“贾谊云：仁义不施，而攻守之势异也。”

由此体现出毛泽东对于贾谊著名政论《过秦论》的历史价值的肯定。

毛泽东自评“盛名之下，其实难副”

【品读原文】 我曾举了后汉人李固写给黄琼信中的几句话：蛲蛲者易折，皦皦者易污。阳春白雪，和者盖寡。盛名之下，其实难副。这后两句，正是指我。我曾在政治局常委会上读过这几句。人贵有自知之明。

——《给江青的信》（一九六六年七月八日）（《建国以来毛泽东文稿》第12册，中央文献出版社1998年1月版，第72页）。

【品读精华解析】 毛泽东在“文化大革命”之初写给江青的这封信，一直是党史研究中的一个重点。很多专家对毛泽东写这封信的目的，表达意图甚至这封信的真伪都有着自己独到的见解。为了更好地理解毛泽东摘用《后汉书·黄琼传》中，“其实难副”的用意，笔者这里简单谈一下有关这封信的情况。

一、关于这封信的构思时间。据《建国以来毛泽东文稿》第71页考证，这封信的成文时间是在1966年7月8日。但毛泽东构思这封信的时间，应该是在1966年6月17日至28日这段时间。众所周知，“五一六通知”的出台，标志着“文化大革命”的开始。此时的毛泽东身在杭州。一直到6月15日，才离开杭州继续西进。次日到达长沙。稍事休整后，17日，毛泽东住进了韶山的滴水洞。在这个安静的地方，他整整关了自己11天。这期间，他每天都要看很多从北京送来的文件材料，沉思着应该如何应对这场来势如此迅猛的“造反”浪潮。给江青的这封信，其中大部分内容是在此间构思的。7月8日定稿后，才委托周恩来转交江青。

二、写信给江青的原因。发动“文化大革命”运动，毛泽东受到了很多阻力。很多老干部对此不理解，就连在中央一线工作的刘少奇、邓小平等人也持不同意见。在毛泽东看来，要想继续把这项运动开展下去，必须寻求坚定的支持者。而当时在中央宣传部工作的江青，利用其职务之便，经常向毛泽东汇报文艺界的情况，引起了毛泽东的重视。特别是在江青策划《评新编历史剧〈海瑞罢官〉》后，让毛泽东找到了发动这场运动的突破口，江青也成为毛泽东最为信赖的支持“文化大革命”运动的人之一。因此，毛泽东写信给江青，主要是想告知自己关于这场运动的想法。

三、关于这封信的主旨。毛泽东写给江青的这封信，除了告诉她“天下大乱，达到天下大治”的运动结论外，还流露出了对林彪某些做法的不满。

1966年5月4日至26日，中共中央政治局在北京召开扩大会议。18日，军委副主席林彪突然在会上发表了一篇骇人听闻的“政变经”。他说：“最近有很多鬼事，鬼现象，要引起注意。可能发生革命政变，要杀人，要篡夺政权，要搞资产阶级复辟，要把社会主义这一套搞掉。”他甚至还大肆宣扬：“毛主席的话，句句是真理，一句超过我们一万句。……他的话都是我们行动的准则。谁反对他，全党共诛之，全国共讨之。”

在信中，毛泽东对林彪这一做法表示了反对，他说：“他（林彪）的一些提法，我总觉得不安。我历来不相信，我那几本小书，有那样大的神通。现在经他一吹，全党全国都吹起来了，真是王婆卖瓜，自卖自夸，我是被他们逼上梁山的，看来不同意他们不行了。”接着，毛泽东对自己进行了深入的解剖。他说：“我是自信而又有些不自信。我少年时曾经说过：自信人生二百年，会当水击三千里。可见神气十足了。但又不很自信，总觉得山中无老虎，猴子称大王，我就变成这样的大王了。”

随后，他摘用了“蛲蛲者易折，皦皦者易污。阳春白雪，和者盖寡。盛名之下，其实难副”这句古语，并在“盛名之下，其实难副”八个字下打了着重号，明确指出这两句正是指自己。这里，毛泽东固然有谦辞在内，但更大程度上是反对林彪渲染对自己的政治崇拜。他不指名地批评林彪说：“人贵有自知之明。今年四月杭州会议，我表示了对于朋友们（林彪）那样提法的不同意见。可是有什么用呢？他到北京五月会议上还是那样讲，报刊上更加讲得很凶，简直吹得神乎其神。这样，我就只好上梁山了。我猜他们的本意，为了打鬼，借助钟馗。我就在20世纪60年代当了共产党的钟馗了。”如果联系后来的“九一三事件”来看，我们的确应该钦佩毛泽东的远见卓识。因为仅从这段话来分析，就能发现：在“文化大革命”之初，毛泽东就已经觉察到林彪这番言论背后的真实用意不过是借自己的威望行不可告人之阴谋罢了。

历史是复杂的，“文化大革命”那段历史是尤为复杂的。今天，抛开政治的因素，仅从文学角度来看，毛泽东摘用“盛名之下，其实难副”这句古语，自谦之余，也是暗示江青要多想想自己的不足和缺点，不要被权力的欲望冲昏了头脑。一直到晚年，他都没有忘记这句话。在1974年11月24日给江青的信中再次劝她“可读李固给黄琼书”，并特别指出：“就思想而论，这是一篇好文章。”借此提醒江青，她的职务“就是研究国内外动态”，不要过多地干涉别的事情。毛泽东此举无疑给欲壑难填的“第一夫人”再次浇了一盆冷水降了降温。

长社之战体现了奇正原则

【品读原文】 正，原则性。奇，灵活性。

——毛泽东读《后汉书·皇甫嵩传》的批语（见《毛泽东读文史古籍批语集》，第134页）。

【品读精华解析】 《后汉书》卷71（皇甫嵩传）在皇甫嵩所谓“兵有奇正，不在众寡”一句下引用（孙子兵法）加了一段注释：“《孙子兵法》曰：‘凡战者以正合，以奇胜也。故善出奇，无穷如天地，无竭如江海。战势不过奇正。奇正之变，不可胜也。’”

正因为“奇正之变，不可胜也”，变化无穷，因而关于“奇”与“正”，历代兵家都有不同的解释。而毛泽东读至此，结合长社之战的实际，对此批注道：“正，原则性。奇，灵活性。”言简意赅地阐发了自己对“奇”与“正”的见解。

成皋之战和昆阳之战均是以少胜多

【品读原文】 主观指导的正确与否，影响到优势劣势和主动被动的变化，观于强大之军打败仗、弱小之军打胜仗的历史事实而益信。中外历史上这类事情是多得很的。……楚汉成皋之战……新汉昆阳之战……都是以少击众，以劣势对优势而获胜。

——引自《论持久战》（见《毛泽东选集》第2卷，第491页）。

【品读精华解析】 在《论持久战》中毛泽东指出：在斗争中，由于主观指导的正确或错误，可以化劣势为优势，化被动为主动；也可以化优势为劣势，化主动为被动。一切统治王朝打不赢革命军，可见单是某种优势还没有确定主动地位，更没有确定最后胜利。主动和胜利，是可以根据真实的情况，经过主观能力的活跃，取得一定的条件，而由劣势和被动者从优势和主动者手里夺取过来的。

楚汉在争夺成皋的过程中，刘邦以弱小的力量，战胜了强大的楚军，除了政治上的原因外，军事上主要在于对战略全局处置得比较适当。例如彭城失败后，刘邦鉴于汉弱楚强的劣势地位，转攻为守，退保成皋这一咽喉要地，这就屏障了战略后方关中和巴蜀，使汉军在人力物力上得到源源不断的补充，能够坚持长期的战争。在战争全局上，刘邦能及时采纳张良、韩信等人的建议，逐步制定出正面坚持、南北两翼牵制、敌后骚扰的战略方针，并坚决付诸实施。这一方针，使强大的楚军陷于多面作战的困境，使汉军实力得到不断的发展，逐步由劣势转为优势，由被动转为主动，最后适时转入反攻，取得了全歼楚军的胜利。项羽虽然实力较强，但他在作战指导上缺乏战略头脑，没有通盘的考虑和打算，没有主要的打击方向，经常被敌方调动，东奔西跑，一味应付，虽然打了许多胜仗，但在战略上却是失策的，从而导致了战争的彻底失败。

昆阳之战，虽然发生在立刘玄为帝之后，绿林农民起义军已统称"汉军"，但它实质上仍是绿林农民起义军反对王莽政权的一次大战。王莽调集重兵，企图消灭农民军。但农民起义军不为新军的优势所吓倒，实行正确的作战指导，以不到一万的兵力坚守昆阳，牵制新军四十三万，既保障了主力围攻宛城的行动，又消耗了新军。同时以万余援兵，英勇果敢地从外线进行反击，利用敌人骄傲轻敌的弱点，出其不意地袭击敌人的指挥部，一战而胜，取得了以少胜多的辉煌胜利。

第四章

词多劝诫，有益风化

——毛泽东品读《三国志》

三国鼎立时期，是时势造英雄，英雄造时势的特殊历史发展阶段，毛泽东十分欣赏那些英雄人物，同时注重对历史事件进行品读。毛泽东注重求实，所以他倾向于读“史料派”的裴注《三国》，说：“裴松之注《三国》，有极大的好处，有些近于李贤，而长篇大论搜集大量历史资料，使读者爱看。‘青出于蓝而胜于蓝’，其此之谓欤？譬如积薪，后来居上。章太炎说，读三国要读裴松之注，英豪巨眼，不其然乎？”从中可以看出毛泽东品读史书的倾向。

曹操的案要翻

【品读原文】　此篇注文，贴了魏武不少大字报，欲加之罪，何患无辞。李太白云："魏帝营八极，蚁观一祢衡。"此为近之。

曹操结束汉末豪族混战的局面，恢复了黄河两岸的广大平原，为后来西晋的统一铺平了道路。

作土皇帝，孟德不为也。

杀降不祥，孟德所不为也。

曹操的文章诗词，极为本色，直抒胸臆，豁达通脱，应当学习。

——摘自张贻玖：《毛泽东批注历史人物》，鹭江出版社 1993 年版，第 120 页。

【品读原文】　曹操统一中国北方，创立魏国。他改革了东汉的许多恶政，抑制豪强，发展生产，实行屯田制，还督促开荒，推行法治，提倡节俭，使遭受大破坏的社会开始稳定、恢复、发展。这难道不该肯定？难道不是了不起?说曹操是白脸奸臣，书上这么写，戏里这么演，老百姓这么说，那是封建正统观念制造的冤案。还有那些反动士族，他们是封建文化的垄断者，他们写东西就是维护封建正统。这个案要翻。

——摘自王子今：《毛泽东与中国史学》，中共中央党校出版社 1993 年版，第 266 页。

【品读精华解析】　从封建正统观念出发，曹操历来被看作篡汉的"奸雄"。毛泽东则肯定这一历史人物的才略和功绩。50 年代末他谈到翦伯赞一篇关于曹操的文章时说："曹操结束汉末豪族混战的局面，恢复了黄河两岸的广大平原，为后来西晋的统一铺平了道路。"毛泽东读《三国志·魏书·刘表传》，在批注中评论刘表这位与曹操同时代的历史人物时，也曾自然流露出对曹操的态度。陈寿写道，刘表“少知名，号八俊，长八尺余，姿貌甚伟”。毛泽东批注：“虚有其表。”裴松之注引司马彪《战略》说，刘表“初为荆州”，“江南宗贼盛”，于是用蒯越“治乱者先权谋”之计，“使越遣人诱宗贼，至者五十五人，斩之，袭取其众，或即授部曲”。毛泽东在“皆斩之”三字旁画出曲线，又在天头批注：“杀降不祥，孟德所不为也。”

据《三国志·魏书·武帝纪》，曹操不杀降的事例相当多。如追击黄巾，“受降卒三十余万，男女百余万口，收其精锐者，号为青州兵”，后来成为曹操军的主力。刘备来奔，有人劝曹操说：“观刘备有雄才而甚得众心，终不为人下，不如早图之。”曹操却回答说：“方今收英雄时也，杀一人而失天下之心，不可。”张邈反叛，劫持曹操部下毕谌的母弟妻子，曹操准许毕谌前往敌方，而毕谌表示绝无二心，曹操嘉许，为之感动流涕。然而毕谌随即逃亡。后来曹操击破敌军，生擒毕谌，众人都为之担忧。曹操则说：“夫人孝于其亲者，岂不亦忠于君乎！吾所求也。”又任以为鲁相。

曹操任命的河内太守魏种曾经受到特殊信用，张邈叛乱时，曹操曾感叹道：“唯魏种且不弃孤也。”后来听说魏种也投靠了叛军，愤怒地说：“种不南走越，北走胡，不置汝也！”然而平叛成功，活捉魏种后，曹操又说：“唯其才也！”于是“释其缚而用之”。此外，如张绣、关羽、张鲁等等，归降曹操后，也或得封侯，或为重用。《三国志·魏书·刘表传》说，刘表曾“南收零桂，北据汉川，地方数千里，带甲十余万”。卢弼《三国志集解》引《资治通鉴》、袁宏《后汉纪》及何焯、王补以《后汉书·孔融传》为据的注说，指出刘表此时不再向汉王朝“供职贡”，并非法擅自“郊祀天地”，服饰器用仿拟皇帝。毛泽东在此处又批注：“作土皇帝，孟德不为也。”

《三国志·魏书·武帝纪》裴松之注引《魏武故事》载曹操《让县自明本志令》，是否认“有不逊之志”的颇恳切的政治声明。其中说到“设使国家无有孤，不知当几人称帝，几人称王”，自称每读乐毅、蒙恬不图王权，“其势足以背叛，然自知必死而守义”的事迹，“未尝不怆然流涕也”。卢弼《三国志集解》及所引林国宝语，指责其中多有不符合史实，“志骄气盈，言大而夸”处，以为“皆欺人语耳”，“为奸雄欺人之语”。所引黄恩彤语也斥责其“欲盖弥彰”，认为“陈《志》削而不录，亦恶其言不由衷耳”。所引李安溪的意见，则以为："文词绝调也，惜出于（曹）操，令人不喜读耳。"毛泽东对这些注文加了圈点，又批注道：此篇注文，贴了魏武不少大字报，欲加之罪，何患无辞。李太白云："魏帝营八极，蚁观一祢衡。"此为近之。

毛泽东态度鲜明地否定了对曹操的攻击，以为多是缺乏历史根据的诬蔑不实之词。所谓"魏帝营八极，蚁观一祢衡"，见于李白《望鹦鹉洲怀祢衡》。鹦鹉洲，传说为黄祖杀害名士祢衡之处，因祢衡绝世之作《鹦鹉赋》而得名。全诗为："魏帝营八极，蚁观一祢衡。黄祖斗筲人，杀之受恶名。吴江赋《鹦鹉》，落笔超群英。锵锵振金玉，句句欲飞鸣。鸷鹗啄孤凤，千春伤我情。五岳起方寸，隐然讵可平。才高竟何施，寡识冒天刑。至今芳洲上，兰蕙不忍生。"祢衡是汉末狂士，据《后汉书·祢衡传》记载，他"尚气刚傲，好矫时慢物"，孔融爱其才，多次称述于曹操，曹操欲见之，而祢衡"素相轻疾，自称狂病，不肯往，而数有恣言"，后来答应往见曹操，却又"著布单衣"，"坐大营门，以杖捶地大骂"。曹操以其素有才名，不忍杀之，遣送至刘表处，又辗转至黄祖处，因"言不逊顺"遇害，时年 26 岁。"魏帝营八极，蚁观一祢衡。"按照李榕村的解释，"盖言魏武经营天下，而视之直作蝼蚁观者，唯一祢衡也"。

毛泽东所谓"此为近之"，可能是说卢弼注文的观点，与轻狂傲慢的祢衡相近。其实，李白诗的原意，可能是从怀念祢衡的角度出发，说曹操虽有"营八极"的势力和雄图，仍"蚁观"即仰视祢衡才名而有敬畏之心。如此即与下句"黄祖斗筲人，杀之受恶名"相对应。毛泽东读《三国志·魏书·武帝纪》而联想到祢衡的事迹，是毛泽东读史对于执政者与知识分子的关系予以注意的实例之一。

毛泽东 1961 年 8 月 25 日致胡乔木的信中曾引用曹操诗云："盈缩之期，不独在天。养怡之福，可以永年。"引诗见曹操《步出夏门行》，今本多作："盈缩之期，不但在天。养怡之福，可得永年。"1954 年夏天，毛泽东在北戴河海滨散步，喜欢吟曹操的名诗《观沧海》："东临碣石，以观沧海。水何澹澹，山岛竦峙。树木丛生，百草丰茂。秋风萧瑟，洪波涌起。日月之行，若出其中。星汉灿烂，若出其里。幸甚至哉！歌以咏志。"《观沧海》也归于《步出夏门行》题下，前有"经过至我碣石，心惆怅我东海"句。《晋书·乐志下》则题作《碣石篇》。毛泽东面对浩瀚雄阔的大海产生了与曹操这位历史人物的心理共鸣。他找来地图，查证出“曹操是来过这里的”，又说：曹操“建安十二年五月出兵征乌桓，九月班师经过碣石山写出《观沧海》”。毛泽东《浪淘沙·北戴河》写道：

往事越千年，魏武挥鞭，东临碣石有遗篇。萧瑟秋风今又是，换了人间。

“换了人间”，世事翻革，时代演进，然而曹操面对“秋风萧瑟”，毛泽东面对“萧瑟秋风”，作为推动历史的伟大人物，他们的内心其实有着相通之处。毛泽东在同子女的谈话中曾经说：“曹操的文章诗词，极为本色，直抒胸臆，豁达通脱，应当学习。”他还曾经对身边的工作人员说：“我还是喜欢曹操的诗。气魄雄伟，慷慨悲凉，是真男子，大手笔。”表露出对于曹操这位历史人物的风格的肯定。

张鲁开了人民公社的先河

【品读原文】 这里（指《张鲁传》——引者）所说的群众性医疗运动，有点像我们人民公社免费医疗的味道，不过那时是神道的，也好，那时只好用神道。道路上饭铺里吃饭不要钱，最有意思，开了我们人民公社公共食堂的先河。大约有一千七百年的时间了。贫农、下中农的生产、消费和人们的心情还是大体相同的，都是一穷二白。不同的是生产力于今进步许多了。新中国成立以后，人们掌握了自己这块天地在共产党的领导之下。但一穷二白古今是接近的。所以这个《张鲁传》值得一看。张鲁的祖父创教人张陵，一名张道陵，就是江西龙虎山反动透顶的那个张天师的祖宗。《水浒传》第一回描写了龙虎山的场面。三国时代的道教是遍于全国的，群众运动的，他们的口号是“苍天已死，黄天当立”。苍天，汉朝统治阶级。黄天，农民阶级。于吉在东吴也有极大的群众运动，是那时道教的一派。张道陵、张鲁是梁、益派。史称这派与北方派的路线基本相同。其后，历代都有大小规模不同的众多的农民革命斗争，其性质当然与现在马克思主义革命运动根本不相同。

但有相同的一点，就是极端贫苦农民广大阶层梦想平等、自由，摆脱贫困，丰衣足食。在这一方面，带有资产阶级急进民主派的性质。另一方面，则带有原始社会主义性质，表现在互相关系上。第三方面，带有封建性质，表现在小农的私有制，上层建筑的封建制——从天公将军张角到天王洪秀全。宋朝的摩尼教，杨幺，钟相，元末的明教，红巾军，明朝的徐鸿儒，唐赛儿，李自成，清朝的白莲教，上帝教（太平天国），义和团，其最著者。我对我国历史没有研究，只有一些零星感触。对上述性质的分析，可能有错误。但带有不自觉的原始社会主义色彩这一点就最贫苦的群众来说，而不是就他们的领袖们（张角、张鲁、黄巢、方腊、刘福通、韩林儿、朱元璋、李自成、洪秀全等等）来说，则是可以确定的。现在的人民公社运动，是有我国的历史来源的。

我国从汉末到今一千多年，情况如天地悬隔。但是从某几点看起来，例如，贫农、下中农的一穷二白，还有某些相似。汉末北方的黄巾运动，规模极大，称为太平道。在南方，有于吉领导的群众运动，也是道教。在西方（以汉中为中心的陕南川北区域），有五斗米道。史称五斗米道与太平道“大都相似”，是一条路线的运动。又称，张鲁等行五斗米道，“民夷便乐”，可见大受群众欢迎。张陵（一称张道陵，其流风余韵经千年转化为江西龙虎山为地主阶级服务的极端反人民的张天师道，《水浒传》第一回有洪太尉误走魔鬼戏极神气的描写，一看使人神往，同志们看过了吧?）、张衡、张鲁祖孙三世行五斗米道。其法，信教者出五斗米，以神道治病；置义舍（大路上的公共宿舍）；吃饭不要钱（目的似乎是招徕关中区域的流民）；修治道路（以犯轻微错误的人修路）；“犯法者三原而后行刑”（以说服为主要方法）；“不置长吏皆以祭酒为治”，祭酒“各领群众，多者为治头大祭酒”（近乎政社合一，劳武结合，但以小农经济为基础）。这几条，就是五斗米道的经济、政治纲领。中国从秦末陈涉大泽乡（徐州附近）群众暴动起，到清末义和拳运动止，二千年中，大规模的农民革命运动，几乎没有停止过。同全世界一样，中国的历史，就是一部阶级斗争史。

——毛泽东1958年12月10日于武昌读《三国志集解》卷八《魏书·张鲁传》的批语（见《毛泽东读文史古籍批语集》，第148~151页）。

【品读精华解析】 1958年，毛泽东读《二十四史》，大概正读到《三国志》。这年，在许多场合，他都向干部们讲起三国历史人物和事件。其中最让他动情的，莫过于《三国志》卷八《魏书·张鲁传》。1958年12月在武昌召开八届六中全会期间，毛泽东批示印发《三国志》里的《张鲁传》。为帮助与会者阅读，他还于12月7日和10日分别写了两大段批语（即本文抄录于前的第一、第二两段批语）。稍后，他把12月7日写的批语划去，指示将10日写的批语印在《张鲁传》的前面，一同发给了与会者。

当时的中国是怎样一种状况呢？1958年，全国掀起“大跃进”的高潮，中央提出“用最高的速度来发展我国的社会生产力”，在生产关系方面急于向所谓更高级的形式过渡，主观地认为农业合作社的规模越大，公有化程度越高，就越能促进生产。

1958年4月，中央发出关于把小型的农业生产合作社适当地并为大社的意见，各地试办了一些一千户以至几千户的大社。七八月间，《红旗》杂志、《人民日报》公开宣传毛泽东关于把工、农、商、学、兵组成一个大公社，从而构成我国社会的基本单位的思想。河南、山东等许多地方闻风而动，人民公社开始在农村建立。8月，中央政治局在北戴河举行扩大会议，作出《关于在农村建立人民公社问题的决议》，认为这是“指导农民加速社会主义建设，提前建成社会主义并逐步过渡到共产主义所必须采取的基本方针”，规定人民公社实行政社合一、工农商学兵相结合的原则，强调公社目前还是采取集体所有制，不忙于改为全民所有制，但是快则三四年、慢则五六年或者更长一些时间就可以实现向全民所有制的过渡。这次会议把“大跃进”和人民公社化运动迅速推向高潮，全国农村一哄而起，大办人民公社，没有经过试验，只用一个多月的时间就基本实现公社化。人民公社大力推行组织军事化、行动战斗化、生活集体化，将劳动力按军队编制组成班排连营，采取大兵团作战的方法，从事工农业生产。动辄夜以继日，连续作战。不少干部认为商品交换越少，越接近共产主义。有的地方，如河北徐水县和山东范县，甚至打算试验两三年“过渡到共产主义”。为此提出“八包”“十包”，宣布对社员的衣食住行、生老病死、男婚女嫁所需费用都由公社供给。

从“大跃进”和人民公社化运动这一现实背景出发，毛泽东谈《张鲁传》最为欣赏的，是张鲁“带有不自觉的原始社会主义色彩”的“经济、政治纲领”，毛泽东用现代汉语对这一纲领作了具体说明，诸如“公共宿舍”“吃饭不要钱”，“以犯轻微错误的人修路”“以说服为主要方法”以及“近乎政社合一，劳武结合”等，带有明显肯定的语气。而对于“从某几点看起来”“近乎”于此的人民公社运动，毛泽东有意与“二千年中，大规模的农民革命运动”与历史上的“阶级斗争”相联系，其赞许与支持的倾向也是明显的。在毛泽东看来，汉末至今，尽管情况如天地悬隔，但“一穷二白”的国情则“有某些相似”，五斗米道所体现的“极端贫苦农民广大阶层梦想平等、自由，摆脱贫困，丰衣足食”的理想追求，对于全党通过“大跃进”的经济运动方式、人民公社化的社会组织方式来改变“一穷二白”的面貌，也是有启发的。应该说，这是毛泽东推荐《张鲁传》最重要的考虑。为此，他在批语里把《张鲁传》里记叙的五斗米道的一些内容，如以道教祭酒为治头（地方行政长官），置义米肉，置义舍，以神道治病，对犯法有“三原”（原谅教育三次）后才行刑等，同“大跃进”的一些做法直接联系起来，明显是欣赏的，认为《张鲁传》里说，张鲁采取这些办法，“民夷便乐”，说明“是大受群众欢迎”的。

其实，毛泽东曾不止一次地向党的领导干部推荐《张鲁传》。1958 年 8 月 24 日在北戴河中央政治局扩大会议上，毛泽东在谈到人民公社搞公共食堂时，曾说：张道陵的五斗米道，出五斗米就有饭吃。吃粮食是有规律的，像薛仁贵那样一天吃一斗米，总是少数。1958 年 11 月 3 日在郑州同九个省市委书记谈话中，说到供给制时，毛泽东也说：三国时候张鲁的社会主义是行不长的。因为他不搞工业，农业也不发达。曹操把他灭了，他也搞过吃饭不要钱，凡是过路的人，在饭铺里头吃饭、吃肉都不要钱。他不是在整个社会都搞，只在饭铺里头搞。他统治了 30 年，人们都高兴那个制度，那里有一种社会主义作风。我们这个社会主义由来已久了。这些谈话说明，在当时，毛泽东经常想到张鲁五斗米道里的做法，在某种程度上，是借历史来启发人们认识当时的“大跃进”和人民公社，从而更大胆地创造出新的办法。

1939 年 4 月 24 日，毛泽东在抗大生产运动初步总结大会上作题为《自己为自己的劳动是不可限量》的报告时，曾经这样说：你们是工、农、商、学、兵联合起来，你们读书，叫学；开荒，是农，做鞋子，是工，办合作社，是商，你们又是军，因为你们在抗日军政大学。你们是农、工、商、学、兵团结在一个人身上，文武配合，知识与劳动结合，可算是“天下第一”。在《红旗》杂志1958年4月期发表的《在毛泽东同志的旗帜下》一文中，毛泽东的这样一段话又被陈伯达引用，以作为人民公社体制的理论蓝图：“我们的方向，应该逐步地有次序地把工（工业）、农（农业）、商（交换）、学（文化教育）、兵（民兵，即全民武装）组成为一个大公社，从而构成为我国社会的基本单位。在这样的公社里面，工业、农业和交换是人们的物质生活，文化教育是反映这种物质生活的人们的精神生活。”毛泽东1958年视察河北徐水时，那里仿照军队组织连、营、团形式的劳动组织形式，他当场要求陪同的保定地委第一书记进行推广。当时有一个相当普及的口号“组织军事化，行动战斗化，生活规律化”，这一口号是由刘少奇提出又经毛泽东肯定的。在1958年8月21日的一次会议上，毛泽东还提出：我们要把六亿人民带成共产主义作风，人民公社大协作，自带工具、粮食，工人敲锣打鼓，不要计件工资，这些都是共产主义萌芽，是资产阶级法权的破坏，希望大家对这些问题的看法吹一下，把实际中的共产主义道德因素在增长的情况也吹一下。

1958年前后，他还多次指出：我们有二十二年的军事共产主义生活，不发薪水，搞供给制，结果军民一致，官兵一致，三大民主。进城以后，熬了几年，搞了薪金制，军衔制，其实是把供给制变成资产阶级法权制，发展了资本主义思想。难道二万五千里长征、土地革命、解放战争是靠发薪水过来的吗？抗战时期，二三百万人，解放战争时期，四五百万人，是军事共产主义的生活，没有星期天，在一元化领导下，没有什么“花”，把日本鬼子打走了，打败了蒋介石。打美国的时候也没有“花”。现在有“花”，发薪水分等级，分将、校尉，结果是脱离群众，兵不爱官，民不爱干，因为这一点和国民党差不多，衣分三色，食分五等，办公桌、椅子也分等级，工人农民不喜欢我们。薪金制、军衔制等于等级制，等于资产阶级法权。毛泽东说：“我们要保持过去革命战争时期的那么一股劲，那么一股革命热情，那么一种拼命精神，把革命工作做到底。什么叫拼命？《水浒传》上有那么一位，叫拼命三郎石秀，就是那个‘拼命’。我们从前干革命，就是有一种拼命精神。”有些同志缺乏这种热情，缺乏这种精神，停滞下来了。毛泽东认为，这可能与现在实行了军衔制度和其他一些制度有关。他提出，可以通过开展批评解决“密切联系群众”的问题。要相信“群众是公道的，他们不会把我们的历史丢掉”。他希望，“不要因为有了军衔制度和其他一些制度，而使上下级，官兵、军民、军队同地方的密切关系受到损害”。

郭嘉多谋善断

【品读原文】　《三国志》里的《郭嘉传》值得一读。

——引自张贻玖：《毛泽东批注历史人物》，鹭江出版社 1993 年版，第 136 页。

【品读原文】　多谋善断这句话重点在“谋”字上。要多谋，少谋是不行的。要与各方面去商量，反对少谋武断。商量又少，又武断，那事情就不好办。谋是基础，只有多谋，才能善断。谋的目的就是为了断。要当机立断，不要优柔寡断。

——摘自薄一波：《回忆片断——记毛泽东同志二三事》，载《人民日报》 1981 年 12 月 26 日。

【品读精华解析】　20 世纪 50 年代后期，党内“左”倾错误日渐严重，中央制定了“鼓足干劲、力争上游，多快好省地建设社会主义”的总路线。紧接着，人民公社化运动和“大跃进”运动一哄而起，人们憧憬着并不清晰的共产主义，以高度的热情投入到一场忘我的工业化事业之中。他们一味追求高速度、高指标，希冀着在短时间内赶英超美，跑步进入共产主义。

毛泽东已经从实践中察觉到总路线、“大跃进”、人民公社，这三面红旗中的某些问题，思想上有所降温，政策上有所退却，当时毛泽东可能还没有从根本指导思想和战略上认识“左”倾错误，直到庐山会议前，毛泽东的思想一直是向纠“左”的方向发展的，尽管效果不很明显。1959 年 4 月上海会议之前，毛泽东就向党的高级领导讲述了郭嘉多谋善断的故事。3 月在郑州召开的一次会议上，毛泽东几乎把《郭嘉传》里郭嘉为曹操出谋划策的故事都讲了出来：郭嘉是三国时期曹操手下的一位有名的参谋，此人多谋善断，为曹操出过不少计策。譬如说，曹操攻打吕布，当时议论纷纷，因为那时袁绍占领整个河北和豫北，曹操在许昌，吕布在徐州，如果攻打吕布，袁绍趁机介入怎么办？郭嘉说，袁绍这个人，多端寡要，见事迟，得计迟，所以袁绍定不会攻打许昌，于是曹操便攻打吕布，很快攻克，再攻打袁绍，又取得胜利。接下来是要不要攻打袁绍的两个儿子袁谭、袁尚的问题，郭嘉说不要打，我们回师，装作打刘表，把军队摆到许昌、信阳之间，他们一定要乱的，果真，兄弟俩没过多久就开始打起来，袁谭派人到曹操这里求救，曹操去救，乘机占领了信阳，消灭了袁谭的部队，后又设计消灭袁尚。说到这里毛泽东不无感慨，深感多谋善断的意义。

1959 年在庐山会议期间，7 月 11 日晚，毛泽东找周小舟、李锐、周惠谈话时，说到 1958 年经济计划搞乱了，随后他说：“国乱思良将，家贫思贤妻”，这是指陈云而言（他在南宁会议后只负责建委工作）。而后就向他解释：这是《三国志·郭嘉传》上的话，曹操在赤壁吃了败仗，于是想念郭嘉。这一时期毛泽东对暴露出来的问题不可能视而不见，自然会比较“大跃进”以后和“大跃进”以前的局面，不可能不对自己领导经济工作的方法有所认识，对自己的失误有所觉察，这自然要想到原来负责经济工作的陈云。陈云在负责经济工作时特别注重国民经济按比例的发展，反对冒进，而当时人们被那些高指标、高计划所控制，过分狂热，再加上当时个人崇拜的甚嚣尘上，而毛泽东声称自己是反反冒进的，于是经济上更加冒进，人们又进一步追求高指标，在农业战线上时时“放卫星”，甚至有人喊出了“人有多大胆，地有多大产”的口号，工业上钢的产量也是大放“卫星”。在这种情况下，陈云的反冒进自然要受到批评，不久，经济工作陷入困境，毛泽东对此不得不深思，不能不想陈云。几天后，毛泽东找李锐等谈话，又说到郭嘉：世上没有先知先觉，没有什么前知五百年、后知五百年的刘伯温。无非是多谋善断，留有余地。《三国志》里《郭嘉传》值得一读。郭嘉这个人足智多谋，初在袁绍麾下不得施展，就跑到曹操那里。曹操说他“每有大议，临敌制变。臣策未决，嘉辄成之，平定天下，谋攻为高”。可惜中年夭折，曹操为此大哭。“大跃进”出点乱子，不要埋怨，否则就是“曹营之事不好办”，或者叫你“欲与共济天下大难”!

毛泽东在这一时期反复提到郭嘉，这与总结和解决1958年的“大跃进”和人民公社化运动中出现的问题有关。1959年三四月间，毛泽东连续写了五封党内通讯，强调要从过去几个月措施失当这样一个深刻教训中，获取经验，反对瞎指挥风、浮夸风共产风等“左”的错误倾向。在上海会议上，又着重讨论了做工作要多谋善断；留有余地等问题（见前引文第二段）。他还说：现在，我是借郭嘉的事来告诉人民公社的党委书记以及县委书记、地委书记，不要多端寡要，要能够当机立断；端可以多，但是要拿住要点。国际的事要关心，国内各行各业要调查研究，还有各种学问，多端得很。但是可要抓住要点，一个时候有一个时候的要点。这是个方法问题，这个方法不解决，每天都在混混沌沌之中，叫作什么没有功劳也有苦劳，什么辛辛苦苦的官僚主义。特别是对外斗争，得计迟是很危险的。1959年毛泽东在一些重要场合谈论最多的历史人物，并给予很好评价的，恐怕要数郭嘉了。毛泽东对郭嘉的评价何以如此之高呢?

郭嘉是三国时期人，初在袁绍手下做事，他看透袁绍是个“多端寡要，好谋无决”的人，要想辅佐他平定天下，完成霸业，是很难成功的。于是投靠了曹操。

曹操同他谈论统一天下之事说：“袁本初拥冀州之众。青、并二州相从，地广兵强，而又非常傲慢无礼。我想率兵前去征讨，怎奈力小不敌，怎么办?”郭嘉分析道：“昔日楚汉战争之时，刘邦之不敌项羽，您是知道的。然而，汉高祖唯靠智胜，项羽虽强，终于为刘邦所擒。以我个人之见，袁绍有十败，您有十胜，袁绍虽然兵强，无能为也。袁绍坚持旧的礼法，因而繁礼多仪；您却讲求时效，体任自然，此为道胜一也。袁绍逆历史潮流而动，而您则顺应形势以统率天下，此为义胜二也。汉末政治失败于对待豪强过于宽纵，袁绍则继续实行宽纵政策，故而不能威慑豪强；您却严行法治，严惩不法豪强，故而上下人等皆知遵守国家的法度，此为治胜三也。袁绍外表似乎宽宏大量，而内心却量小嫉贤，用人而有疑忌，所任用者，唯有其亲戚子弟而已，您则是外似严肃而内心机智英明，用人而无疑忌，唯才是举，不问远近，此为度胜四也。袁绍多谋少断，失在后事，您则策定即迅速实行，应变无穷，此为谋胜五也。袁绍出身于四世三公之高门，依靠其累世之资历，高谈阔论揖让之高调，以收名誉，那些善于哗众取宠，用巧言以装饰外表之士多归之，您则以至诚待人，推诚而行，不务虚名，以俭朴为臣下之表率，有功者赏，那些有真知灼见，有真才实学的忠正之士皆愿意听从您的命令，为您所用，此乃是德胜六也。袁绍好施小恩小惠，而不考虑救国救民的大计，诚所谓妇人之仁；您则考虑治国之大事，恩加于四海，此乃仁胜七也。袁绍因不懂用人之道，其大臣为了政权皆相互攻击，造成祸乱；您却用人得法，浸润不行，此乃明胜八也。袁绍是非不明，您则对于正确者敬之以礼，对于不正确的正之以法，此乃文胜九也。袁绍好虚张声势，不懂用兵之要领；您能以少胜多，用兵如神，我军有恃无恐，敌军则畏之，此乃武胜十也。”郭嘉分析袁、曹相争，曹操有十胜之处，真是一语破的，入木三分。于是郭嘉备受赏识，曹操对别人说：“使孤成大业者，必此人也。”从此郭嘉协助曹操南征北讨，谋策帷幄，力挫群雄，功勋卓著。活捉吕布、官渡之战以及对乌丸用兵，这些都是郭嘉的计策，曹操对郭嘉越发器重，一再称道：“唯奉孝为能知孤意。”不幸的是郭嘉在北伐的路上病死了，曹操不胜悲痛，他抚摸着郭嘉的灵柩哭道：“奉孝之死，真是天亡我呀！”后来曹操在赤壁之战遭到惨败，于是更加思念郭嘉。

毛泽东喜欢郭嘉，在于其多谋善断，且谋断都很准确。作为一代领袖，毛泽东希望他领导下的各级干部向郭嘉学习，做事要多商量，但不要优柔寡断，要当机立断，但不要武断。这样，党就可以把各项工作做得更好。

司马昭之心，固已路人皆知矣

【品读原文】 盖自汪精卫倡言反共亲日以来，张君劢、叶青等妖人和之以笔墨，反共派、顽固派和之以摩擦。假统一之名，行独霸之实。弃团结之义，肇分裂之端。司马昭之心，固已路人皆知矣。

——《向国民党的十点要求》（一九四〇年二月一日）（《毛泽东选集》第2卷，人民出版社1991年6月版，第722页）。

【品读精华解析】 1938年10月，在抗日战争进入战略相持阶段后，国内形势发生了重大变化。由于战线太长，日本改变了对国民党军事打击为主的既定方针，加大了政治诱降力度。两个月后，一向宣称民族失败主义的国民党副总裁汪精卫突然逃亡越南，发出所谓的“艳电”，主张停止抗日，彻底暴露了卖国乞降的面目。就在汪精卫等人叛逃后不久，战争形势的暂时“缓和”使得国民党阵营内部又兴起了反对共产党的阵阵浊浪。在军事上，蒋介石不断制造摩擦，多次对陕甘宁边区、山西、河北等地的八路军和新四军进行军事进攻，甚至制造了“皖南事变”这样令亲者痛、仇者快的重大事件。在政治上，国民党于1939年1月21日至30日在重庆召开五届五中全会，通过了《限制异党活动办法》，制定了“溶共、防共、限共、反共”的基本政策；在思想上，以“三民主义”为幌子，大肆鼓吹“一个党、一个领袖、一个主义”的口号，妄图取代马克思主义和共产主义。

关键之时，如果不对汪精卫等人这种出卖国家利益的汉奸行为加以批判，不对国民党这种破坏统一战线的本质加以揭露，不使广大中国人民群众认识到国家民族前途命运已到了岌岌可危的时刻，那么，中华民族必将迎来亡国灭种的后果。

1940年2月1日，延安各界三万余人举行民众“讨汪”大会，毛泽东作了《团结一切抗日力量，反对反共顽固派》的主题演说。当日，为挽救时局，毛泽东又为大会起草了通电，谨陈救国大计，愿国民政府、各党各派、抗战将士、全国同胞采纳而实行之。这就是后来收入《毛泽东选集》第2卷的《向国民党的十点要求》。

通电提出十条行之有效的大计：一曰全国讨汪。不仅要讨伐公开之汪精卫，还要讨伐暗藏之汪精卫也，“若无全国讨汪运动，从都市以至乡村，从上级以至下级，动员党、政、军、民、报、学各界，悉起讨汪，则汪党不绝，汪祸长留，外引敌人，内施破坏，其为害有不堪设想者。宜由政府下令，唤起全国人民讨汪”。二曰加紧团结。这里，毛泽东批判了国民党内部“唯有取消共产党，取消八路军新四军，取消陕甘宁边区，取消各地方抗日力量，始谓之统一”的错误言论，并摘用《三国志·高贵乡公髦传》中“司马昭之心，路人皆知”这句家喻户晓的名言无情揭露了国民党中亲日反共派“假统一之名，行独霸之实。弃团结之义，肇分裂之端”的本质面目。要求各方抗日力量团结一致，彼此体爱。三曰厉行宪政。毛泽东提出，国民党此时应开放党禁，扶植舆论，取消一党专政，才能“昭大信于国民，启新国之气运”。四曰制止摩擦。在痛斥国民党制造数起摩擦事件后，毛泽东号召国民党方面“宜由政府下令处罚一切制造惨案分子，并昭示全国不许再有同类事件发生，以利团结抗战”。五曰保护青年。为了钳制舆论，镇压进步青年，国民党设置了数量众多的集中营，关押爱国进步青年。毛泽东质问国民党政府：“青年何辜，遭此荼毒？……过去十年‘文化围剿’之罪恶，彰明较著，奈何今日又欲重蹈之乎？”要求国名党政府“宜速申令全国，保护青年，取消西安附近之集中营，严禁各地侮辱青年之暴举”。六曰援助前线。抗日战争爆发后，蒋介石害怕共产党领导下的八路军、新四军势力坐大，不发军饷，不予补给，以致前线抗日将士衣单食薄，缺药少弹。毛泽东要求国民党政府“一面充分接济前线有功军队，一面严禁奸徒污蔑构陷，以励军心而利作战”。七曰取缔特务机关。为对付共产党，国民党成立了军统、中统等特务机构，做了大量奸邪之事，毛泽东以唐之周兴、来俊臣，明之魏忠贤、刘瑾比之，要求“为保存政府威信起见，亟宜实行取缔，加以改组，确定特务机关之任务为专对敌人及汉奸，以回人心而培国本”。八曰取缔贪官污吏。贪官祸国殃民，凶如豺狼，应加以取缔。九曰实行《总理遗嘱》。孙中山一生致力革命，弥留之际尚留“余致力国民革命凡四十年，其目的在求中国之自由平等。积四十年之经验，深知欲达到此目的，必须唤起民众”之遗言，毛泽东要求“宜由政府下令，有敢违背遗嘱，不务唤起民众而反践踏民众者，处以背叛孙总理之罪”。十曰实行三民主义。三民主义是国民党奉行主义，也是孙中山先生一生为之实现的奋斗目标，但总理之后，不遵守此主义者甚多，毛泽东要求“亟宜再颁明令，严督全国实行。有违令者，从重治罪。有遵令者，优予奖励”。

毛泽东向国民党提出的十条要求，“皆救国之大计，抗日之要图”。一经发表，深为国人赞同。尤其文中摘用的“司马昭之心，固已路人皆知矣”一句，更是给企图造成分裂的国民党顽固派当头一棒，也让全国人民认清了影响统一战线稳定的原因所在，为共产党和其他主张抗日的力量赢得了广泛的支持。

刘备有了孔明是“如鱼得水”

【品读原文】　刘备得了孔明，说是“如鱼得水”，确有其事，不仅小说上那么写，历史上也那么写，也像鱼跟水的关系一样。群众就是孔明，领导者就是刘备，一个领导，一个被领导者。

——1957年7月9日毛泽东在上海召开的干部会议上的讲话（见《毛泽东评点二十四史人物精选》，时事出版社1997年12月版，第757页）。

【品读精华解析】　毛泽东讲刘备得孔明的故事，是在1957年7月9日上海干部会议上的讲话中。他说：“不要怕群众，要跟群众在一起。打个比喻，人民就像水一样，各级领导者，就像游水的一样，你不要离开水，你要顺那个水，不要逆那个水。”“不要脱离他。等于我们游水一样不要脱离水。刘备得了孔明，说是‘如鱼得水’，确有其事，不仅小说上那么写，历史上也那么写，也像鱼跟水的关系一样。群众就是孔明，领导者就是刘备。”

很明显，毛泽东认为领导与群众的关系，应该是鱼与水的关系。鱼离开水就难以生存，而有了水就生机盎然。刘备没有人才的时候，处处碰壁，而有了孔明，则豁然开朗。领导不要害怕群众，不要站到群众的对立面，而应当与群众融为一体。这样就能够如虎添翼，如鱼得水，力量倍增。

中央干部要选周瑜似的“青年团员”

【品读原文】 要选青年干部当团中央委员。三国时代，曹操带领大军下江南，攻打东吴。那时，周瑜是个“青年团员”，当东吴的统帅，程普等老将不服，后来说服了，还是由他当，结果打了胜仗。现在要周瑜当团中央委员，大家就不赞成！团中央委员尽选年龄大的，年轻的太少，这行吗？

——摘自毛泽东1953年6月30日接见中国新民主主义青年团第二次全国代表大会主席团成员的谈话（见《毛泽东著作选读》下册，人民出版社1986年版，第700页）。

【品读精华解析】 毛泽东在1953年6月30日接见中国新民主主义青年团第二次全国代表大会主席团成员的谈话中，认为团中央委员尽选年龄大的，年轻的太少，于是他讲了三国时周瑜的故事。

在其他场合，毛泽东也多次提到过周瑜。……1957年4月上旬毛泽东在上海四省一市省市委书记思想工作座谈会上说：“赤壁之战，程普四十多岁，周瑜二十多岁，程普虽是老将，但不如周瑜能干。大敌当前，谁人挂帅？还是后起之秀周瑜挂了大都督的帅印。”1958年5月8日毛泽东在中共八大二次会议上的第一次讲话又讲到周瑜：“周瑜、孔明都是青年人。孔明二十七岁当军师。程普是老将，他不行，孙权打曹操不用他，而用周瑜做都督。程普不服，但是，周瑜打了胜仗，周瑜死时才三十六岁。”

毛泽东讲周瑜都是突出他的年轻有为，这同毛泽东主张放手任用新人的思想有关。毛泽东认为“青年人比老年人强，贫人、贱人、被人们看不起的人、地位低的人，大部分发明创造都是他们干的。百分之三十的中老年而有干劲的，也有发明创造。这种三七开的比例，为什么如此，值得大家深深地想一想。结论就是因为他们贫贱低微，生力旺盛，迷信较少，顾虑少，天不怕、地不怕，敢想敢说敢干。如果党再对他们加以鼓励，不怕失败，不泼冷水，承认世界主要是他们的，那就会有很多的发明创造”。因此，“现在必须提拔青年干部。赤壁之战，群英会，诸葛亮才二十七岁，孙权也是二十七岁，孙策起事时，只有十七八岁，周瑜死时不过三十六岁，那时也不过三十岁左右。曹操五十三岁。可见青年人打败了老年人。长江后浪推前浪，世上新人赶旧人”。

毛泽东总是把目光投向青年，把希望寄托于青年，不断地向新的事物挑战，向新的目标迈进，显示出了他雄视千古的大胸怀和超越前人的大气魄。

在我党的历史上，作为领袖的毛泽东向以不拘一格选拔人才和知人善任的高超领导艺术而闻名于世。尤其突出地表现在反对论资排辈，主张大胆起用在斗争中涌现出来的、比较年轻的杰出人才上。在民主革命时期，他就重用过许多比周瑜当都督时年轻得多的人。比如林彪，23 岁担任红四军军长的要职，打起仗来比较灵活，毛泽东对他是很器重的；吴亮平，20 多岁担任中共中央宣传部副部长；艾思奇，也是 20 多岁时就担任中央文委秘书长，使他们的才华得到了充分的展示；周小舟，24 岁时担任了毛泽东的秘书，对于这样一个才华出众的青年干部，毛泽东主张应在实际斗争中接受锻炼。1941 年，周小舟到冀中区工作，毛泽东曾两次写信，鼓励他“切实努力，必有进步”。周小舟根据毛泽东的教导，坚持在实际工作中不断充实自己。新中国成立初，周小舟担任了湖南省委书记，成了一个比较成熟的中青干部。50 年代毛泽东再次见到周小舟，高兴地说：“小舟变成大舟了！”

关公姓关有曲折

【品读原文】 关公自小很讲义气，可谓侠肝义胆。一次为朋友打抱不平，在家乡杀了人。他知道杀了人是要吃官司的，便立即逃了出来。他打算出潼关，以甩掉官府的追捕。他日夜兼程，来到潼关时，还不到五更天，关门紧闭。他好不容易熬到开关的时候了，却又犯了愁。那时，官府有一项规定，凡过关人都要进行登记。这可怎么办？千万不能报出自己的真实姓名，要露出马脚，那可不得了啊。眼看就轮到他了，他还没想出好办法。他心急如焚地望着这高大森严的关门，忽然来了灵感，在关门前，我何不就说自己姓关呢……这就是指关为姓的由来。

——引自李约翰等：《毛泽东和省委书记们》，中央文献出版社2000年版，第89~90页。

【品读精华解析】 1954年，毛泽东在杭州。

繁忙的工作之余，毛泽东最喜欢的活动就是爬山、散步，这样既可以使过度疲劳和紧张的大脑得到休息，又可以领略杭州风景如画、层峦叠翠、燕舞莺歌的迷人秀色。因此，西湖周围的山间小路上几乎都留下了毛泽东的足迹。环抱西湖的南高峰、北高峰、皇山、凤凰山等几座青峰，毛泽东都格外喜欢，有的曾爬过几次。

一次，毛泽东爬上玉皇山，来到了玉皇宫。大殿里那一尊尊塑得形态逼真、栩栩如生的神像，很受毛泽东的喜欢。他面带笑容，围着神像一尊一尊地仔细转着看，嘴里还念念有词地说道："像，这些神像塑得太像了，每个人物的性格特征都活灵活现地表现出来了。"

"你知道这些神仙的故事吗？"毛泽东回过头来问身边的王芳。

"知道一些，他们都是《封神演义》中玉皇大帝麾下的英雄。""神话传说不可信，但它们却寄托了劳动人民的美好理想和追求。”毛泽东补充了一句。

“我来考考你，这位是谁？”毛泽东指着一尊神像说道。“他是赵公明，原先是峨眉山罗浮洞道人。在帮助闻太师征伐西岐时，战败而死，受到了册封。这位法术高超的英雄，是被钉头七箭射死在岐山的。”

“嗯，答得对！”

“那么，这位是谁呢？”

“姜子牙。”

“这个姜子牙，可是不得了的人哟，他潜心学道40余年，智勇韬略，远虑深谋。80岁时被周文王拜为丞相，辅佐文王为兴周大业做出了卓越贡献。”毛泽东滔滔不绝地讲起了姜子牙的故事。

毛泽东又问了几尊神像，王芳都回答得干脆利索：“这个是哪吒”“那位是黄飞虎”“云中子”……

“你这个公安厅长很称职嘛，不但对活着的人心中有数，而且对这些神仙也一清二楚，你是不是查过他们的户口呀！”

毛泽东说完自己先笑了起来，大家也被毛泽东的诙谐和幽默逗笑了。阵阵笑声回荡在这肃穆的大殿之内，回荡在王芳的心中。

一天，王芳陪毛泽东漫步在烟霞岭西九溪十八涧的绿松花丛之中。

在古代文人墨客的笔下，这九溪十八涧可非同一般：春山缥缈白云低，万壑争流下九溪；拟溯落花寻曲径，桃源无路草萋萋。正是九溪十八涧如诗如画如梦般美景的真实写照。

在这仙境之中，毛泽东的谈兴也很浓。

“张仙鹏，你说洪洞县里有没有好人？”毛泽东不知想起了什么，冷不丁地问他的卫士。“唱戏的说洪洞县里没有好人。”张仙鹏回答得很聪明。

毛泽东笑着说：“此话差矣，其实洪洞县里绝大多数人还是好人。以偏概全，那是唯心主义。”

问完卫士，毛泽东又换了个话题问王芳：“《三国演义》你看过没有？”“看过。”

“陈寿的《三国志》看过没有？”

“也看过。”

“你读的书还真不少呢。你认为关公这个人怎么样?”

“我很佩服关公。”王芳想了想回答说:“关公是个义重如山的很了不起的人物。他武艺高强，威震天下。先是斩了董卓的大将华雄，后来在曹操麾下时又斩颜良、诛文丑。千里寻兄时，过五关、斩六将的故事，可以说人人皆知，他那重义气、轻富贵的优良品质、深明大义的儒将风度，单刀赴会，无所畏惧的英勇气概不知倾倒了多少人。但是，他又有唯我独尊、骄傲自大、不识大局等致命的弱点……”

“看来你对关公还是很有研究的嘛!”毛泽东对王芳扼要简明的概括和头头是道的分析，表示赞同。这下，王芳倒有点不好意思了，后悔自己不该在毛泽东面前班门弄斧。

“既然你对关公这么熟悉，我再问你一个问题，关公姓什么?”毛泽东又问王芳。

“关公，当然就是姓关了。”王芳不假思索地答道。

毛泽东看着王芳回答得很自信的样子，笑了笑说:“错了。关公其实并不姓关。”

“主席，关公不姓关，姓什么呢?”王芳瞪大眼睛惊奇地问。

毛泽东慢条斯理地回答:“关公是指关为姓。”

“指关为姓?”王芳还是疑惑不解。

于是，毛泽东向王芳和其他随行人讲述了这个鲜为人知的故事。

王芳觉得毛泽东绘声绘色的讲述很有道理，便想知道这个故事的出处。就问:“主席，《三国演义》和《三国志》上都没有这些记载啊?”

“你查查其他书，看看是不是这样?”毛泽东没有直接回答王芳，而是给他出了一道题。

为了找到这道题的答案，王芳细心阅读了许多有关的书籍，还是没有找到这个故事的出处。只是在一本《中国古代历史小说考》上找到了一些蛛丝马迹。那本书上也说，关公本不姓关，而是姓冯，名贤。至于后来为何改姓，在陈寿的《三国志·蜀书·关羽传》中，这样写道:“关羽字云长，本字长生，河东解人也。亡命奔涿郡。”这里虽然没有提关羽的本姓，但“亡命奔涿郡”一语，却隐约道出他因故外逃，有“隐姓埋名”的可能。

到了《三国演义》中，作者罗贯中让关羽自己道出了逃亡在外的因由:

吾姓关，名羽，字长生，后改云长，河东解县人也。因本处势豪倚势凌人，被吾杀了；逃难江湖，五六年矣。今闻此处招兵破贼，特来应募。

《三国志》和《三国演义》只说了关羽“亡命”和亡命的原因，并没有提及改姓一事。但关羽的改名换姓与亡命外逃大有关系是肯定的。清代文学家梁章钜在其所著《归田琐记·三国演义》中说：“关公本不姓关。”按梁氏所记，关羽在杀人之后，便离开本土西逃。在逃命途中，发生了他易姓的事。梁章钜写道：

至潼关，闻关门图形捕之甚急，伏于水旁，掬水洗面，自照其形，颜已变苍赤，不复认识。挺身至关，关主访问，随口指关为姓，后遂不易。

关羽本不姓关。他之所以姓“关”，就是他在逃亡路过潼关时，怕暴露真实身份，不敢讲真名实姓，因而在受到盘查询问时“指关为姓”。我们分析关羽当时的处境，为脱身活命，他这样做是完全可能的。这个故事无疑表现了青年关羽的侠义豪勇和聪明机智。

毛泽东讲关公的故事，信手拈来，似是漫无目的，实际上，从中我们可以看出毛泽东还是十分赞赏关公的侠肝义胆。从有意考问王芳关公的情况可以看出毛泽东循循善诱，喜欢帮助年轻人学习历史上的优秀人物的优秀品质。

刘表是虚有其表

【品读原文】（刘表）虚有其表。

——摘自毛泽东读卢弼《三国志集解》卷六《魏书·刘表传》的批语（见《毛泽东读文史古籍批语集》，中央文献出版社1993年11月版，第140页）。

【品读精华解析】 据《魏书·刘表传》记载：刘表“少知名，号八俊。长八尺余，姿貌甚伟”。可见刘表是仪表堂堂，一表人才。又有“大将军”之衔，领大军割据一方，更是威风凛凛了。然而，联系他的才华和作为，毛泽东却得出结论：刘表虚有其表。

毛泽东读卢弼撰《三国志集解》卷六《魏书·刘表传》时，作了一些旁批。将刘表与曹操比较，评论他的得失，均为贬语。

刘表初入荆州时，曾诱杀在当地作乱的刘姓宗室，毛泽东批注说：“杀降不祥，孟德所不为也。”孟德，即曹操。

《刘表传》中说：李傕、郭汜攻入长安后，联合刘表以为外援，便封刘表为镇南将军，领荆州牧，武成侯。这时，皇帝被曹操弄到了许昌，并以许昌为都城，刘表一方面向皇帝纳贡，同时又与北方的袁绍相勾结，从而周旋于董卓旧部李傕、郭汜，曹操，袁绍这三大势力之间。刘表手下的治中邓羲劝刘表不要这样做，刘表不听。接着，裴松之有一段注，引《汉晋春秋》的话说：“表答羲曰：‘内不失贡职，外不背盟主，此天下之达义矣。治中独何怪乎？’”毛泽东读至此，评说刘表后来“虽绝绍附操，终亦为操所吞”。

《刘表传》里说，长沙太守张羡背叛刘表，刘表围之连年不下。后张羡病死，其子张怿代立，刘表随即攻打张怿，胜了。于是刘表“南收零、桂，北据汉川，地方数千里，带甲十余万”。毛泽东读至此，批道：“作土皇帝，孟德不为也。”

《刘表传》说曹操与袁绍在官渡对峙时，袁绍派人向刘表求助，刘表答应了却不派兵去，但也不帮助曹操，“欲保江汉间，观天下变”。毛泽东读至此，批道：“中立。”

毛泽东的这些批语，侧重于批评刘表消极保守自己的一方土地，不思进取，无所作为的缺点。毛泽东拿他与曹操比较，指出曹操的政治眼光和进取之心远远高于他。事实上，刘表的中立自保，也是一厢情愿，并不能成全其基业。这一点，在袁、曹官渡相持时，刘表手下的从事中郎韩嵩、别驾刘先就指出过：“豪强并争，两雄相持，天下之重，在于将军。将军若欲有为，起乘其弊可也；若不然，固将择所从。将军拥十万之众，安坐而观望。夫见贤而不能助，请和而不得，此两怨必集于将军，将军不得中立矣。”因此，毛泽东说他“终亦为操所吞”，这是指刘表死后，其子被迫投降了曹操。

刘表徒有其名，虚有其表，为人所讥，更为毛泽东所不屑。曹操虽然无刘表汉家宗室的背景，为“身世不明，阉竖遗丑”，却有雄才大略，赫赫功绩，毛泽东为之钦佩、推崇。从毛泽东对刘表以及对曹操的评论中，可看出毛泽东是注重实际的。

袁绍多端寡要

【品读原文】 袁绍这个人多端寡要，多谋难断，见事迟，得计迟，慢了，得出一个方针就处于被动。

——摘自毛泽东1959年3月2日在郑州中共中央政治局扩大会议上的讲话（摘自陈晋主编《毛泽东读书笔记解析》，广东人民出版社1996年7月第1版，第1015~1016页）。

【品读原文】 要反对多端寡要，没有要点、言不及义。要一下看到问题所在。曹操批评袁绍，“志大而智小，色厉胆薄”，没有头脑。还批评袁绍有其他缺点，兵多而分工不明，将骄而政令不一，地虽广，粮虽多，完全为我所用。

——摘自毛泽东1959年6月同人民日报负责人吴冷西的谈话（见《毛泽东新闻工作文选》，第215~216页）。

【品读精华解析】 毛泽东雄才大略，他读史不只是为鉴赏，更重在致用。善于从历史中总结成功的经验，也精于汲取失败的教训。他对东汉末年军阀袁绍的评价便是突出的一例。

志大才疏的袁绍在官渡之战以前一直走上坡路，他积聚了许多争天下的优势，他不仅有强大的政治资本，而且本人“资貌威容”，能“折节下士”，具有成为雄才的潜质。在政治斗争中，诛宦官，讨董卓，横刀长揖出京门，都乃英雄之举。韩馥让冀州，豪杰多归之。数年间，绍兼有河朔州，沮授、田丰、郭图、许攸为之谋，颜良、文丑、高览、郃统其军，无人能敌，大有统一天下之势。然而官渡一战，袁绍一败涂地，从胜利的顶峰跌落下来，堕入灭顶的深渊。兵多将广地博的袁绍为什么会遭败绩？对此，《三国志》中有不少描写和评论。读史明鉴，毛泽东读《三国志》时显然注意到了这一点。

1959年3月12日在郑州政治局扩大会议上，毛泽东讲话时，谈到袁绍："袁绍这个人多端寡要，多谋难断，见事迟，得计迟。慢了，得出一个方针就处于被动。"

同年6月，毛泽东在与人民日报负责人谈话时又谈到袁绍，他说："新闻工作，要看是政治家办，还是书生办，有些人是书生，最大的缺点是多谋寡断。刘备、孙权、袁绍都有这个缺点，曹操就多谋善断。"他又指出："要反对多端寡要，没有要点，言不及义。要一下子看到问题所在。曹操批评袁绍，志大而智小，色厉而胆薄，没有头脑。还批评袁绍有其他缺点，兵多而分工不明，将骄而政令不一，地虽广，粮虽多，完全可为我所用。"

同年7月17日晚，庐山会议期间，毛泽东找周小舟、胡乔木等人谈话时又谈到袁绍，他说："袁绍优柔寡断，不会用将，《三国志》的《曹操传》、《郭嘉传》中对此都有反映。"曹操对袁绍的评价，前文已引。郭嘉对袁绍也有评价，《郭嘉传》中称："袁公徒欲效周公之下士，而未知用人之机，多端寡要，好谋无决，欲与共济天下大难，定霸王之业，难矣！"毛泽东赞同曹操和郭嘉对袁绍的评价，并将他们的评价归纳为两条：一是好谋无决，多端寡要，不能采纳正确意见，不会用人；二是见事迟，得计迟，行动起来总是丧失机会，慢半拍。这两条在《三国志·袁绍传》里都有不少描述，如他不纳田丰之谋，不用沮授之计，既要急于进攻，而又丧失战机，不在曹操东征刘备之时进军，而在曹操得手之后与之交手。他能聚人而不能用人，不仅荀彧、郭嘉、董昭等谋士离他而去，就是忠谋之士沮授、田丰等也无所施能。张郃、许攸因其计不用，愤然阵前倒戈。

再如在奉迎献帝问题上，袁绍优柔寡断，将献帝拱手让曹，失去先手，棋输一着，然而这是对全局成败有决定性影响的一着。袁绍输了，处处被动。曹操赢了，全盘皆活。袁曹二人相较，优劣高下不分自明。

毛泽东善于立足现实回溯过去。他批评袁绍，情不自禁地联系到蒋介石。1959 年 3 月 2 日在郑州召开的中共中央政治局扩大会议上，毛泽东说：蒋介石就是见事迟、得计迟。形势已经出来了，他还没有看见，等看见了又不好得计。比如辽沈战役时他对卫立煌的部队，总是犹豫不决，最后才下决心，强迫他去热河，到北京。如果早一点，我们围攻锦州的炮一响就让他马上走，我们就没有办法，只能切他一个尾巴。如果在我们还没有打锦州时，就把沈阳、锦州统统放弃，集中于平津，跟傅作义搞在一起，我们也不太好办。

总结历史经验，毛泽东在 1959 年 4 月召开的八届七中全会上，向党内高级干部推荐读《三国志·魏书·郭嘉传》，把它作为教育干部的好教材。提出领导干部要注意多谋善断。他指出：多谋善断这个词，重点在“谋”字上。要多谋，少谋是不行的。要与各方面多商量，反对少谋武断。商量又少，又武断，那事情就办不好。谋是基础，只有多谋，才能善断。谋的目的是断（引自张贻玖：《毛泽东读史》第 152 页）。毛泽东以此教育干部要广开言路，善于与各方面包括与自己意见相左的人商量问题，要善断，就是要能够正确集中来自各方面的意见，并不失时机地拍板定案。由此可见毛泽东的领袖素质、用人才能和远见卓识。

刘备也有袁绍那样致命的缺点

【品读原文】 翦伯赞在《光明日报》上写了一篇论赤壁之战的文章，他说，刘备这个英雄，跟曹操同等水平，是厉害的。但是事情出来了，不能一眼看出就抓到，慢一点。

——摘自毛泽东 1959 年 3 月 2 日在郑州中共中央政治局扩大会议上的讲话（见《毛泽东评点二十四史人物精选》，时事出版社 1997 年 12 月第1版，第 757 页）。

【品读原文】 新闻工作，要看是政治家办，还是书生办。有些人是书生，最大的缺点是多谋寡断。刘备、孙权、袁绍都有这个缺点，曹操就多谋善断。

——摘自毛泽东1959年6月同人民日报负责人吴冷西的谈话（见《毛泽东新闻工作文选》，第215~216页）。

【品读精华解析】 刘备是三国时期杰出的政治家，蜀汉政权的建立者。他起自微贱，非有尺寸可以凭借，完全靠他坚忍不拔的努力，礼贤下士，积蓄力量，转战南北，逐鹿中原，虽屡遭失败，但不屈不挠，借乱世而成英雄。在诸葛亮辅佐之下，最终成就天下三分鼎足之势。

毛泽东对刘备非常欣赏，1957年7月9日在上海召开的干部会议上，毛泽东提起了刘备，说："刘备得了孔明，说是如鱼得水，确有其事，不仅小说上那么写，历史上也那么写，也像鱼跟水的关系一样。群众就是孔明，领导者就是刘备，一个领导，一个被领导者。"如此可见一斑。

《三国志》作者陈寿对刘备倾心折服，喻之为高祖。他把刘备与曹操进行了对比，明显地扬刘抑曹。《武帝纪》写曹操身世，说其父"莫能审其出生本末"，与《先主传》写刘备出身，"汉景帝子中山靖王胜之后也"，形成鲜明对照。写二人行事，曹操"少机警，有权数，而任侠放荡，不治行业，故世人未之奇也"；刘备"少语言，善下人，喜怒不形于色，好交结豪侠，青少争附之"。实际上，"任侠放荡"与"交结豪侠"是一样的行为，但品格有高下。曹操放荡无节，被世人看不起；刘备豪爽，有城府，被视为英雄。在逐鹿中原时，曹操"所过多所残戮"；而刘备所居，人心归向。刘备当平原相，平原郡刘平派刺客暗害刘备，"客不忍刺，语之而去"。但刘备才干不如曹操，"机权干略，不逮魏武，是以基宇亦狭"。陈寿一褒一贬的对比写法和评论，说明这位西晋史学家很重视历史人物的道德品质对历史进程的影响。毛泽东说"刘备也有袁绍那样的'多谋寡断'的缺点"。袁绍"多谋寡断"集中体现在袁曹的官渡之战上，刘备的"多谋寡断"则表现在蜀吴的彝陵之战中。

毛泽东在1936年12月写的《中国革命战争的战略问题》中，曾引用这个战例来说明"双方强弱不同，弱者先让一步，后发制人，因而战胜"的战略战术。毛泽东读《三国志》时所写的批注则又是从刘备的角度，来总结经验教训，献计献策，虽事后之师，仍不失超越前人的智慧和远见。卢弼在《三国志集解·陆逊传》里引用了清代学者钱振邦的评论，说陆逊破刘备的办法不过是火攻，如果刘备不用山木扎营，以土石垒营，陆逊又有什么办法呢？毛泽东读至此批注：“土石为之，亦不能久，粮不足也。宜出澧水流域，直出湘水以西，因粮于敌，打运动战，使敌分散，应接不暇，可以各个击破。”

毛泽东认为，以土石垒营，虽不怕火攻，但粮草供应亦是问题，不可能保障刘备持久进攻。刘备要想取胜吴军只能打运动战，从彝陵南边的澧水流域进攻，因这里是吴军防守的薄弱处。得手后对吴各个击破。显然，毛泽东的设想是高超的。

综观刘备一生，他由半生转战、寄人篱下到联吴抗曹、鼎足三分，再发展到入主益州、建立蜀汉。从总体上说，作为开国之主，应属有作为的政治家。但在毛泽东看来，由于他看问题还不够敏锐，有袁绍那样的“多谋寡断”的缺点，所以导致彝陵败北，晚景悲凉，成为三国时代令人叹息的悲剧英雄。毛泽东因此认为用干部要做好两件事。一切计划、决议、命令、指示等等，都属于“出主意”一类。使这一切主意见之实际，必须团结干部，推动他们去做，属于“用干部”一类。如果像袁绍那样“优柔寡断，不会用将”，是干不好工作的。如能像郭嘉那样多谋善断，情况就不一样了。在今天要真正做到多谋善断，必须努力学习，勤于调查，了解实际，知彼知己，胸中有数，坚持民主集中制，勇于负责。无论是过去，还是现在，我们的干部中应少出袁绍式的人物，多出郭嘉式的人物。

关羽败走麦城是因骄傲自满

【品读原文】　三国关云长这个将军，既看不起孙权，也看不起诸葛亮，到后来走麦城失败。当然，那时没有反骄破满啦。

——引自汪东兴：《毛泽东与林彪反革命集团的斗争》，当代中国出版社 1997 年 11 月第 1 版，第 159 页。

【品读精华解析】　关羽是三国时代的名将，一生追随刘备，战绩辉煌，为缔造蜀汉政权做出了卓越的贡献。

赤壁战后，孙刘结盟已成鼎足之势。刘备攻取江南诸郡关羽功劳最多，拜为襄阳太守，加号荡寇将军，驻防江北。刘备入蜀，留关羽守荆州，独当重任，成为刘备集团中举足轻重的人物。

建安三十四年（229 年），刘备打败曹军，取了汉中。关羽趁此局势大军北伐，消灭于禁七军，擒杀庞德，围困樊城、襄阳，威震北方。曹操闻讯后甚为恐慌，甚至准备从许昌迁都洛阳以避关羽。

然而，胜势稍纵即逝。不久，孙吴吕蒙袭取荆州，关云长败走麦城，兵败身亡。关羽败亡，全蜀震动，隆中路线，半道夭折。蜀汉失了荆州，意味着北伐成了泡影。

毛泽东熟读《三国》，他深知关云长的败因。1971 年 9 月 10 日在杭州他同南萍、熊应堂、白宗善等人的谈话中，在谈到要防止骄傲这个话题时提到关云长，他说："三国关云长这个将军，既看不起孙权，也看不起诸葛亮，到后来走麦城失败。当然，那时没有反骄破满啦。"在毛泽东看来，关云长走麦城失败的主观原因是骄傲自满。

毛泽东作为一个运筹帷幄的战略家，有着远大的历史眼光、深邃的洞察力、敏锐的分析判断和清醒的政治头脑。他早在延安时就告诫全党要记取李自成功败垂成的历史教训。在全国胜利前夕的党的七届二中全会上又告诫全党要保持谦虚谨慎、戒骄戒躁的作风。

在党的九届二中全会后，他又去南方巡视，接见了许多地区的党政军负责人，几次用关云长败走麦城的教训教育广大干部，同时也是对林彪反革命集团成员玩弄权术和夺取权力企图的严厉忠告。因此，他的谈话不仅有着普遍性的指导意义，更有着很强的针对性。

吕蒙的事迹表明应该知识实践并重

【品读原文】 吕蒙是行伍出身的，没有文化，很感不便。后来孙权劝他念书，他接受劝告，勤读苦读，以后当了东吴的统帅。我们现在的高级军官中，百分之八九十都是行伍出身，参加革命后才学文化的，他们不可不读《三国志》的《吕蒙传》。

——摘自余湛邦：《张治中将军随同毛主席巡视大江南北的日子》（见1983年12月12日《团结报》）。

【品读精华解析】 1958年9月，毛泽东到安徽视察工作，同行的有民主人士张治中和当时的公安部长罗瑞卿。在列车上，毛泽东读《三国志》里的《吕蒙传》，对吕蒙苦学而致“学识英博”的事迹很感兴趣，又联想到当时我军指战员的文化程度，不禁发起了议论。毛泽东先对他们介绍吕蒙发愤读书的故事：吕蒙从小参军，虽然骁勇有胆略，但没有文化，当了带兵官后禀报军情时只能心识口述，很感不便。

孙权劝他读书，他说军务忙没有时间。孙权便以自己为例，说明只要有决心，时间不是主要问题。吕蒙听从了孙权的劝告，刻苦自学，数年之后，判若两人。后来，吕蒙当了东吴的统帅，打了许多胜仗，还使关羽败走麦城。讲到这里，毛泽东建议军队中行伍出身的高级军官，“不可不读”《吕蒙传》，还对罗瑞卿说：“公安干警应成为有文有武的人，才能适应社会主义建设新时期的要求。”

毛泽东赞赏吕蒙这种虽然年长仍然发愤读书的精神。对当时百分之八九十出身行伍的我军高级干部，毛泽东提出读书学习的要求，做像吕蒙那样智勇双全的将领，这对改善我军的文化结构，提高思想素质和军事素质，反对骄傲自满，培养不断进取的精神，都起到积极推动作用。罗瑞卿陪同毛泽东视察完毕回京后，仔细阅读了《吕蒙传》，并请人将它译成白话文，印发公安系统各级干部学习，取得了很好的效果。此外，还有一次毛泽东提到了吕蒙，涉及《三国志》。

那是 1959 年 12 月至 1960 年 2 月，在读苏联《政治经济学教科书》的一次谈话中，毛泽东谈起赤壁之战：三国时吴国的张昭，是一个经学家，在吴国是一个读书多、有学问的人，可是在曹操打到面前的时候就动摇，就主和。周瑜读书比他少，吕蒙是老粗，这些人就主战。鲁肃是个读书人，当时也主战。

可见，光是从读书不读书、有没有文化来判断问题，是不行的。

毛泽东在这里意在批评那些遇事拿不出正确的决断、空有满腹经书的“大知识分子”，反对光读书、读死书，但并不反对读活书、多读书。既痛读书多之误，又慨不读书之陋，毛泽东总是全面辩证地看问题，因而提倡“知识分子劳动化，劳动人民知识化”。他不迷信科班出身，认为实践出真知，可以从战争中学习战争，提倡并鼓励自学成才。

指导正确与否决定局势变化

【品读原文】　主观指导的正确与否，影响到优势、劣势和主动被动的变化，观于强大之军打败仗，弱小之军打胜仗的历史事实而益信。中外历史上这类事情是多得很的。中国如……袁曹官渡之战、吴魏赤壁之战……都是以少击众，以劣势对优势而获胜。都是先以自己局部的优势和主动，向着敌人局部的劣势和被动，一战而胜，再及其余，各个击破，全局因而转成了优势，转成了主动。

——引自《论持久战》（见《毛泽东选集》第 2 卷，第 491 页）。

【品读精华解析】　毛泽东是极其善于将不利变为有利，将劣势变为优势，将被动变为主动的伟大的军事家。他对历史上的战例有着精深的研究，发表过许多精辟的见解，如他在谈到曹操的一些战例时说："主观指导的正确与否，影响到优势、劣势和主动被动的变化，观于强大之军打败仗，弱小之军打胜仗的历史事实而益信。中外历史上这类事情是多得很的。中国如……袁曹官渡之战、吴魏赤壁之战……都是以少击众，以劣势对优势而获胜，都是先以自己局部的优势和主动，向着敌人局部的劣势和被动，一战而胜，再及其余，各个击破，全局因而转成了优势，转成了主动。"

这里举出了袁曹官渡之战、吴魏赤壁之战两个战例，前者是曹操处于劣势，但因为主观指导的正确，结果打败了有着突出优势的袁绍；后者则恰恰相反，曹操有着突出的优势，但因主观指导的错误，却惨遭失败，毛泽东就是用曹操的两个战例来有力地说明主观指导对于优势和劣势、主动与被动相互转化的关键作用。

从赤壁之战上，毛泽东还看出了曹操的另一个问题："天下事有真必有假，虚夸古亦有之。赤壁之战，曹营号称八十三万人马，其实只有二三十万，又不熟水性，败在孙权手下，不单是因为孔明借东风。"

虚夸就容易引发傲慢的心理，傲慢则不能谨慎，不能谨慎就必然不能做出正确的决定。这种不正确的主观态度就会使优势转化为劣势。

毛泽东认为，"主观指导的正确与否"与"优势、劣势和主动被动的变化"有着密切的关系，上面的两个例子充分说明了这一论断是十分正确的。我们在现实中也应该对此采取深思而慎取之的态度。

弱者后发制人的范例很多

【品读原文】 楚汉成皋之战、新汉昆阳之战、袁曹官渡之战、吴魏赤壁之战、吴蜀彝陵之战、秦晋淝水之战等等有名的大战，都是双方强弱不同，弱者先让一步，后发制人，因而战胜的。

——摘自毛泽东1936年12月《中国革命战争的战略问题》（见《毛泽东选集》第1卷，第2版，第203~204页）。

【品读精华解析】 毛泽东是伟大的军事家！他的军事智慧不是凭空而来的，而是善于向古人学习，根据实际情况进行创造性的发挥和应用，在漫长的革命实践中摸索出来的。

毛泽东对中国历史上大多数著名的战役都有研究和评论，他在谈到一些以少胜多，以弱胜强的著名战役时说："中国战史中合此原则而取胜的实例是非常之多的：楚汉成皋之战、新汉昆阳之战、袁曹官渡之战、吴魏赤壁之战、吴蜀彝陵之战、秦晋淝水之战等等有名的大战，都是双方强弱不同，弱者先让一步，后发制人，因而战胜的。"

毛泽东之所以重视这些战役，原因有两个，一是这些战役是以少胜多的范例，二是这些战役的将领有指挥若定的名上之风。在漫长的革命战争年代，除了解放战争的最后一年，我军始终处于人数上的劣势，所以以少胜多就成了我军作战必然选择的方式。因此，毛泽东对于以少胜多的战例甚为赞赏，是有其现实的原因的。毛泽东满腹诗书，胸有韬略，往往明鉴千里，指挥若定，所以他又特别欣赏有名士之风的将领。

最年轻的哲学家王弼

【品读原文】 三国末年有个王弼，他十七八岁就是哲学家，做《庄子》和《易经》的注释。他死的时候才二十四岁。

——摘自王子今：《毛泽东与中国史学》，第199页。

【品读精华解析】 王弼作为魏晋玄学的创始人和大师之一，在哲学史上的贡献不在孔孟之下。他提出的思想体系和论证方法创立了一代学风——

正始玄风。正始玄风以“新学”的面貌出现，代替了两汉经学，成为魏晋南北朝社会思潮的主流。在王弼之后，魏晋玄学的许多争论都是在王弼所提出的问题的基础上展开讨论和发挥的。由此可以说，王弼在中国哲学史上是一个划时代的伟大哲学家。

而令毛泽东感叹的是，做了这样大贡献的王弼，竟是一个不到24岁的青年。毛泽东说：“他十七八岁就是哲学家，做《庄子》和《易经》的注释。”

王弼聪敏过人，史书称其“幼而察惠，年十余，好老氏，通辩能言”。由于王弼最为推崇老子，对老子思想有精深的研究，还在年未弱冠（20岁以前）时即为《老子》作注。当时的大学问家、正始玄学的领袖何晏年龄较王弼大近40岁，也曾为《老子》作注。其注甫成，听说王弼已为《老子》作注，大为惊奇，乃亲至王弼处。相见之后，何晏见王弼注文，自觉精奇无比，大为叹服，说：“这个人才可以与言天人之际矣！”由此两人竟成忘年交，共同创立了魏晋玄学流派。

王弼能与何晏这样的大思想家交友，本是一件值得庆幸的事情。然而事实正好相反，王弼因此被卷进政治的旋涡。何晏不仅是一个大思想家，而且也是一个地位显赫的大政治家。他与曹爽共同辅佐魏帝曹芳，在朝廷权重一时。曹爽因为何晏经常赞誉王弼，便专门抽时间接见了他。但王弼只是一个思想家。善谈玄学，不务高名，与曹爽见面时“论道移时，无所他及，爽以此嗤之”。最后给他一个台郎的闲官。

王弼因为得不到曹爽赏识，在政治上不能得意，加上他为人高傲、刻薄，常以己之所长笑人之所短，故常得罪一些人，因而遭到一些士人的嫉恨。正始十年（249年），司马懿发动政变，杀死了曹爽、何晏。这时有人指控王弼与曹、何有交，应当连坐。司马懿因王弼不过是一介书生，遂释而不问。由于这场变故的打击，加上瘟病缠身，王弼即于此年逝世，年仅24岁。

王弼虽然生命短暂，但其著述丰富，主要有《周易注》《周易略例》《老子注》《老子指略》《论语释疑》等数种。毛泽东说王弼“做《庄子》和《易经》的注释”。就目前掌握的材料，王弼注释过《周易》，但没有发现其注释过《庄子》的材料，也许毛泽东将《老子》误记为《庄子》了。

陆逊示弱与司马懿之智如出一辙

【品读原文】 此司马懿敌孔明之智也

——摘自毛泽东读卢弼《三国志集解》卷五十八《吴书·陆逊传》的批语（见《毛泽东读文史古籍批语集》，第161~162页）。

【品读精华解析】 陆逊是东吴继周瑜、鲁肃、吕蒙之后的第四位声望颇高、功绩卓著的将领，自然也引起毛泽东的注意。

陆逊原是江东大族，祖父做过城门校尉，父亲做过九江都尉。陆逊少小成名，与陆康之子陆绩齐名于江东。陆逊22岁（204年）被孙权任为海昌屯田都尉。会稽（今浙江绍兴）有贼占据山岭，作恶多端，陆逊亲入险地，讨平山贼。波阳地方作乱，陆逊发兵一举平息。

以上虽是几桩小事，但可看出陆逊尽管是个书生，却有胆有识，行军打仗，并不外行。

陆逊初显身手是在219年。关羽围襄樊，取得胜利。陆逊认为机会来了，趁吕蒙称病回到建业，他建议乘机袭取荆州，后得到孙权的赞成，陆逊代替吕蒙来到陆口的孙吴西部前线。为蒙蔽关羽，陆逊写信称赞关羽用兵及时，战功卓著，“小举 克， 何巍巍”，打败敌国，真是同盟之福，擒获于禁，是流芳百世的胜利，可与春秋城濮之战和楚汉时韩信的井陉之战相媲美。陆逊还提醒关羽，打了胜仗，不要骄傲，要全力以赴去争取最后的胜利，并摆出一副十分关切的样子说：“愿将军广为方计，以全独克。”关羽得此书，见陆逊言辞卑下，十分得意，于是把荆州防吴的守军全部调到襄阳前线。这时，曹操的增援军队也赶到了，曹将徐晃向关羽发起进攻，关羽失利，这时吕蒙已率孙吴大军，兵不血刃拿下荆州。

陆逊大显神威是在吴蜀彝陵之战中，这一战陆逊创造了中国战史上以弱胜强的光辉战例。据《三国志·陆逊传》记载，陆逊刚开始统兵时，部下有许多是长期跟随孙策南征北战的老将，有的是皇亲贵戚，全都居功自大，目中无人，互不配合。面对蜀军进攻，陆逊坚守不出，众将不满，纷纷要求出击。陆逊手按尚方宝剑劝道："刘备天下英雄，连曹操都怕他，现在与我对阵，面对强大敌人，各位蒙受国恩，理当相互和睦协同，共同消灭强敌，以图报国。若不相互协同，不听号令，将成什么体统。我虽为一介书生，但受主公的重托，国家之所以委曲各位听从我的指挥，是因为我还有一点长处。各位要恪守职责，完成好自己的任务，不能挑三拣四。军令如山，不可违犯。"陆逊坚持不战之策，等待时机。

毛泽东读至此，批注："此司马懿敌孔明之智也。"

司马懿，字仲达。河内温县（今河南温县西南）人。三国后期重要的历史人物。他的才智虽谈不上出类拔萃，不能与曹操、诸葛亮等人并列，却也超越常人，南擒孟达，西拒诸葛，东平公孙，都显示出他具有一定的军事指挥能力，对魏国无疑是做出了贡献。

诸葛亮，字孔明，人称卧龙，东汉末徐州琅玡郡阳都县（今山东沂南县）人，三国时期杰出的政治家、军事家和外交家。

"司马懿敌孔明之智"，说的是 234 年，诸葛亮经过两年的充分准备再度大举北伐。诸葛亮出兵斜谷，屯田武功，欲与魏军作持久战。司马懿在分兵令郭淮抢占积石原的同时，自率大军扎营于马冢山，隔武功水与五丈原的蜀军对垒。诸葛亮被郭淮阻绝于渭南，便积极向魏军挑战，企图击溃魏国的主力部队，再推进。但司马懿并没有上当，他绝不应战。以至咬牙忍受诸葛亮赠予"巾帼妇女之饰"的嘲弄，并千方百计压制部将强烈的不满，终于成功地将蜀军阻隔于武功水西，形成两军对峙的局势。《晋书·高祖宣帝纪》记载，诸葛亮送来妇女衣物后，司马懿大怒，表请决战，魏明帝令司马懿坚壁不出，派卫尉辛毗杖节监军。

这时，诸葛亮识破司马懿用心，对部下说：他本来就不想同我交战，之所以上表请战，乃"以示武于其众耳"。将在外，君命有所不受，他若真想打仗，何必不远千里向魏明帝请战呢？的确，在对蜀作战中，司马懿不像以前镇压孟达和以后镇压公孙渊的叛乱那样勇猛果断。他尽量避免决战，尽管部将讽刺他畏蜀如虎，诸葛亮嘲笑他像巾帼妇女那样怯懦，他都能咬牙忍受。这样做，上是迎合曹睿的意图，下又可以避免因损兵折将而丧失自己的威望，终于挡住了蜀国的进攻。善于审时度势、扬长避短和采纳部属的正确建议，是司马懿建功的原因。所以毛泽东在1966年3月的一次谈话中，就曾说“司马懿是个了不起的人物，历来说他坏，我看有几手比曹操高明”。历史记载，由于残酷的品性、阴谋权术和嗜杀成性，司马懿口碑并不好。但毛泽东并不被感情和俗议所左右，他对历史人物的评价总是别有见地。

《陆逊传》还记载：彝陵之战，蜀军损失惨重，刘备退往白帝城。吴军诸将领纷纷上书要求穷追猛打。孙权拿不定主意去问陆逊，陆逊则认为：曹魏在北边已集结了不少军队，表面是策应我，实则另有所图。我应谨慎行事，以撤兵回防为上策。对此，卢弼引何焯的评论认为：大胜之后，将军容易骄傲，士兵容易懒惰。如果沿长江逆流而上攻刘备，没有回旋余地，稍有不慎，便前功尽弃。况且刘备老于兵道，在四川建立蜀国已经牢固了，他退往白帝城，只是因为曹仁率军抵近蜀国的南郡，担心两面受敌而已，并不是真怕东吴一方。东吴再连兵西进，转守为攻，到那时，主客异势，恐对吴不利。毛泽东读至此批曰：“何评有理。”

通过以上所述，从陆逊示弱以胜刘备，到司马懿示弱以敌孔明，我们可以看出：示弱，乃后发制人也。通过示弱，避敌锐气，窥敌弱点，蓄势待击，夺取胜利，实乃是胜强之智。陆逊既不在强敌和部下面前“示弱”，又不能一味死打硬拼，万全之策就是抬出“主上”之命，从而达到预期目的。在其之后的司马懿同样用“示弱”的方法御敌，可谓异曲同工，如出一辙，历史有着惊人的相似之处。

毛泽东评论陆逊的批注，除了显示出其深厚的史学知识的积淀之外，还可看出他在博览群书的过程中，常常闪烁着由此达彼的思维跳跃，这无疑给我们研究史学人物以方法论的启示。

孙权很能干，当今惜无孙仲谋

【品读原文】 天下无所谓才，有能雄时者，无对手也。以言对手，则孟德、仲谋、诸葛而已。

——引自《毛泽东早期文稿》，湖南出版社 1990 年版，第 587 页。

【品读原文】 （孙权）是个能干的人，当今惜无孙仲谋。

——引自毛泽东 1975 年 5 月 3 日在中央政治局工作会议上的讲话（见范忠程编：《博览群书的毛泽东》，湖南出版社 1993 年版，第 258 页）。

【品读精华解析】 孙权是三国时期一个很有作为的人物，他知人善任，选用四员大将：周瑜、鲁肃、吕蒙、陆逊，使他能雄踞江南，与魏、蜀两国形成三足鼎立之势，成就了一番英雄伟业。

宋代词人辛弃疾在他的名作《南乡子·登京口北固亭有怀》曰：

何处望神州？满眼风光北固楼。千古兴亡多少事，悠悠。不尽长江滚滚流。

年少万兜鍪，坐断东南战未休。天下英雄谁敌手？曹刘。生子当如孙仲谋。

毛泽东非常喜欢辛弃疾这首词，多次圈阅诵读。1957 年 3 月，毛泽东从南京飞往上海，在经临镇江上空时，毛泽东着笔亲书此词，并向身边的随行人员讲解这首词的意义和所用典故。当曹操大军压境相威逼之时，孙权力排众议，作出联刘抗曹的决断。毛泽东很赞赏他的这种做法。

但毛泽东也认为孙权多谋寡断。这恐怕与他对事对人有时疑心过重、犹豫不决有关。孙权的多谋寡断的这一弱点影响了他的事业的进一步发展，也对东吴的统治和国运产生了消极影响。

中国文学批评的历史从魏文帝开始

【品读原文】 中国文学批评的历史是从魏文帝开始的吧？有《典论·论文》。

——摘自毛泽东 1957 年 3 月 8 日同文艺界人士的谈话（见陈晋主编：《毛泽东读书笔记解析》，广东人民出版社 1996 年 7 月第 1 版，第 1221 页）。

【品读精华解析】 曹丕的《典论》共 5 卷 20 篇，《论文》为其中一篇。《论文》高度强调了文章的作用与意义，认为是“经国之大业，不朽之盛事”；提出了“文以气为主”的命题，概括了作品与创作主体的关系；进一步划分了主体，指出了不同文体的特征；探讨了文学批评的方法原则；具体分析了“建安七子”的创作风格，

由于《典论·论文》把整个文学作为自己的研究对象，肯定了文学的独立价值，因而被视为中国古代文学批评史上的第一篇文学批评专论，这可能就是毛泽东说中国文学批评的历史从魏文帝开始的道理吧。

蜀汉之误始于兵力分散

【品读原文】 其始误于隆中对，千里之遥而二分兵力。其终则关羽、刘备、诸葛三分兵力，安得不败。

——见《毛泽东读文史古籍批语集》，第 106 页。

【品读精华解析】 苏洵在《项籍》一文中谈到与剑门相隔的西蜀盆地的地理特点与历史上拓展政治基业的关系。他认为那里作为防守自安的根据地尚不理想，作为进取中原、经营天下的基地则更有诸多不便。其中“诸葛孔明弃荆州而就西蜀”一句，引出毛泽东的发挥，提出三国时蜀汉终不能进取天下，首先是因为诸葛亮出茅庐时为刘备设计的战略本身有错误。

关于诸葛亮《隆中对》的利弊得失，是一个颇有争议的话题。毛泽东以他军事家兼史学家的眼光，提出自己对于《隆中对》的独到见解。他认为：“其始误于隆中对，千里之遥而二分兵力。其终则关羽、刘备、诸葛亮三分兵力，安得不败。”隆中对策的问题出在哪里呢？其错误在于对策的最后一段，跨有荆、益之后，逐鹿中原的那个作战方案：“天下有变，则命一上将将荆州之军以向宛、洛，将军身率益州之众以出秦川。”对于这个分进击合、东西策应的战略方针，毛泽东是不赞成的，认为这使本已贫弱的蜀国分散了兵力。刘备在占据荆州这块虽然重要但却是是非之地后，要前去取西川，便只好让关羽领重兵把守。占了汉中、成都后，诸葛亮又长期领兵经营汉中，这就是毛泽东说的“三分兵力”。“三分兵力”，则兵力更加分散，最终导致了亡国。

毛泽东因何要把“兵力分散”看成蜀汉灭亡的主要原因呢？除了军事上战略战术的考虑之外，恐怕还有更深层次的考虑，即“兵力分散”给当时的蜀国经济造成了恶劣影响。在三国中，蜀的国土约相当于魏的三分之一或吴的二分之一，而且蜀是三国中开发程度最低的地区，经济、文化都相对落后。蜀汉人口在刘备称帝时只有九十万，相当于魏的五分之一多些，或吴的五分之二。可见蜀汉的国力最弱。经济落后、国力不足，因此蜀汉的政治、外交和军事缺乏牢固的基础。而要实现隆中对策，北伐中原，就得维持一支较大的军队。青龙二年（234 年）诸葛亮曾率十余万众出斜谷。同时，成都、汉中都需部队留守，川东还要有一支防吴人马。这样不仅使兵力分散，犯了兵家大忌，而且也使国力消耗，影响经济发展。

三国时期，蜀汉军队是较多的。据推算，当时全蜀兵力当达十四五万人。后经诸葛亮、姜维长期作战的消耗，蜀亡时还有十万二千人，占总人口的 10.8%，这是一个很高的比例。“兵马未动，粮草先行。”为了维持庞大的军队和作战的需要，还要有一支运送粮草、支援前线的民夫，这也是一项长期而沉重的劳役。蜀汉各时期常有大军屯驻汉中，而汉中自曹军破张鲁迁徙八万人入魏后，人口仅两万，蜀汉也未曾大量向汉中移民，其军粮势必从蜀中调运。蜀军从汉中往前线运粮，大体由军队自行解决，如诸葛亮曾率五六百名士卒与诸将子弟转运于谷中："亮使诸军运兵，集于斜谷口。"

然自蜀中运至汉中，则当仍用民夫，尤其在对外兴役时，运输线拉长，如兵力不敷，压在农民身上的负担将更沉重。由于兵役、劳役很重，战事紧张时想要增加调发就很困难，出现"男子当战，女子当运""调发诸郡，多不相救"之类的窘况。封建时代以农立国，农业生产在封建经济中占主导地位。徭役征发要占用大量从事农业生产的劳动力，徭役过重势必对当时社会经济的发展不利，而经济的凋敝则使蜀汉无力承受长期战争的重负。

由此看来，兵力分散导致用兵过多，由于用于农业生产的人口大大减少，使本来就很弱小的蜀国更加衰弱，这是导致蜀汉灭亡的原因之一，也是毛泽东评论蜀汉之亡的出发点。

蜀汉连年用兵，大多是主动出击，这与《隆中对》的既定决策是有密切关系的。终因"三分兵力"，而使国力大为消耗，结果关羽失掉了荆州，刘备尽起倾国之兵伐吴，又大败而归，蜀汉的鼎盛期就过去了。余下来，尽管诸葛亮六出祁山，都是劳而无功，只不过勉强维持罢了。应该说毛泽东的这个评语是很有史家见地的。

曹丕代汉令人生疑

【品读原文】 此等语竟被利用。

尧幽囚，舜野死。

——毛泽东读卢弼《三国志集解·魏文帝本纪》的批语（见《毛泽东读文史古籍批语集》，第 140 页）。

【品读精华解析】 《三国志》原文中有两段文字，一段是汉献帝让位的诏书，一段是曹丕手下劝他登基代汉的上书，都把汉献帝退位、曹丕代汉比附于上古时期的禅让制度。所谓“禅让”制，即我国古代传说中“选贤与举能”，民主选举氏族、部落以及部落联盟首领的制度。相传尧为部落联盟领袖时，四岳推举舜为继承人，尧对舜进行三年考核，尧死后，舜继位，舜用同样推举方式，经过治水经验，以禹为继承人。禹继位后，又举皋陶为继承人，皋陶早死，又以伯益为继承人。汉献帝和曹丕手下的文臣武将们在这里大谈禅让制度，目的无非是为曹丕代汉制造理论根据和历史根据。

在汉献帝退位诏书中的“夫大道之行，天下为公，选贤与能”一句，毛泽东“此等语竟被利用”的批语指的就是这句话。这句话出自秦汉时的儒家著作《礼记·礼运》篇，意思是说符合天道的美好社会，应该是财产公有，权力公有，在选举上任人唯贤，这本是中国古代“大同”思想的核心内容，也是中华民族追求理想社会的集中体现。而汉献帝却利用这句话来为自己被赶下台圆面子，令人同情，也令人哭笑不得！显然，毛泽东洞察到了东汉末的这场权力交接实际上是权力斗争，所谓献帝禅位，实际上是曹丕逼宫，所以写下了这句批语。

批语中的“尧幽囚，舜野死”，出自李白的《远别离》：“或云尧幽囚，舜野死。”对传说中尧、舜时代的禅让制度，历来都有人表示怀疑，认为根本不存在这种美好制度。有一种说法是：尧在晚年，欲传位给儿子丹朱，但众人不同意，只有让位于舜。舜将尧囚禁起来，将丹朱放逐，夺了尧的部落联盟首领职位。舜死前，也想传位给儿子商均，同样遭到众人反对，只好让位于禹，自己被迫南下，死于九嶷山。所谓禅让，实际上是武力夺权。这就是李白所说的“尧幽囚，舜野死”。毛泽东在这里引用李白这句话，表明他对传说中的禅让制度也是持怀疑态度的。

第五章

览古今之失，察安危之机

——毛泽东品读《晋书》

两晋十六国是中国历史上的混乱时期，在文化上却有它的贡献。毛泽东认真研究了晋史的重要著作《晋书》。其中，有三册的封面上写着“一九七五、八”，有五册的封面上分别写着“一九七五，八月再阅”，“一九七五，九月再阅”。毛泽东研究晋史，很注重对两晋时代特点的把握，将士大夫的操行和所谓“五胡乱华”问题重点加以品读、研究，能够一针见血地点明问题所在，有自己独特的观点和看法，值得学习。

迁与不迁，最终都会乱

【品读原文】 迁亦乱，不迁亦乱。在封建时代非乱不可。千数百年后，得化为不乱始辑耳。

——毛泽东读《晋书·江统传》的批语，见（《毛泽东读文史古籍批语集》，第170页）。

【品读精华解析】 自东汉中期以后，随着匈奴问题的解决，南匈奴和一部分不愿向西迁往欧洲的北匈奴以及乌桓等少数民族部落开始在今河北、内蒙古、山西、陕西等地的边境地区定居。到西晋时期，又再次出现了少数民族部落大规模内迁的浪潮。匈奴族和羯族大量进入今山西地区，鲜卑族已经进入今辽宁、河北、甘肃、青海境内，氐族和羌族则进入了今陕西，甘肃、四川的汉族聚居区。少数民族的内迁，一方面促进了各少数民族与汉族的交往，但另一方面在当时也确实带来了一些社会问题。特别是少数民族民众为反对当时沉重的阶级压迫和民族压迫以及出于其他复杂原因而举行的武装反抗，引起了严重的社会动荡，给西晋政府造成了极大的压力。

晋惠帝元康四年（294年），匈奴人郝散率众在上党（今山西长治）起兵。元康六年，郝散之弟郝度元又联合冯翊（今陕西西安东部）、北地（今陕西富平，耀州区一带）两郡的马兰羌、卢水胡起兵，杀死北地太守张损，击败冯翊太守欧阳建和雍州刺史解系的军队。关中地区的氐族和羌族民众纷纷响应，氐人齐万年被拥立为帝。元康七年，齐万年率军击败西晋建威将军周处，关中大震。元康九年，西晋积弩将军孟观率军进攻，俘虏了齐万年。

当时正担任山阴（今浙江绍兴）县令的江统认为要彻底平息少数民族的反叛，光靠军事镇压不行，必须要利用孟观的这次军事胜利，把已经迁入内地的氐、羌等少数民族再迁出去，让他们回到他们原来生活的边远地区。于是，他写了一篇《徙戎论》，详细陈述了自己对这个问题的看法，说：“夫蛮夷戎狄，谓之四夷：九服之制，地在要荒。《春秋》之义，内诸夏而外夷狄。……及至周室失统……戎狄乘间，得入中国。或招诱安抚，以为己用。关中土沃物丰，厥土上上……百姓谣咏其殷实。帝王之都每以为居，未闻戎狄宜在此土也。……而封域之内，无障塞之隔，掩不备之人，收散野之积，故能为祸滋扰，暴害不测。此必然之势，已验之事也。当今之宜，宜及兵威方盛，众事未罢，徙冯翊、北地、新平、安定界内诸羌，著先零、罕开、析支之地，徙扶风。始平、京兆之氐，出还陇右，著阴平、武都之界。……夫为邦者，患不在贫而在不均，忧不在寡而在不安。以四海之广，土庶之富，须夷虏在内，然后取足哉！此等皆可申谕发遣，还其本域，慰彼羁旅怀土之思，释我华夏纤介之忧。惠此中国，以绥四方，德施永世，于计为长。”

然而，由于西晋统治集团内部前后持续16年的“八王之乱”当时已经爆发，因此江统在《徙戎论》中所提出的建议，晋惠帝没有，也不可能采纳。结果不到十年，氐人李雄便在成都称帝，建立了成汉，匈奴人刘渊在左国城（今山西离石北）称帝，建立了前赵（后改称汉国），成为“五胡十六国”的先导。因而当时的人们都佩服江统的远见卓识。

从当时的情况看，江统确实有先见之明。因为在他的《徙戎论》问世后的17年，即晋愍帝建兴元年（313年），西晋就被汉国攻灭了。但毛泽东却对江统的见解不以为然，在《晋书·江统传》上批注道：“迁亦乱，不迁亦乱。在封建时代非乱不可。千数百年后，得化为不乱始辑耳。”

毛泽东认为：在封建时代，由于各中原王朝采取了大汉族主义的政策，少数民族与中原王朝有着不可调和的矛盾，而且当时西晋政权已是病入膏肓，无法控制局面了。如果强行迁走“五胡”，那势必会激起“五胡”反乱，如果不迁走“五胡”，听之任之，那“五胡”最后势必也会反乱。这是封建时代无法解决的问题。而经过千数百年以后，即到了今天，由于民族政策好，各民族和睦相处，已经“化”为一家，亲如兄弟了，因而这个问题自然也就得到了根本的解决。毛泽东的这个论点实际上是对今天民族政策的历史诠释。

桓温带兵北伐是做样子

【品读原文】 桓温是个搞分裂的野心家，他想当皇帝。他带兵北伐，不过是作样子，搞资本，到了长安，不肯进去。苻秦的王猛很厉害，一眼就看透了他的意图。

——摘自芦荻：《毛泽东读二十四史》（见《光明日报》1993年12月20日）。

【品读精华解析】 桓温在东晋一朝历事七帝，一直活跃在政治舞台上，他的北伐是他一生中的重要活动，但他的动机却不是为国为民，毛泽东认为他不过是做样子，搞资本，最终目的是当皇帝，这是有道理的。

更主要的是，毛泽东认为桓温是个搞分裂的野心家，这是毛泽东最为憎恨的，坚持统一还是搞分裂，是毛泽东评价历史人物的一个重要尺度。

郭象品行不端

【品读原文】 郭象无行。

——毛泽东读《晋书》卷五十《郭象传》的批语（见《毛泽东读文史古籍批语集》，第16页）。

【品读精华解析】 《晋书·郭象传》称郭象"为人行薄"，而毛泽东对学术上的剽窃行为一向深恶痛绝，因而批注道"郭象无行"。当然，毛泽东说"郭象无行"，还有一重意思，即对郭象早年自命清高，"任职当权"后却极端势利的行径予以揭露和批评。

庾纯骂贾充，实乃“公骂”

【品读原文】 此公骂也。

——见《毛泽东读文史古籍批语集》。

【品读精华解析】 《晋书》卷五十《郭象传》后有《庾纯传》。本传记载，庾纯在担任京畿长官河南尹期间，当时的司空（三公之一）贾充宴请百官，庾纯也应邀出席。席间，庾、贾两人一开始出语相讥，渐渐演变成人身攻击。庾纯忍无可忍，就当着众人怒骂道：“贾充！天下凶凶，由尔一人。”随即直截了当地捅出贾充十几年前杀害当朝皇帝（魏高贵乡公曹髦）的卑劣行迹。这等于是捅了马蜂窝，一场轩然大波掀了起来，一时间朝野轰动。在《晋书》的《庾纯传》《贾充传》里，都有这方面的详细记载。此事发生的时间，大约在晋武帝泰始八年（272 年）八九月间。

毛泽东读了《庾纯传》这段有关文字后，旁批四字：“此公骂也。”就是说，庾纯怒骂贾充，揭露贾充的早先劣迹，正是当时后世人心里都认同谴责的内容。就庾纯而言，他一人骂，实为“公骂”；就贾充而言，他虽一时得势，但永远不得人心。

陆机的《文赋》好，可惜长了点

【品读原文】 陆机、陆云都是晋代的文学家。陆机的《文赋》是很有名的，具有朴素的唯物观点，可惜太冗长了些。

——见《缅怀毛泽东》，第 473 页。

【品读精华解析】 西晋咸宁五年（279 年），晋武帝派兵过长江征伐东吴。次年（280 年），吴亡，全国实现了统一。汉末以来，江南社会比较稳定，文化的进步突飞猛进，人才济济可观。西晋后期，文坛上出现的“二陆”（陆机、陆云兄弟），就是从南方到北方的佼佼者，在文学史上很有名气。

毛泽东于 1958 年 9 月，对陪同他一块到安徽视察工作的民主人士张治中讲：“陆机、陆云都是晋代的文学家。陆机的《文赋》是很有名的，具有朴素的唯物观点，可惜太冗长了些。”

“二陆”于《晋书》卷五十四各有传，他兄弟俩北上入洛的时间是在晋武帝太康十年（289 年）。也就是说，吴亡后，又过了十年，他俩才抵达北方。陆机（261~303 年）比陆云（262~303 年）大 1 岁，他俩入洛时，一个 29 岁，一个 28 岁。当时北方文坛上的著名文人张华获悉“二陆”入洛的消息后，竟兴奋地说：“伐吴之役，利获二俊。”言下之意是，晋军下江南灭了东吴，最重要的收获，就是罗致到陆氏兄弟。这当然说得太夸张，可也反映出“二陆”在北方文人心目中的形象是非同寻常的。陆机的代表作《文赋》的写作时间，比较可信的说法，是在他 40 岁或 41 岁时，即在晋惠帝永康、永宁（300~301）之际，亦即入洛后十年以后所成。这篇赋作在《晋书》本传里，既没有引录，也没有提及。后来，南朝时梁代的昭明太子萧统编撰的《文选》（又称《昭明文选》），收录了这篇作品，从此引起了后人的高度重视。

《文赋》是我国文学理论史上第一篇较全面而系统地揭示文学创作过程的文章，而且因为是结合着个人创作中的深切体会，比较具体地论述了一系列理论问题（例如：创作的起因，构思的过程，风格差异的形成，审美的标准，文学的作用，等等），因而历来受到人们的重视，获得了很高的评价。就创作活动而言，确实是人脑思维的产物，这是不言而喻的。但是，在创作过程当中，“情曈昽而弥鲜，物昭晰而互进”，思维是伴随着情感和形象进行的，有时顺畅，有时涩滞，“来不可遏，去不可止”，“虽兹物之在我，非余力之所戮”，就是讲灵感也需要去把握，才能率尔命笔，文思流畅。陆机讲的这些，既不否认灵感的存在和它的作用，更强调“情”与“物”互相推进的意义。陆机论创作，有自己切身的体会，懂得其中甘苦，所以能说到痛痒处。

毛泽东喜好文学，创作时也会“浮想联翩，夜不能寐”，进而“欣然命笔”的，所以他对陆机讨论的问题，也同样有自己的深切体会，认为《文赋》所论，“具有朴素的唯物观点”。这一评价，大概是说陆机把创作过程中碰到的问题真真切切论述明白了，既不神秘，也不玄妙，而是很实际很合理，能够说服人。还有一个例子，值得一说。1959年，《光明日报》的《文学遗产》专栏，曾经就《文赋》的评价问题，开展过讨论：有一种意见说，《文赋》不值得肯定，它大讲作文方法，开了后来形式主义的先河。

12月27日的《光明日报》登出了一篇反驳的文章，题为《如何评价〈文赋〉》，不同意贬低《文赋》价值的论调，主张给予它充分的肯定。毛泽东读了此文，甚表赞同，特意批示此文是“一篇好文章”，并希望其他人也读一下。作为文人的毛泽东，深谙为文之道，他在这方面发表的不少见解，大出某些“大家”的意料。毛泽东总体上肯定《文赋》，即为一例。《文赋》连序带赋，有1700字左右。毛泽东觉得“太冗长了些”，认为这是它的缺陷，令人“可惜”。

潘尼的《安身论》是“道家言”

【品读原文】 道家言。

——摘自《毛泽东读文史古籍批语集》，第169~170页。

【品读精华解析】 潘尼（250—311年）于《晋书》卷五十五有传。在他的传记里，全文引录了他入仕居官之前写成的一篇《安身论》。据有的学者考证，这篇文章大概写成于晋武帝泰始四年（268年）前后，作者将近20

岁的时候。

魏末以至晋初，京城洛阳的社会空气很不正常。在士大夫这个群体当中，追名逐利、结党营私、贪污受贿、放诞不羁，形成了一种风气。当官的越来越多，办事的越来越少；高等学府（太学）的百官子弟越来越多，真正学有所成的越来越少。总之，干事的不如不干事的，埋头勤奋的不如凭口空谈的，廉洁自守的不如寡廉鲜耻的。史书中概括这一畸形社会现象是："风俗趣意，礼让陵迟。"在这种情况下，就会有一些正直的士人站出来说话，或写文章，或上书朝廷，大声疾呼，提出建议，以求扭转世风习尚。《晋书》有传的傅玄、刘富、庾峻等人，先后著文立论，从儒家的立场抨击世风。而潘尼则是从道家的角度出发，专就士人如何立身自处这个问题发表意见的，本传说他"性静退不竞，唯以勤学著述为事，著《安身论》以明所守"，大体反映出他写作的用意所在。

《安身论》文长1200余字。文中强调，无私寡欲乃做人之本，也是"安身"免祸的唯一选择；并希望"今之学者""释自私之心，塞有欲之求"，以为"安身"之计。从正面立论时，就讲"君子"应该如何如何。

毛泽东耐心地读了潘尼的《安身论》，于文中两处写了批语。一处是在讲"安身"之理的地方。原文曰："安身而不为私，故身正而私全；慎言而不适欲，故言济而欲从；定交而不求益，故交立而益厚；谨行而不求名，故行成而名美。"毛泽东批了三字："道家言。"

道家是先秦的一大学派，老子、庄子是这个学派的代表人物。道家学说的要点，是强调"自然"之"道"。具体讲，政治上主张"无为而治"，伦理道德上主张"绝仁弃义"（反对儒家用礼义束缚人），个人思想、行为上主张无欲无求，顺其自然。心无私而行不争，言要慎而身无求。这也正是《安身论》要宣扬的重点。

圣人也免不了外患内忧

【品读原文】 虽圣人亦如此，况无圣人耶！

——毛泽东读《晋书》卷八十，《王羲之传》，第 4 页。

【品读精华解析】 毛泽东在读《王羲之传》时，针对王羲之对晋穆帝的陈词“自非圣人，外宁必有内忧。今外不宁，内忧为以深”之语批注道：“虽圣人亦如此，况无圣人耶！”意思是说：“即使是圣人，也照样免不了外患内忧之事，况且根本不存在圣人。”

在毛泽东看来，矛盾无处不在、无时不有，再伟大的人物来治理国家，也避免不了有外患内忧之事。“况无圣人耶！”反映了毛泽东的唯物主义历史观——人民群众才是历史的创造者。大家知道，毛泽东在青年时代受中国传统文化中所谓“君子风度”与“圣人境界”的影响，他是承认“圣人”并崇拜圣人的，他以“大本大原”的宇宙观阐发“圣人”，认为“圣人”是“既得大本者也”；“圣人通达天地，明贯过去现在未来，洞悉三界现象”。

但青年毛泽东在崇拜圣贤的同时，也非常怜悯小人，提出了“君子救小人”的主张，信奉“民胞物与”“万物一体”的思想。随着实践的发展，特别是五四运动以后，毛泽东日益认识到了民众力量的强大。他在《民众的大联合》中已看到了当时“俄罗斯的貔貅十万。忽然将鹫旗易了红旗”。认为“中华民族的大联合，将较任何地域任何民族而先告成功”。从此，他坚信：人民，只有人民，才是创造世界历史的动力。

谢安为国家立了两次大功

【品读原文】 谢安文韬武略，又机智又沉着，淝水之战立了大功，拖住桓温也立了大功，两次大功是对维护统一的贡献。

——摘自芦荻：《毛泽东读二十四史》（见《光明日报》1993年12月20日）。

【品读精华解析】 毛泽东对谢安赞赏有加。他在《谢安传》上一处批了“有办法”，一处写了“谢安好”。

毛泽东高度评价谢安的原因有两个，即谢安为维护东晋的统一局面立了两次大功。一次是他指挥了淝水之战，以少胜多，打了个漂亮仗。这场战争后，东晋收复了徐、兖、青、司、豫、梁六州，稳定了东晋在南方的统治。另一次是他拖住了搞分裂的野心家桓温，使其分裂的阴谋没有得逞。

谢安对桓温觊觎皇位的企图早已洞悉，他表面上与桓温虚与委蛇，暗中则设法阻止桓温的篡位活动。简文帝刚刚死去，谢安等人乘桓温不在都城建康（今南京）之机，拥立司马曜为帝。桓温得知简文帝去世，以为能禅位于己，结果愿望落空，于是从姑熟率兵赶赴都城，打算诛杀谢安，然后抢夺皇位。谢安神情自若地见桓温，要他还兵军镇。桓温回到姑熟，继续遥控朝政。不久，桓温身患重病，多次派人催促朝廷赐其“九锡”（古代帝王赐给有大功或权势极大的大臣九种象征特殊礼遇的物品。历代受此者多为新王朝的开创人，所以受“九锡”实际上成为禅位的象征）。执政的谢安采取拖延的办法，直到桓温含恨而死，“九锡”之文也没有下达，使桓温的野心未能得逞。

第六章

行文优美流畅，语言简练有法

——毛泽东品读《宋书》

《宋书》，由南朝梁·沈约（441~513年）等著。沈约学术渊博，在齐武帝永明五年（487年）奉诏撰《宋书》，写成本纪10篇、列传60篇、志30篇，共100篇。所书内容上起宋武帝永初元年（420年），下迄宋顺帝昇明三年（479年），记载了南朝刘宋政权60年的史事。因为这个时代战乱不断，因此毛泽东读《宋书》，偏重于对战争的评注。

刘裕不在意王镇恶贪财

【品读原文】 使贪。

——摘自《毛泽东读文史古籍批语集》，第186页。

【品读精华解析】 东晋义熙十二年（416年），刘裕统率大军北伐中原、西向关中。诸路大军中，以王镇恶、檀道济二将所部担任主攻任务。王镇恶领兵破关中，占长安，立下了汗马功劳，以致刘裕进入长安后对王镇恶激动地说："成吾霸业者卿也！"

王镇恶为刘裕创业建立了殊勋，但此人爱财性贪，让士兵掳掠抢劫，据为己有，已成习惯。这在他的传（《宋书》卷四十五《南史》卷十六均有其传）里，有突出的反映。他占领长安后，大肆收敛珍宝，不可胜计。刘裕知道后，"以其功大不问"。毛泽东读到《南史》本传的这段记载旁批曰："使贪。"

就是说，刘裕实际上助长了王镇恶贪婪的恶习和抢劫的劣迹。手下爱将只要没有野心，不贪权柄，那么历代志在改朝换代的枭雄人物都不在意部将贪财聚敛的行为，甚至还鼓励他们这样做。刘裕也是如此。比如本传接着记了王镇恶私藏后秦主姚泓所用的"伪辇"（辇，音niǎn碾，特指帝王、皇后坐的车），有人向刘裕汇报说王镇恶"有异志"，就引起了刘裕的警觉，派人一调查，原来王镇恶只是将装饰车辇的金银剔取下来，而把这件权力象征物弃置墙角，刘裕知道是这么一回事，心里才踏实下来。

关于王镇恶其人，据本传介绍，他是辅佐前秦苻坚的王猛之孙。淝水之战后，逃至东晋荆州境内，后为刘裕起用，成为重要将领。义熙十四年（418年），刘裕得知留守建康朝廷的心腹刘穆之突然死亡，害怕局势有变，赶紧离开长安东返。刘裕将镇守关中的重任交给了王镇恶。刘裕一走，留守关中的一班人暗中勾结，想把王镇恶除掉，就借口说王镇恶要造反，设计逮捕并杀害了这员虎将，致使关中大乱，得而复失。刘裕在返至彭城（今江苏徐州市）时，听到这一消息，虽知这是留守的一帮人“奄害忠勋”，可是事情已经发生了，而且他急着要回建康，也顾不得太多了。

王镇恶被害时 46 岁（373~418 年）。淝水之战那一年（383 年），他才 11 岁。

檀道济因功高位重遭杀身

【品读原文】 此时檀道济尚未死。

——摘自《毛泽东读文史古籍批语集》，第 186 页。

【品读精华解析】 毛泽东在读《宋书》卷五十一的《宗室传·刘道怜传》时，看到其中引录了宋文帝刘义隆于元嘉九年（432 年）颁发的诏文，内容是：表彰刘宋王朝建立前后有大功的宗室亲王和文臣武将，包括已经去世的（刘道怜、刘道规、刘穆之、王镇恶）和尚在人世的（王弘、檀道济）共计 6 人，说明要在朝廷给他们树碑勒功，并让他们享受配祭庙庭的破格礼遇。在世二人中，王弘是文臣，檀道济是武将，头衔有一大串：“使持节、散骑常侍、都督江州、豫州西阳新蔡晋熙四郡军事、征南大将军、开府仪同三司、江州刺史、永修县开国侯。”毛泽东就在此处旁批：“此时檀道济尚未死。”檀道济当时在江州刺史任上，坐镇浔阳（今江西九江市）。他是在元嘉十三年（436 年）被宋文帝猜疑受诛的。

宋文帝为什么要杀害檀道济呢？原因是：宋文帝长期害病，这一年病情加重，生命随时有危险，他害怕自己死后，檀道济功高位重，又手握兵权，篡夺帝位。

檀道济的生平事迹，在《宋书》卷四十三的本传里有详载。他是在宋武帝刘裕发迹之初，就追随刘裕南征北战的军人。作为故旧，檀道济是刘裕手下的一员爱将，打仗英勇顽强。东晋义熙十二、十三年两年（416、417年），刘裕北伐，先遣攻坚中，派的就是檀道济；攻占洛阳，靠的是檀道济；进兵关中，争夺潼关，也有檀道济的一份功劳。刘裕此次北伐，是为最终代晋立宋铺平道路的，成败关系重大。檀道济是刘裕创业的功臣，宋初就是一位声名显赫的人物。

刘裕死后，北魏发兵南下，夺得黄河以南大片土地，虎牢（今河南荥阳市西）、洛阳、许昌、汝阳相继失守，刘宋王朝的北部边境眼看就要退缩到淮河一线。宋文帝上台以后，一直筹划北伐，以恢复黄河以南的失地。元嘉七年（430年），宋军主力北伐中原，结果大败而还，损失惨重。宋文帝只好诏令檀道济都督各路征讨军事，率领众军北上，收拾残局。八年（431年）初，檀道济所部转战于今河南、山东二省境内，20多天里，与北魏守军、援军交战，“三十余战多捷”，宋军一直挺进至历城（今济南市）。由于军粮供给相当困难，无法继续坚守下去，宋军必须尽快后撤。魏军也获悉檀道济所部正在挨饿，准备在宋军后撤时围歼这股饥肠辘辘的部队。檀道济在险境中干了两件名扬后世的漂亮事。

一件叫“唱筹量沙”。是说宋军军粮告竭，“士卒忧惧，莫有斗志”，魏军获得情报后，调集兵力，决定围歼。面对险情，檀道济于夜晚将沙子堆起来，上面撒上剩余的粮食，迷惑了魏军，魏军误以为宋军“资粮有余”，原先得到的情报是假情报，采取了谨慎的行动，不敢贸然出击。

另一件是整装后撤。魏军四面云集，宋军兵少不说，又疲弱又恐惧，后撤时很容易暴露出自身的弱点，为魏军所乘，导致全军覆没的下场。檀道济当时下令军士全副武装，自己身着白色统帅服，坐着乘舆，不慌不忙地撤离魏军的包围圈，魏军害怕有埋伏，眼睁睁看着宋军从自己眼皮底下溜走，而不敢逼近。

檀道济这次打了胜仗，又全军而返，一下子威名大振。刘宋朝廷表彰他，北魏方面的将士害怕他。刘宋的军事从此由檀道济主持，他仍旧坐镇江州。

宋文帝连年生病，久病不愈，害怕自己一旦离开人世，檀道济将无人能够驾驭，怀疑他会谋取社稷，朝中的一些大臣也在串通起来，向病中的宋文帝进言：应从江州召回檀道济，趁早除掉这位手握兵权的司空大员。于是，檀道济被急召回朝，并立即收杀。檀道济临死前义愤地留了一句话：“乃坏汝万里长城。”他死后，魏军高兴地说：“道济已死，吴子辈不足复惮！”从此以后，魏军频频南下侵扰，声言要“饮马长江”，气焰十分嚣张。

毛泽东读史，对檀道济于元嘉九年尚在人世，而且功名显赫一事，似乎淡淡批了一语，没有更多的文字，但联系檀道济的军事才能及其功勋，说明这个历史人物留给毛泽东的印象很深，所以顺便予以点出。

谢灵运最终矛盾达到顶点造反

【品读原文】 通篇矛盾。“进德智所拙，退耕力不任”，见矛盾所在。此人一辈子矛盾着。想做大官而不能，“进德智所拙”也。做林下封君，又不愿意。一辈子生活在这个矛盾之中。晚节造反，矛盾达于极点。“韩亡子房奋，秦帝鲁连耻。本自江海人，忠义感君子。”是造反的檄文。

——摘自《毛泽东读文史古籍批语集》，第1~2页。

【品读精华解析】 在中国文学史上，说到南朝文学，谢灵运（385—433年）这个人的名声很大。因为他是中国山水诗的开山之祖，他的创作以山水诗为主，而且这类诗作的美学价值很高，历来受到人们的称道。其中有一首《登池上楼》诗，名气更大。这首诗里又有两句诗“池塘生春草，园柳变鸣禽”，描写初春生机盎然的景象，确实有声有色，给人以动感，让人去想象，很有味道。所以，这两句诗成了名句，整首诗成了名篇，一直传诵不衰。其实，这首诗的主旨是发牢骚的，景物描写只是为了衬托一肚子的不满情绪的。

《登池上楼》一诗，常常在后代人编辑的诗文选本中出现。清代沈德潜编过一部《古诗源》，其中就收入谢灵运这首名作。毛泽东翻阅《古诗源》时，特意就这首诗加了一段较长的批语：“通篇矛盾。‘进德智所拙，退耕力不任’，见矛盾所在。此人一辈子矛盾着。想做大官而不能，‘进德智所拙’也。做林下封君，又不愿意。一辈子生活在这个矛盾之中。晚节造反，矛盾达于极点。‘韩亡子房奋，秦帝鲁连耻。本自江海人，忠义感君子。’是造反的檄文。”

毛泽东为什么说这首诗具体反映出谢灵运一生矛盾的特点呢？

谢灵运是我们前面提到过的淝水之战中东晋名将谢玄的孙子。东晋社会实行门阀制度，依靠的是门阀士族。通俗地讲，就是一个家族只要有地位、有背景，那么这个家族中的成员就享有特权，子弟就能够凭借父祖辈的名声，平步青云，飞黄腾达。生在豪门贵族的人，即便毫无才能，甚至是白痴，也会有大官可做。这是个大讲出身、特重家族家庭地位的畸形时代。而在东晋门阀制度下，江南社会最大的家族是原先北方的琅琊（今山东临沂一带）王姓和阳夏（今河南太康一带）谢姓这两大姓，王、谢两家始终占据着东晋政权里的重要位置。

到了东晋中后期，谢姓家族成员显得更有地位，在朝廷中做大官的人物更多。谢灵运出生时，正值谢氏家族最显赫的时期。如果东晋朝廷还继续朝气蓬勃的话，可以想见，谢灵运一辈子将能够凭着家族的地位，顺顺当当地做大官，享清福。可是，等到他开始步入仕途的那一年，即义熙元年（405年）他 21 岁之时，偏偏社会形势发生了变化：东晋王室衰弱无力，刘裕的地位扶摇直上。随着形势的变化，江南两大豪门也发生了分化：王姓大族拥护刘裕，谢姓大族反对刘裕。谢灵运作为谢氏家族中的代表人物，当然瞧不起刘裕的崛起。他心里压根儿就不乐意这种社会变革。

刘裕出身于贫苦家庭，少时微贱，毫无社会地位。他后来依靠建立军功，逐渐成为东晋后期最具实力的人物，朝廷的事要他说了算。420 年，刘裕最终代晋立宋，建立了新王朝。东晋后期以至入宋以后，刘裕将门阀制度打破了，门阀统治也就结束了。原先靠家族地位居尊处优的特权，自然随之也不再起主要作用了。这一变革更加使得像谢灵运这样的贵族子弟产生极端的抵触情绪，内心里感到别扭，行动上显出对着干的劲道。因此，谢灵运步入仕途以后，一方面不满社会，不满自己的处境；另一方面又自以为了不起，想做大官。

谢灵运的传记在《宋书》卷六十七。本传记载说，入宋以后，他“自谓才能宜参权要，既不见知，常怀愤愤”，后来干脆放荡任性，“多愆礼度”，即蔑视法度，表现出一种狂傲骄纵的公子哥儿派头。422 年，宋武帝刘裕死后，朝中掌实权的人物是傅亮、徐羡之。谢灵运跳出来攻击这两位权贵，结果被贬放到东南偏僻的永嘉（今浙江温州市）去做太守。他上任后，不理政事，整天游山玩水。混了一年后，他干脆以病为由，辞官北上，回到谢氏家族祖居的始宁（今浙江绍兴市以东的上虞市）大庄园，过起优哉游哉的阔少爷生活来了。

宋文帝元嘉三年（426年）初，宋文帝杀了傅亮、徐羡之，想起了谢灵运，三番五次召他回京。谢灵运应命回京以后，仍没有得到重用，不过担任文学侍从的角色，离他的期望值还很远，于是他照样闲游，连上朝也不当一回事对待。结果，他又回到始宁，四处招摇，为地方官举奏。

宋文帝将他调至临川（今江西临川区）担任内史，负责郡国事宜。这次调动仍无法改变他的习性，表现跟过去一样，又被人举奏。当朝廷派人收拿他的时候，他"兴兵叛逸，遂有逆志"。宋文帝爱惜他的才气，免他一死，将他流放到广州。谢灵运暗中购置武器，又被发现，最后以谋逆罪被朝廷下旨就地正法，时在元嘉十年（433年）。

《登池上楼》一诗，是谢灵运在担任永嘉太守时写的。这是他入仕以后第一次受挫折时写的作品，其中当然有不满的情绪。从此以后，在他一生的最后十多年里，始终空怀大志，又抱着对现政权不屑置理的傲慢态度，任性而为，狂放不羁，直至铤而走险，举旗造反。

毛泽东在谢灵运《登池上楼》一诗旁所加批语，正是结合谢灵运后半生的心态和行为来评论的。

《登池上楼》是一首五言诗，共22句。毛泽东特别引用的"进德智所拙，退耕力不任"这两句，是其中的第五、六两句。意思是说：自己进取功名，徒有其志，才智不足；退隐躬耕，虽有其心，无法胜任。也就是说，进退都受自身条件的限制。这是从字面上理解的意思，如果再往明白里说，则是这样的表白：想做官而且想做大官，就是做不大；无可奈何归隐田园吧，既不情愿，也不心甘。很显然，他因此不知如何是好，内心苦闷不堪。左也不是，右也不行。所以，毛泽东一针见血地点出，这两句诗正可"见矛盾所在"：前一句是说"想做大官而不能"，后一句是讲"做林下封君，又不愿意"（"林下封君"，指谢灵运袭封其祖谢玄的康乐公之爵，却离开京城权力中心，闲居田园即"林下"之地）。这首诗"通篇矛盾"，而且他"一辈子生活在这个矛盾之中”。

毛泽东接着引用了谢灵运在广州兴兵作乱时写的一首诗：“韩亡子房奋，秦帝鲁连耻。本自江海人，忠义感君子。”这首诗在他的传记里有载录，而在《古诗源》里并未收入，可见毛泽东是读过谢灵运的史传的，对他的一生是很熟悉的。这四句诗是说：战国后期，韩国的世家子弟张良（字子房），因为秦国灭了韩国，就奋起去刺杀秦始皇；齐国的隐士鲁仲连（也简称鲁连）在游历赵国期间，正值秦国派兵围攻赵国的危急时期，魏国的使者前来游说赵国国君，建议最好投降秦军，而鲁仲连坚决反对这样做，被后人誉为“义不帝秦”的高洁之士。我谢灵运作为江海之人，有感于前世君子的忠义行为，所以才有率众反叛的逆志。由此诗可见，谢灵运晚年奋起造反，完全是自觉的举措。毛泽东说，这首诗正是谢灵运“造反的檄文”，他“晚节造反，矛盾达于极点”。

毛泽东由《登池上楼》一诗联系到谢灵运一生，点出此人写诗也好，为人也好，总是表现出他内心无法排遣的苦闷，显示出“矛盾着”的特点。毛泽东这样评点谢灵运其诗其人，字里行间透露出他对这个人的反感与厌恶之情。谢灵运当年自恃名门望族，鄙视出身微贱的刘裕建立的新政权，时时处处要显出高贵的气派，心理逆反，行为乖张，总是别别扭扭，梦想着恢复失去的天堂。自认为高人一等的士大夫，读了几本书，觉得了不起，做事做不来，架子又不小，捣起乱来又不自量力。这种人古往今来层出不穷，由内心“矛盾”终会发展到铤而走险“造反”的极点。谢灵运就是例子。

核实《世说新语》的作者是谁

【品读原文】《世说》作者是刘宋大贵族刘义庆，他是刘裕的中弟刘道怜的第二个儿子，过继到刘裕的小弟刘道规为嗣。刘道规有武功，死后追封临川王。刘义庆因此袭封为临川王。史称他“爱好文义”，有著述，招引一批文士，以为掾属，其中有鲍照那样有名的人。以上均见刘宋《宋书》宗宣传（《刘道怜》、《刘道规》两传）。《世说》一书大概是鲍照等人帮他集录的。但《宋书》却未说到刘著《世说》。1962 年重印《世说新语·序》载明“南朝宋刘义庆撰”，老本子《辞海》亦如此说。请查核。

——摘自《毛泽东读书笔记解析》（下册），第 1178 页。

【品读精华解析】 1965 年，郭沫若与高二适之间，曾经就东晋大书法家王羲之的《兰亭序》书帖真伪问题，有过不同的意见。高二适的文章不赞同郭沫若的观点，经毛泽东过目并批示后，在《光明日报》上登载。随后，郭沫若又写了篇《〈驳议〉的商讨》，正式发表前，将清样先送给了毛泽东。

毛泽东认真看过后，在郭沫若这篇文章中“《世说》作者临川王义庆”这一用语以及清样中另一处出现“王义庆”的失误处，批注了下面一段说明文字：“《世说》作者是刘宋大贵族刘义庆，他是刘裕的中弟刘道怜的第二个儿子，过继到刘裕的小弟刘道规为嗣。刘道规有武功，死后追封临川王。刘义庆因此袭封为临川王。史称他‘爱好文义’，有著述，招引一批文士，以为掾属，其中有鲍照那样有名的人。以上均见刘宋《宋书》宗宣传（《刘道怜》《刘道规》两传）。《世说》一书大概是鲍照等人帮他集录的。但《宋书》却未说到刘著《世说》。1962 年重印《世说新语·序》载明‘南朝宋刘义庆撰’，老本子《辞海》亦如此说。请查核。”

这段说明文字，是为着纠正清样中的失误，从中反映出毛泽东对介绍历史知识一丝不苟的精神。《世说》就是《世说新语》，两种书名都对。《世说新语》这部书，在中国文学史上，被称为逸事类小说的代表作，很有名气。它主要记载汉末以至魏晋时期上层社会士大夫的逸事言行，其中有一部分是传闻，当然不能当作信实的史料对待；但确有一部分反映了当时社会风貌和人事交往方面的内容，具有较高的史料价值，可以补充史传记载中的不足。郭沫若在后来写的文章中引用了《世说新语》中的资料，以为论据之一；但在提及这部书的作者时，却有不够清楚的地方，普通读者还可能误将刘义庆当成王义庆对待，因此毛泽东就作了如上的批注。

刘义庆（403~444 年）的传记，在《宋书》卷五十一的《宗室传》《南史》卷十三的《宋宗室及诸王传（上）》两处，可以相参见。刘宋王朝的开国皇帝刘裕有弟兄三人，刘裕跟老二刘道怜、老三刘道规虽是同父异母的关系，彼此相处得却十分亲密。刘裕打天下，靠两位异母弟弟出力，刘宋王朝建立以后，很照顾宗室亲王。老三刘道规死于东晋义熙八年（412年），身后无子，门户不立；刘宋王朝建立以后，将老二刘道怜的二儿子刘义庆过继到刘道规名下为子。因此，刘义庆其人，是刘宋开国皇帝刘裕的侄儿，本来是刘道怜的亲生儿子，后来又过继给刘道规，顶门立户。刘宋王朝建立以后，刘裕将早死的三弟刘道规追封为临川王。那么，“临川王”这一封爵，或者说头衔，理所当然地就由刘义庆继承下来，所以他成了宗室亲王，是大贵族。

刘义庆于元嘉十六年（439年）出任江州（治所在寻阳，即今江西九江市）刺史，由于他“爱好文义”，他身边就带了几位有才学的人士，其中就有鼎鼎有名的文学家鲍照。鲍照做刘义庆的府僚，从元嘉十六年到二十一年（439~444年），有6年之久，是刘义庆府中最重要的文士，所以他的传记就附在《刘义庆传》之后，可见不同寻常。史传记载，刘义庆做了江州刺史以后直到他死这几年中，招集一班文士从事编纂，撰成的著作里就有《世说》一书。《世说》一书在《宋书·刘义庆传》里没有反映，而在《南史·刘义庆传》里却提到了。毛泽东说“《世说》一书大概是鲍照等人帮他集录的”，这是很有道理的。因为古代帝王凡有编纂，多半是由手下一班文士替他出力的，有的时候，帝王本人也可能参与其事，但不管怎样，最后署名只见帝王之名，却是惯例。

史书记载和《世说新语》的作者署名，都只显示刘义庆一人是这部书的著作者，并没有明确记录说有他人之功。所以，毛泽东用了“大概”一词，很谨慎，也很实际。另外，毛泽东批文中提到的1962年重印《世说新语》，是指根据日本收藏的南宋绍兴八年（1138年）的刻印本，于1962年由中华书局再次影印（1955年曾由当时的文学古籍刊行社首次影印）的版本。这个版本是几种可以见到的《世说新语》善本中刊行最早的本子，当然也最具权威性。

其他版本是由明、清人刻的，虽有善本，却比不上宋本的价值。由此也可看出，毛泽东对古籍版本的选择很内行，也很在意。他用宋本上的署名，以证明刘义庆是《世说新语》的作者，并用旧版《辞海》（1936年印出）中的有关条目，加以补充说明，一点儿不含糊。

殷景仁与刘湛的恩怨纠葛

【品读原文】 谁生厉阶，至今为梗。

殷景仁与文帝密谋。

——摘自《毛泽东读文史古籍批语集》，第 193~195 页。

【品读精华解析】 殷景仁（390~440 年）在《宋书》卷六十三、《南史》卷二十七各有传。刘湛（392~440 年）在《宋书》卷六十九、《南史》卷三十五各有传。这两人在宋文帝在位的前期都是重臣，关系一开始很好，渐渐水火不容，恩怨甚深，其中有一段曲折。

入宋以后，刘湛分别随几位宗室亲王外出就镇，担任府中长史，实际上代替亲王全权处理一州政治、经济、军事乃至民事方面的各种事务，权限挺大。元嘉六年（429 年），宋文帝的弟弟、时年 17 岁的刘义恭被派到上游重镇江陵（今湖北江陵市）做荆州刺史，朝廷派刘湛随往领长史，“行府州事”。到了元嘉八年（431 年），刘义恭觉得自己已经长大成人，该到亲揽政事的时候了，不能总让刘湛说了才算。因刘湛不让刘义恭插手具体事务，所以两人之间有了裂痕，亦为朝廷所知。

当时，宋文帝十分信任的殷景仁，原先跟刘湛的关系很好，就向宋文帝建议调回刘湛，以便他二人携手合作，共同处理朝廷日常事务。殷景仁一片好心，谁知刘湛只领一阵情，过后就疑心生暗鬼。几年后，到了元嘉十二年（435 年），二人虽都受到朝廷的重用，可刘湛心里有文章，他见宋文帝更倚重殷景仁，威望超过自己，一是不服气，二是怀疑殷景仁在宋文帝跟前说了他的坏话，于是“猜隙渐生”。毛泽东在此处旁批曰：“谁生厉阶，至今为梗。”

这句话出自《诗经·大雅·桑柔》，意思是说，是谁让祸端（“厉阶”指祸端）发生，以致演变成灾祸（“梗”指灾祸）。毛泽东引用古诗成句，感慨亲信大臣间反目为仇、两败俱伤的事例多不胜数。其实，平心而论，殷、刘之间的“猜隙”，刘湛是“生厉阶”的祸首。本传介绍，此人“负其才气”，自视甚高。殷景仁格外受文帝信任，比自己似乎要高出一头，刘湛心理上不平衡。这就导致他专往坏处去想，而且也不认为自己恩将仇报有什么不对。他甚至投靠当朝宰相刘义康（文帝之弟），以求借宰相之力，扳倒殷景仁，好独当时务。

为此，他做了两件缺德的事：一是鼓动刘义康在宋文帝那里说殷景仁的坏话，二是派人伺机刺杀殷景仁。宋文帝有头脑，不相信那些谗言，知道刘湛要借他人之手谋害殷景仁，就采取相应措施保护殷景仁。当殷景仁了解到刘湛竟然如此对待他的细节后，他对周围亲信故旧感叹道：“引之令人，人便噬人！”这话说得很沉痛，也很深刻，等于给刘湛和像刘湛一类人物的丑恶嘴脸画了点睛的一笔。

刘湛的如意算盘没有打成，就干脆“驱煽（刘）义康，陵轹朝廷”，搞开了阴谋。毛泽东于此处又加一句批语：“殷景仁与文帝密谋。”这是什么意思呢？单从刘湛传中看不出所以然来，需要对照读殷景仁传，方知内情。殷景仁从刘湛这件事看到，站在刘湛背后的当朝宰相刘义康是更值得认真对待的人物。此人虽是文帝的弟弟，可当时大权在握。而宋文帝数年来一直害着重病，如有不测，宋王室就可能出现意外之变。

因此，殷景仁私下向宋文帝密言提醒：“相王（指刘义康）权重，非社稷计，宜少加裁抑！”宋文帝也得到其弟刘义康已经在为篡位积极张罗的准确情报，主、相之间嫌隙已日益明朗，兄、弟之间利害也到了无法调解的地步。元嘉十七年（440年），宋文帝下令逮捕了刘湛，并予以处死；将刘义康的相权予以解除，调离京城，出为江州刺史。宋文帝采取上述措施，实属迫不得已。而这次果断行动，正是“殷景仁与文帝密谋”的产物。捕杀刘湛那天，殷景仁提前“拂拭衣冠”，对即将发生的事清清楚楚。

刘湛被收杀后不到两个月，殷景仁也病死了。当时有人说，这是刚死不久的刘湛的鬼魂在作祟。巧合天成，遂为时人谈资。

王僧达“造反”是冤枉之词

【品读原文】 叛徒。

——摘自《毛泽东读文史古籍批语集》，第 175 页。

【品读精华解析】 王僧达（423~458 年）的事迹，在《宋书》卷七十五、《南史》卷二十一，均有其传可见。此人是东晋南朝江南第一高门王、谢两大家族之一的琅琊王氏中成员。他的祖上王导，是东晋开国以后鼎鼎有名的大丞相。整个东晋一代，“王与马，共天下”，琅琊王氏在东晋司马氏政权中的地位举足轻重。

东晋以后，王、谢两家子弟仍然依仗家族名望，享有特权。这种特权很难被取消。刘宋王朝的建立者刘裕是种地的“田舍公”，靠军功夺得了天下，虽然起用了一批武人，培育出一班新贵，对门阀政治有一定冲击，但仍然得对世家大族作出妥协和让步，王、谢等高门贵族在朝廷中身居显位的人物还是一代传一代。而且，高门大族傲视门第低微的家族，即便像当朝皇族刘氏，也被他们瞧不起。他们常常以门第为话题，或者找碴儿，奚落挖苦原先家族背景没有根基的暴发户。总之，自恃门第，蔑视新人，成了出身显贵的旧贵族家族成员处世待人的通病。入宋前，王僧达的祖父当过司徒。入宋后，王僧达的父亲王弘位晋司空。司徒、司空，都是朝中“三公”，十分荣显，所以，王僧达自负地给宋孝武帝上奏时，竟能用“亡父亡祖，司徒司空”这样的措辞来自我标榜。本传讲，他“早慧”，“善属文”，人很聪明，便“自负才地，谓当时莫及”，也很狂妄。

毛泽东在《宋书·王僧达传》开头批了两个字：“叛徒。”不清楚毛泽东指斥王僧达是“叛徒”究竟是什么意思，估计跟此人后来被孝武帝诛杀一事有关。

孝武帝即位以后，王僧达有“一二年间便望宰相”（《南史》本传语）的意向。孝武帝知道他有才学，也了解他放荡不羁的贵公子习性，不敢委以重任。王僧达的职务，五年中换了七次，有一年竟“五迁”，总不称心如意，就有怨言，甚至非议朝政。这且不说，关键是他得罪了孝武帝的母亲路太后。

据《南史》本传介绍，王僧达在京城中的宅第隔壁，住的是小小黄门郎路琼之。而这个路琼之，是路太后的侄孙。路家门第很低，出身不显。一次，路琼之专门拜访王僧达，王僧达“了不与语”，只有意问了一句：“我家原先养马的路庆之，是你什么亲戚?”这等于是当面侮辱路姓门户！而且，路琼之来访坐过的小马扎，也被王僧达焚烧，嫌其肮脏。这种羞辱路氏家族的过激言行，为路太后知道后，怒向儿子孝武帝陈说，坚决要求治其罪。接着发生了下面一件事，孝武帝顺势杀了王僧达。

大明二年（458年），京城近畿有个普通百姓名叫高阇，阴谋造反当皇帝，暗中串通宫廷内的几个官员做内应。此事被朝廷提前发觉，抓捕了一批嫌疑犯，其中将王僧达也乘机投入牢狱。其实，王僧达并未参与此次谋逆，抓他是孝武帝的指示。反正抓起来诬他与高阇一伙通谋，杀了他以报太后，这是孝武帝掩人耳目的手段。

王僧达被冤杀一事，在《资治通鉴》卷一二八里也有反映。作者司马光引用前世史学家的议论，以说明这样一个事实：高门世族“凭借世资，用相陵驾”，以门第贵贱当成待人接物、自视自处的唯一依托，迟早会“召祸”。宋文帝杀谢灵运，宋孝武帝杀王僧达，应该从这一角度来认识。谢灵运有“晚节造反”的言行，毛泽东讲得很对。但王僧达并未造反，只是胡作非为，毛泽东说他是“叛徒”，似乎不大切近。当然，毛泽东极反感像谢灵运、王僧达一类人物，很讨厌那种讲究门户高低的行径。这倒是一贯的、毫不含糊的。

第七章

以古为镜，可见兴替

——毛泽东品读《隋书》

隋朝与秦朝有着惊人的相似之处：都是一个完成了中国统一的王朝，但也是一个短命的王朝。通常，人们都习惯性地把隋朝灭亡的原因归结为隋炀帝的暴政，但毛泽东在读《隋书·高祖本纪》时，却能以敏锐的历史目光，从隋文帝身上看到蕴藏着的“问题”，并明确点出。这对于后人学习隋史、研究隋朝灭亡的历史教训，有着画龙点睛的效果。

隋文帝的做法蕴藏大乱

【品读原文】 蕴藏大乱。

——毛泽东读《隋书·高祖本纪》的批语（见《毛泽东读文史古籍批语集》，第 179 页）。

【品读精华解析】 毛泽东读史很注意总结历史上的兴衰成败之道，而且对历史事件和人物的分析也很深刻。在中国历史上，一般都认为隋朝建于隋文帝而亡于隋炀帝，隋文帝是明君，而隋炀帝则是暴君。但毛泽东却认为隋朝的短命（581~618 年），并不能完全归结为隋炀帝的暴政，有许多亡国的因素都是在隋文帝时期积累下来的。

因此，他在读史时，对隋文帝的言行十分留意。他在读《北史·隋本纪·高祖纪》时，也对隋文帝的错误举措作了批注。《北史·隋本纪·高祖纪》记载有隋文帝开皇十八年（598 年）的一道诏书："吴、越之人，往承弊俗，所在之处，私造大船，因相聚结，致有侵害。江南诸州，人间有船长三丈以上，悉括入官。"毛泽东认为，吴、越主人私造大船，是商业发展的需要，而隋文帝下令把大船都收缴入官府，是"不可能"的事。隋文帝这个做法，无疑是阻碍民间经济商贸的蠢事。

隋炀帝没有出息

【品读原文】 可不要看不起老粗。知识分子是比较最没有知识的。历史上当皇帝，有许多是知识分子，是没有出息的。隋炀帝就是一个会做文章、诗词的人。……一些老粗能办大事情，成吉思汗、刘邦、朱元璋。

——毛泽东在1964年3月24日的一次谈话（见陈晋：《毛泽东之魂》，第321页）。

【品读精华解析】 隋炀帝是历史上有名的暴君，一生做了许多丑事。他先设计使文帝废掉太子杨勇，立自己做太子，又使心腹谋杀父亲，登上帝位。其实，他并不缺乏本领和气魄，如建东都，开凿大运河，作用都不可否定。所以毛泽东把他归到只会作文吟诗的没出息的人里似乎不太准确。他的根本问题是：狂妄地认为天下人可以听凭一己指使，为了自己的贪欲，不惜使广大民众肝脑涂地，因此最后走上了灭亡的绝路，教训是深刻的。

隋末的起义促进了社会发展

【品读原文】 地主阶级对于农民的残酷的经济剥削和政治压迫，迫使农民多次地举行起义，以反抗地主阶级的统治。从秦朝的陈胜、吴广，项羽、刘邦起，中经汉朝的新市、平林、赤眉、铜马和黄巾，隋朝的李密、窦建德，唐朝的王仙芝、黄巢，宋朝的宋江、方腊，元朝的朱元璋，明朝的李自成，直至清朝的太平天国，总计大小数百次的起义，都是农民的反抗运动，都是农民的革命战争。中国历史上的农民起义和农民战争的规模之大，是世界历史上所仅见的。在中国封建社会里，只有这种农民的阶级斗争、农民的起义和农民的战争，才是历史发展的真正动力。因为每一次较大的农民起义和农民战争的结果，都打击了当时的封建统治，因而也就多少推动了社会生产力的发展。只是由于当时还没有新的生产力和新的生产关系，没有新的阶级力量，没有先进的政党，因而这种农民起义和农民战争得不到如同现在所有的无产阶级和共产党的正确领导，这样，就使当时的农民革命总是陷于失败，总是在革命中和革命后被地主和贵族利用了去，当作他们改朝换代的工具。这样，就在每一次大规模的农民革命斗争停息以后，虽然社会多少有些进步，但是封建的经济关系和封建的政治制度，基本上依然继续下来。

——引自《中国革命和中国共产党》（见《毛泽东选集》第2卷，第625页）。

【品读精华解析】 隋末农民起义首先从山东拉开序幕。此后各地纷纷起义，起义军队伍数不胜数，有的发展到一万多人。尽管隋炀帝下令对起义军坚决镇压，格杀勿论，仍然不能扑灭农民起义的燎原之火。

大业九年（613年），隋炀帝发动第二次对高丽的战争，进一步加重了全社会的苦难，农民暴动的燎原之火越烧越旺。起义军多者十余万人，少者数万人，他们攻城占邑，杀官夺粮，已初步构成对隋朝统治基础的直接威胁。

社会矛盾的激化，引发了隋朝统治集团内部的矛盾冲突。大业九年五月，杨素之子、礼部尚书杨玄感，在黎阳起兵反隋，渡黄河攻洛阳城，向隋炀帝的皇位直接发起冲击。隋炀帝得报，连夜从高丽退兵，击败杨玄感。虽然杨玄感起兵仅两个月就失败了，但这次起兵削弱了隋朝的统治力量，使农民起义进一步高涨起来。此后起义地区从以山东为主发展到黄河南北，以及江南、岭南、关中、淮南等地，从局部发展到全国，有记载的起义队伍就有一百多支，人数二百万人。

大业十二年（616年）以后，农民起义进入高潮，并逐渐会合成几支强大的势力，主要有翟让、李密领导的瓦岗军，窦建德领导的河北军，杜伏威领导的江淮军，林士弘领导的鄱阳军等。这几支农民军摆脱了以前小股乌合、打家劫舍的绿林寇盗形式，转入与隋朝政权正面大规模作战阶段，并连续取得多次大战役的胜利。

大业十二年，隋朝大贵族出身、曾参加杨玄感起兵反隋的李密加入了翟让为首的瓦岗（河南滑县南）军。李密长于谋划，文武双全，很快就得到翟让的信任。当年，翟让接受李密建议，攻破要塞金堤关（河南荥阳东北）和荥阳诸县。

为夺回荥阳这一兵家必争之地，隋炀帝派对镇压农民军有经验的勇将张须陀为荥阳通守前往镇压。翟让以前多次被张须陀打败，这次一听说隋将是张须陀，非常恐惧，打算不战而逃。李密劝道："须陀勇而无谋，又接连打了几次胜仗，现在是又骄傲又狠毒，可以一战将其擒获，您只管出兵列阵，密保证为您击败他。"翟让不得已，只好领兵迎战。李密在大海寺北的树林中暗伏了一支一千多人的伏兵。张须陀本来就没把翟让放在眼里，见翟让竟敢列队迎战，马上让队伍列成方阵，直逼翟让军阵。双方交战，翟让不敌须陀，落荒而逃。须陀乘胜追出十多里。李密见时机已到，命令伏兵突然出击，张须陀兵败。

李密乘胜把隋军包围起来。张须陀杀出重围，见自己部下还有许多被围，又跃马冲入重围解救，往返数次，力尽战死。张须陀平日深得士卒爱戴，战死后，其部下为他昼夜啼哭，数日不止。

张须陀的战败，使河南诸郡县为之丧气。从此瓦岗军威震中原。617 年，在李密的谋划下，瓦岗军攻占了隋朝最大的粮仓兴洛仓，开仓赈济贫民。这一年瓦岗军又击败了洛阳派来的讨伐军，获得了大批辎重武器。翟让自知才能远不如李密，于是主动把最高权力让给李密，并尊李密为魏公。李密拜翟让为上柱国、司徒、东郡公。李密执掌瓦岗军大权后，各小股农民军纷纷来归附，瓦岗军迅速增加到几十万人。河南郡县大部分被李密攻克，又招降了隋将裴仁基、秦叔宝、程咬金、罗士信，赵仁基也投奔瓦岗军，成为瓦岗军精锐部队的干将。接着，李密两取回洛仓，包围了洛阳城，发布声讨隋炀帝的檄文，痛斥隋炀帝的罪恶，"罄南山之竹，书罪无穷；决东海之波，流恶难尽"。瓦岗军达到了鼎盛时期。东至海、岱，南至江、淮，郡县纷纷派遣使者归附李密。

后来李密和翟让的关系出现裂痕，617 年 11 月，李密设计杀死了翟让。虽然翟让性格残忍，不得军心，但毕竟是他把李密推上了瓦岗军最高统帅的地位。因而，翟让被杀，引起了瓦岗军的军心不稳，战斗力下降。

河北农民军的首领窦建德，是漳南（今山东武城县东北）人，勇敢有谋略。大业七年（611 年），因帮助孙安祖聚众起义，窦建德全家被隋朝残杀。窦建德投奔高士达的农民军。616 年，高士达战死。窦建德成为该农民军领袖，拥众十万人。617 年，窦建德在乐寿（河北献县）称长乐王。

617 年 7 月，李密进逼洛阳，隋炀帝调涿郡留守薛世雄率精兵三万赴洛阳解围。薛世雄率军行至河间县界，驻扎在七里井。窦建德故意让士卒做出惧怕薛世雄的样子，全都弃营南逃。薛世雄以为窦建德怕自己，便不加防备。农民军退到离隋军一百多里的地方时，窦建德谋划了一次奇袭战。他亲自率领二百多人的敢死队先行杀回，命令大队人马继后。窦建德和士卒们约定：如果夜里到达，就袭击敌营；如果到达时天已黎明，就投降。离隋营一里左右时，天将破晓，窦建德正和部下惶恐不安地讨论准备投降时，忽然下起了大雾，窦建德大喜，说："天助我也。"于是冲入隋军大营。薛世雄士卒乱成一团，薛世雄根本无法控制，只带着几十个随从亲信逃回涿郡。从此，窦建德领导的农民军日益壮大，基本上占领了河北地区。大业十四年（618 年）窦建德称夏王，建国号为"夏"，迁都洺州（河北永年），他劝课农桑，使得"境内无盗，商旅野宿"，在当时的社会环境下确属不易。

农民起义军势力的不断壮大，直接从内部瓦解了隋朝统治，隋朝的地方官僚将领纷纷在全国各地拥众割据，起兵叛隋。隋炀帝在江都终日惶惧不安。618 年 3 月，隋右屯卫将军宇文化及，虎贲郎将司马德戡等人发动兵变，缢杀了隋炀帝，隋朝宣告结束。

隋炀帝被杀后，各部农民军首领有的投降了唐朝，有的被唐朝消灭。轰轰烈烈的隋末农民大起义以其胜利果实被李渊窃取而告终。

隋末农民大起义从大业七年（611 年）王薄吹响革命号角开始，整整经历了十四年。在地区上，西北至陕西边境，东北至河北北部，东至海滨，南至广东，其范围的广大，是以前的农民战争所没有达到过的。在人数上，一百多支的农民起义队伍，总人数在三百万左右，所谓举天下之人，十之八九为"盗贼"，绝大部分被剥削被压迫的群众都投入了反隋运动，表明了这次农民起义具有深厚而又广泛的社会基础。

隋末农民起义不仅摧毁了隋王朝，而且比两晋南北朝时期的农民起义以更宏大的规模、更深刻的程度，进一步扫荡了世家豪族及其赖以生存的庄园经济和门阀制度。

农民起义改造了封建统治，局部地调整了封建生产关系，一家一户的个体经济水平有了提高，租佃农民逐渐代替了依附农民，这就是唐王朝经济出现繁荣的根本原因。

隋末农民起义不能取得最后的胜利，它的教训是什么呢？

第一，隋末三支农民起义军，分别在三个地区打击隋王朝的统治，客观上是相互声援的。但三支强大的起义军始终没有联合起来，形成统一的队伍，这就大大削弱了起义军的战斗力量，结果数百万起义军，被地主阶级武装各个击破。

第二，由于隋炀帝横征暴敛，不但激化了农民与隋王朝的矛盾，也大大激化了统治集团内部的矛盾。当农民革命风起云涌的时候，许多地主阶级的政治力量纷纷倒戈，带着不同的政治目的投入了反隋的斗争洪流。他们或则独树一帜，或则混入农民义军，有的成为农民军的领导人物。这就使隋末农民战争形成了极为错综复杂的局面。如出身大官僚贵族的李密参加了瓦岗军，开始起了很大的积极作用，可是出于地主阶级的个人野心，终于杀害了农民领袖翟让，使威震中原的瓦岗军从此军心涣散，走向下坡路。而翟让为李密的才具所迷惑，缺乏警惕，拱手让出领导权，造成个人丧失性命，义军趋向瓦解的悲痛结局。隋末农民起义的领袖大多不能正确对待这种复杂的斗争，特别是当隋炀帝被杀以后，失去了斗争的目标。如窦建德由反隋斗士转成拥隋的“义臣”，而江淮的杜伏威则亲自跑到长安去乞求封赏，归顺了李唐集团。一场轰轰烈烈的农民革命终于失败了。这是小生产者出身的农民领袖不可避免的历史悲剧。

跟毛泽东读《二十四史》

第八章

举起精要，周不毕记

——毛泽东品读《南史》

毛泽东晚年最后要看的一部书，就是《南史》，这也是他最喜欢的一部书。《南史》虽以《宋书》《南齐书》《梁书》及《陈书》为本，却并非简单将旧史删节、离合而成，而是尽量充实了一些新的史料。做到文字简明，事增文省。《南史》在史学上占有重要地位。毛泽东读《南史》时留下很多圈画和批注。既有对一些古代将领才华的欣赏，也有对政治人物的反思。

孔琇之看问题失之偏颇

【品读原文】 此种推论，今犹有之。如曰一人小过勿治，众人皆将效尤。

——摘自《毛泽东读文史古籍批语集》，第 191~193 页。

【品读精华解析】 孔琇之（? ~494 年）被称为南朝齐代“良吏”。他的传记在《南齐书》卷五十三的《良吏传》、《南史》卷二十七里，各有专传或附传。毛泽东读的是附传。

附传讲，孔琇之“有吏能”。举例说，他在齐代担任吴县（今江苏苏州市）县令期间，有一个 10 岁的小孩偷割了邻家的一小捆稻子，他发现后，坚持要将这个孩子抓起来治罪。有人觉得这样做有点过分，就向孔琇之提了不同意见。孔琇之回答说：“十岁便能为盗，长大何所不为！”坚持要对这个小孩治罪。附传接着交代说“县中皆震肃”，而孔琇之因此升了官。毛泽东对孔琇之的治罪理由，颇有感慨，旁批了一段话：“此种推论，今犹有之。如曰一人小过勿治，众人皆将效尤。”

这几句话的重点，是由孔琇之看问题的角度，联系到时至今日仍然沿袭而用的处理类似问题的传统立场。例如：罚一人而治众，小过重罚以警告众人。就孔琇之声称而言，跟我们常听到的“从小看大，三岁看老”的俗谚，是一个意思。这样看问题，是形而上学；这样看一个人，是片面、静止的观点。

毛泽东历来主张要用辩证的观点、发展的观点来看待人们的错误，因此对孔琇之的这种形而上学的推论以及对这件事情的处理方法极为不满，用红铅笔在这一段上画了一条粗重的着重线，提出了异议。

齐末萧衍起兵夺权

【品读原文】 还是来年二月。

打援。

——摘自《毛泽东读文史古籍批语集》，第184~185页。

【品读精华解析】 479年，宋末权臣萧道成代宋自立，建立了萧齐政权。南朝四个政权（宋、齐、梁、陈）里，齐代最短，只存在了24年（479~502年），就被萧梁政权取而代之。

502年，萧衍推翻齐政权，建立了梁政权。萧衍这个人，就是鼎鼎有名的梁武帝。论关系，建齐的萧道成与建梁的萧衍之间，同祖同宗，都是西晋末年动乱中自兰陵（今山东兰陵县）南下避难而侨居于武进（今江苏丹阳市东）的同一萧氏的后代；到萧道成这一辈，两门萧氏已出“五服”，同宗而不同族了；萧道成比萧衍大一辈，是宗伯与宗侄的关系，虽然生分了，毕竟有同姓血亲这一特殊背景，因此萧衍兄弟们在齐入仕居官，都受到格外照顾。

到了齐末，萧宝卷（萧道成的从孙）当了皇帝（即东昏侯）以后，骄奢淫逸，滥杀功臣。当此之时，朝臣中有密谋废黜这位昏主的计划，方镇大员一次接一次举兵向阙，想用军事手段推翻他。然而，除了萧卫起义获得成功外，其他的尝试都以失败告终。

萧宝卷即位（498年）之前，萧衍已出任雍州刺史。萧衍一到雍州，就开始秘密准备造反。永元二年（500年）冬十月间，东昏侯杀害了萧衍的长兄、朝中担任尚书令的萧懿，并派出专使前往雍州收杀萧衍，没有得逞。继而调遣一支3000人的羽林军出发征讨，由刘山阳这位有作战经验的将领统率征讨军溯江西上，预定先至荆州，然后会同荆州兵一起北上，以彻底击溃萧衍拥兵反抗的企图。萧衍获悉这一情报后，立即派人赶往荆州游说，并玩弄种种花招，诱使荆州方面怀疑刘山阳所率官军西上的真实意图，以最终实现荆州与雍州联合，共同起义。

毛泽东阅读《南史》卷六《梁本纪上》有关萧衍于雍州起义前后的记载时，有两处批语。

第一处批语是就起义时间说的。当荆州方面决定与雍州方面联合之后，刘山阳所部才慢腾腾地进入江陵，他来迟了一步。荆州方面将刘山阳收杀，驰使往襄阳，时在本年十一月十八日。荆州派来的特使就两个问题提出建议：一是要以荆州为中心（即在起义的同时，宣布东昏侯之弟、时任荆州刺史的萧宝融于江陵另立朝廷），二是发兵东下的时间“当须来年二月”。对于这两项建议，雍州方面的将领们计较的是前者，而萧衍在意的是后者。他一方面劝说部下不要在“尊号之议”上纠缠，关键在日后的功业成败；另一方面向荆州方面强调：“今坐甲十万，粮用自竭，若顿兵十旬，必生悔吝。”主张尽快联兵东下。

《南史》随后记载是：“（永元）三年二月……戊申，帝（萧衍）发襄阳。”毛泽东读至此，十分敏感地加了一个旁批：“还是来年二月。”意思是说，萧衍坚持提前发兵的主张，他自己也没有能够贯彻，还是拖延到荆州一开始提出的“来年二月”才行动的。

其实，《南史》此处记载是不准确的。永元三年（501 年）二月里没有“戊申”这个日子。“戊申”日在正月，具体是正月十三日。这一天，萧衍亲率雍州兵由襄阳出发南下，屯兵于汉水中下游的竟陵（今湖北钟祥市）境内，不进入长江水域，以等待或逼迫荆州兵东下。荆州兵迟至二月下旬才从江陵动身。这中间牵涉到荆、雍两州之间一些微妙的关系，不能细说。就萧衍来讲，他宣布起义后又过了 50 多天，才从襄阳发兵：中途于竟陵屯留一个多月，最后才慢条斯理地开入长江水域作战，已是二月底三月初的事了。因此，毛泽东发现发兵时间不是像当初萧衍期盼的那样，而是推迟了。这说明，荆州方面没有把萧衍的建议当回事，萧衍当时还受制于荆州。

第二处批语是就围攻郢城、鲁城（今武汉市隔江的蛇山、龟山分筑）期间分兵堵击西上增援官军而言的。荆、雍联军围攻忠于建康朝廷的郢城守军，屡攻不下，相持日久。萧卫本人停驻杨口（今湖北潜江县北、汉水之滨）不进，就是要拿捏荆州，不给他授予总统众军、便宜行事的名号和权限，他就决不亲临前线指挥作战。因为没有萧衍指挥，郢城攻不下，东进就得中止，后果不堪设想。江陵另立的小朝廷只得赶紧给萧衍授号授权，萧衍方才于四月间抵达郢城战线。此时，郢城守军死守不降，而建康派出的官军正在昼夜兼程西上。联军众将领亟主猛攻郢城，萧衍提出围而不攻、分兵击溃西上官军的方略。于是，萧衍指派他手下亲信大将王茂率兵“潜师袭加湖”，于今武汉市东北谌家矶一带摆开阵势。毛泽东在这里特旁批二字：“打援。”

结果，官军增援部队在这里被打得落荒而逃，“郢、鲁二城相视夺气”，坚守200多日后，只得投降。这是一次关键性的战役。只有夺得郢城，联军才能长驱而下；只有先“打援”，郢城守军才会乖乖缴械。萧衍的决策是很正确的。

“守大岘”并不能彻底扭转局面

【品读原文】　守大岘亦无用。

——引自《毛泽东读文史古籍批语集》，第183页。

【品读精华解析】　409年，南燕主慕容超先后两次派兵南下，在淮北地区抓人抢物掳民。为此，刘裕上表朝廷，要求领兵北伐南燕。同年夏天，朝廷准奏，刘裕统军北上，去捣南燕军事要塞地——大岘（今山东省沂县北部）。在此紧要关头，南燕的大将公孙五楼深思熟虑之后，对南燕主献上了自己的三条应对之策。公孙五楼分析，刘裕的军队轻装北上，意在闪电之击，妄图速战速决，锋芒正旺锐气正盛，南燕之军不应同刘裕之军以强对强，实用的办法是先守住大岘，以逸待劳，用持久战的办法拖垮刘裕之军。

于是，公孙五楼建议，上策就是派出一部军队绕道南下，切断刘裕之军的给养线，南北夹攻，刘裕之军必败无疑。中策是坚壁清野，烧毁庄稼，令刘裕之军无法就地补充给养，又求战不得，时间一久自会不攻自退。下策自然就是放刘裕之军入岘，与其正面作战。然而，刚愎自用的南燕主慕容超根本不把公孙五楼的意见放在眼里，自认为兵多粮足江山稳固，就算刘裕之军过了大岘，一旦作战，刘裕之军也不是他“铁骑万群”的对手。

慕容超这一轻敌，使得刘裕之军长驱直入，跨越大岘军事要塞就同“演戏”一般顺畅。跨过大岘之后的刘裕骑在高头大马之上，狂笑之后手指苍天喊道：“我们的大功告成了！”

不守大岘的失策，导致了南燕主慕容超迅速败北，逃回都城广固（今山东省益都县西北），企望投降刘裕，未得应允，终落得身亡国败的下场。

“守大岘亦无用”是毛泽东读罢《南史》卷一《宋高祖本纪》时写下的评语。在毛泽东看来，“守大岘”只是一时的战术问题。就算南燕主慕容超听了公孙五楼的计策，守了大岘，充其量只能延长一下灭亡的时间，不会影响到战争的最终结局。

毛泽东从一介书生到军事思想家和军事指挥家，用他自己的话说，是在战争中学习战争和了解战争。在土地革命时期，抗日战争时期和解放战争时期，毛泽东先后写就的《中国革命战争的战略问题》《抗日游击战争的战略问题》《论持久战》等光辉篇章，无不体现着毛泽东之于战争理解和领悟的过人之处。毛泽东关于人民战争的论述，关于战争中的物质因素和精神因素的论述以及关于战争胜负的决定性因素的论述等等，都十分精确地揭示和破译了战争的客观规律。

毛泽东写下“守大岘亦无用”的批语，并不是激情冲动，而是冷静思考之后才下的一字千金的断语——得民心者得天下，人民是战争取得最后胜利的根本保证。毛泽东是熟知并认定这样的道理。从当时的历史背景来看，慕容超对统治下的各族人民十分残暴，政治上腐败不堪，人民怨声载道，这就是失了民心而不是“得民心”。广大人民虽身在北方，心却早已向往南方的汉族政权，特别是那些被慕荣超从南方掳掠到北方来的人民，更是日夜思归。再加上慕容超刚愎狂傲、夜郎自大、目光短浅、专横跋扈，战略上轻敌、战术上失误，其败也就在情理之中。而刘裕治军严谨，纪律严明，每到一地都能得到人民的支持。而且，刘裕还能采纳听取部下的正确意见，故军队官兵之间团结互尊，战斗力强，再加之人民的有力支持，取胜是必然的。

刘义隆与赵匡胤有同样的弊法

【品读原文】　赵宋祖此弊法。

——引自《毛泽东读文史古籍批语集》，第 183 页。

【品读精华解析】　刘义隆即位，通过一系列的施政手段，使当时的社会安定、经济发展，一度出现了“元嘉小康”的繁荣昌盛局面。由是，史学家司马光称赞刘义隆为“承平之良主”。然而，在元嘉末年，刘义隆发动了两次北伐战争，可谓乘兴而去，大败而归。这两次北伐，损耗了大量的人力和物力，故刘宋王朝（历史上把刘裕建立的宋朝称为刘宋，而把赵匡胤建立的宋朝称为赵宋）从此开始走向了衰败之路。

刘义隆登基之后，企望大权独揽。426 年正月，王华等人向刘义隆献计，谋杀重权在握的大臣徐羡之、傅亮等人，刘义隆依计行之，因而将军政大权集于一身，军队将帅的任命、作战的策略和部署也由他一人做主。两军交战之时，将帅任凭他的圣旨行事，没有一点灵活机动的指挥权。

刘义隆的这种做法，毛泽东在读罢《南史》卷二《宋太祖本纪》之后，自然联系到赵宋。

赵匡胤，陈桥驿兵变时黄袍加身。登上皇位的他深知兵权的重要。961 年 7 月 9 日夜，赵匡胤施展“杯酒释兵权”的招数，将旧友也是当朝重臣的石守信、高怀德等人的官罢掉，收兵权为己有。“杯酒释兵权”之后，赵匡胤又通过一系列强有力的措施，将全国各地的财权、政权、军权收归中央，进行军事制度的改革，改革的最终结果是：没有皇帝的命令，任何人都无权调动军队；京城的军队总数同外地的军队总数保持均衡，使之相互牵制；兵与将分离，有紧急军情，将领由皇帝临时委派，军情解除后，兵归戍守之地，将归原来之位；这一招，使得将领无法同士兵们“交心”，在军营中建立个人威信，从而也就无法率兵同朝廷对抗。赵匡胤通过这些措施巩固和加强了自己的统治。刘义隆和赵匡胤在这一点上的不谋而合，在独立统一的王朝的内部也许有一定的“稳定”作用，但一遇到外敌入侵，这种高度集权制的缺点就会暴露无遗。

刘裕两次北伐，大胜而返，关键的一点就在于他拥有一支效忠于他的部队。而刘义隆两次北伐两次落败，应该说同他手下的军队“兵不识将”“将不识兵”关系重大。试想，将兵之间不能沟通的军队要是能打胜仗，那恐怕就是属于“怪事精选”之列了。

毛泽东作为军事思想家和军事指挥家，十分注意研究和创造战役、战争的指挥艺术。红军长征时期的四渡赤水，抢渡大渡河，解放战争时期的三大战役，百万雄师过大江，无不体现着毛泽东之于战役、战争上卓越的指挥艺术。毛泽东在读罢《南史》卷二《宋太祖本纪》，得知刘义隆的“遥制兵略”同赵匡胤相互辉映，且弊大于利时，毫不客气地提笔批注了“赵宋祖此弊法”几个力透纸背的文字，由此批注，我们自然会联想到，赵宋祖此法有弊，与他同出一辙的刘义隆自然也是“刘宋祖此弊法”了。

毛泽东认为，在战略高度集中的前提下，要充分发挥各级指挥员的自觉能力性。“将在外，君命有所不受”，也就是讲战场远在千里，战情复杂多变，一线的指挥官应根据实际情况灵活机动地进行战斗指挥，从而掌握战场上的主动权。

刘义隆和赵匡胤总揽兵权于一身的做法，正是有违两军交战“将在外，君命有所不受”的至理古训，因而是“弊法”。不过，在我国的解放战争时期，却有人抱着这个“弊法”不放，他就是蒋介石。蒋介石的大失败，败到台湾之后，大概也没能醒悟“总揽兵权于一身”竟是一“弊法”吧。

袁顗未能一战而败

【品读原文】 袁顗无能。

——毛泽东读《南史·袁顗传》的批语（见《毛泽东读文史古籍批语集》，第 191 页）。

【品读精华解析】 袁顗（? ~466 年）字景章，陈郡阳夏（今河南太康）人。袁顗出身于世家大族，早年曾任豫州主簿、晋陵太守、领军前将军等职。刘宋前废帝刘子业景和元年（465 年），袁顗被提升为吏部尚书，不久改任雍州刺史，镇守襄阳。

袁顗见前废帝荒淫暴戾，政权不稳，便与晋安王刘子勋的镇军长史邓琬等人联络，于景和元年冬奉年仅 10 岁的晋安王刘子勋为盟主，举兵反叛。这时，湘东王刘彧也发动宫廷政变，杀死前废帝，自立为帝。是为宋明帝。

袁顗与邓琬等人不愿承认宋明帝，拥立刘子勋在寻阳（今江西九江）称帝，建年号为“义嘉”，与宋明帝对抗。郢州刺史安陆王刘子绥、会稽太守寻阳王刘子房、临海王刘子顼、徐州刺史薛安都、梁州刺史柳元怙、益州刺史萧惠开、广州刺史袁昙远、湘州行事何文惠、冀州刺史崔道固、青州刺史沈文秀、豫州刺史殷琰、司州刺史庞孟纠等人也都加入了刘子勋集团。

袁顗被刘子勋任命为安北将军、尚书左仆射，是刘子勋集团中的核心人物。然而，袁顗却为人吝啬、志大才疏。《南史·袁顗传》记载：彭顗“本无将略，在军中未尝戎服，语不及战阵，唯赋诗谈义而已，不能抚接诸将”。因而尽管刘子勋集团表面上声势浩大，但实际上却因袁顗等人的无能，导致众人离心离德，所以并没有能真正形成战斗力。宋明帝泰始二年（466 年），宋明帝仅用了 8 个月的时间便消灭了刘子勋集团。袁顗所部未经一战，将士便纷纷溃散而去。袁顗本人也被部下砍了头。

毛泽东读二十四史，对反面的教训也十分留意，因而袁顗的所作所为也自然引起了毛泽东的注意。毛泽东的批注大概是指袁顗不善进谏。及至“未一战而败”，被杀。南朝名士，大多如此。不只无能，而且士风使之然。这不仅是对袁顗个人的评价，也是对刘子勋集团失败原因的总结。

袁粲父子令人钦佩

【品读原文】 袁粲死节。

——毛泽东读《南史·袁粲传》的批语（见《毛泽东读文史古籍批语集》，第 192 页）。

【品读精华解析】 袁粲（420~477 年）字景倩，陈郡阳夏（今河南太康）人，是袁顗的堂弟。袁粲虽出身于名门望族，但因父亲早死，家道中衰，早年日子过得很苦。袁粲从小好学上进，常常裹着破衣服读书，足不出户。

宋文帝时，袁粲做了扬州从事，开始步入仕途。到宋明帝初年，袁粲被任命为司徒左长史、南东海太守。其后，历任领军将军、中书令、尚书仆射、尚书令等要职。宋明帝临死时，特意委托袁粲与褚彦回、刘勔共同辅佐太子刘昱。刘昱即位后，是为后废帝。

后废帝元徽二年（474 年），江州刺史、桂阳王刘休范起兵造反，杜黑蠡、丁文豪等人起兵响应，攻入建康。这时，因指挥混乱，宋军将士都丧失了斗志。袁粲见形势危急，便慷慨激昂地对宋军将领说：“寇贼已经逼近，而大家却惊慌失措。我受先帝的顾托，原本就该以死相报。今日我愿与褚彦回护军一道为国家而死！”宋将陈显达等人受到感动，冒死出战，终于击败了杜黑蠡、丁文豪等人，使建康形势转危为安。

宋顺帝刘準即位后，袁粲担任了中书监，同时仍担任司徒、侍中。这时，官居司空、骠骑大将军的萧道成已掌握了极大的权力，加紧了篡夺刘宋政权的政变准备。宋顺帝昇明元年十二月（478 年 1 月），荆州刺史沈攸之从江陵起兵，进攻建康，想要消灭萧道成。袁粲为了不使刘宋政权落到萧道成之手，便与尚书令刘秉、前湘州刺史王蕴等人一道，假传皇太后旨意，命令宋将白兴、黄回等人率领禁卫军进攻萧道成。但由于萧道成早有防范，袁粲等人组织的进攻遭到了失败。萧道成派部将戴僧静领兵前去杀害袁粲。袁粲被抓后，临死前他要写一道绝命书。他的儿子袁最抱着他，大叫："请让我先写。"戴僧静的士兵都感动得流下了眼泪。袁粲对儿子说："我不失忠臣，你不失孝子。"他要来笔墨，写下一道绝命书："臣义奉大宋，策名两毕。今便魂归坟垅，永就山丘。"父子两人同时被戴僧静杀害。

毛泽东对袁粲的气节感到钦佩，于是在《南史·袁粲传》后，批注道："袁粲死节。" 毛泽东读《南史·袁粲传》的批注表达出对袁粲的气节的钦佩。

评判臧质应一分为二

【品读原文】 臧质豪杰之士，一解汝南之围，二胜盱眙之敌，三克刘劭之逆。梁山之战，刘义宣不听臧言，因以致败，惜哉。

——毛泽东读《南史·臧质传》的批语（见《毛泽东读文史古籍批语集》，第 186、188 页）。

【品读精华解析】 刘宋时期的名将臧质，是毛泽东比较感兴趣的一位人物。他在《南史·臧质传》上批注道："臧质豪杰之士，一解汝南之围，二胜盱眙之敌，三克刘劭之逆。梁山之战，刘义宣不听臧言，因以致败，惜哉！"可见，他对臧质的军事才能评价很高。

李延寿在《南史》卷十八的"论"中说："含文（臧质的字）以致诛灭，好乱之所致乎？"毛泽东不同意李延寿的这个观点，而是对臧质的不幸感到惋惜。他在记述梁山之战部分批注道：“梁山之战，刘义宣不听臧言，因以致败，惜哉！”但毛泽东在前面“自谓人才足为一世英杰”这句话曾用红笔画上了着重线，并批注有“此是妄想”四个字。这说明，毛泽东对臧质的为人还是有批评的。对臧质这位“豪杰之士”一生的评价，应该说毛泽东是实事求是的，在褒中有贬。

仅次于韦睿裴邃的良将曹景宗

【品读原文】 景宗亦豪杰哉！

——毛泽东读《南史·曹景宗传》的批语（见《毛泽东读文史古籍批语集》，第197页）。

【品读原文】 良将也，仅次于韦睿裴邃。

曹孟德、徐世勣、郭雀儿亦用此等人。使贪使诈，梁武有焉。

——张贻玖：《毛泽东批注历史人物》。

【品读精华解析】 曹景宗作战，敢于打硬仗，也善于打硬仗。钟离之战中，曹景宗与韦睿先逼近屯邵阳洲，抵近魏军城寨百余步建起堡垒，并与魏军连续交战，“杀伤者十之二三”，打出了军威，使魏军从此不敢再小看梁军。接着，曹景宗又招募一千余名勇士，再次推进到北魏骁将杨大眼的城寨南数里的地方筑城，并亲自参加筑城。杨大眼来攻，被曹景宗击败，从而建起了这座“赵草城”。第二年三月，趁春水泛起，淮水暴涨六七尺的有利时机，曹景宗与韦睿兵分两路，根据梁武帝的诏令，各攻一桥，用火攻的战术，将魏军架在淮水上的两座浮桥首先烧掉，把东西两岸的魏军分隔开来。接着，与韦睿共同作战，命令“众军复鼓噪，乱登诸城”。毛泽东读到此处，对曹景宗的勇猛剽悍战斗作风十分赞赏，不禁批注道：“良将也，仅次于韦睿裴邃。”

曹景宗也颇有文才。钟离之战后，梁武帝在华光殿为曹景宗举行庆功宴会，叫左仆射沈约赋韵，让大家饮酒赋诗。沈约是当时的文豪，认为曹景宗只是一介武夫，便没有给曹景宗诗韵。曹景宗非常生气，乘着酒醉，便向梁武帝再三要求赋诗。梁武帝只好让沈约把剩下的“竞”“病”两韵给了他。曹景宗提起笔，很快便写出了一首好诗：“去时儿女悲，归来笳鼓竞。借问行路人，何如霍去病?”霍去病是西汉抗击匈奴的名将。曹景宗在这里用霍去病作比，不仅显得很有气势，而且也极为贴切。梁武帝赞叹不已，沈约和许多颇有才华的大臣也很惊讶。结果，梁武帝还下令将曹景宗的这首诗录入国史。毛泽东对曹景宗的这首诗，逐字加了旁圈，对他的文采颇为赏识。在1959年的庐山会议上，毛泽东强调干部要善于学习，还特意将曹景宗的这段逸事来作号召，说：“南北朝时有个姓曹的将军打了仗回来作诗‘去时儿女悲，归来笳鼓竞。借问行路人，何如霍去病?’……要挤出时间，全党来个学习运动。”

曹景宗与韦睿近乎完人的“劳谦君子”的形象迥然不同，他身上有着许多令人不能接受的毛病。曹景宗为人争强好胜，除韦睿，他谁都瞧不上。然而，曹景宗为人不拘小节，对标志着权贵和地位的那些繁文缛节和虚伪的排场，极为厌恶。《南史·曹景宗传》记载：“出行常欲褰车帷幔，左右辄谏以位望隆重，人所具瞻，不宜然。景宗谓所亲曰：‘我昔在乡里，骑快马如龙，与年少辈数十骑，拓弓弦作霹雳声，箭如饿鸱叫，平泽中逐獐，数助射之，渴饮其血，饥食其脯，甜如甘露浆，觉耳后生风，鼻头出火。此乐使人忘死，不知老之将至。今来扬州作贵人，动转不得。路行开车幔，小人辄言不可。闲置车中，如三日新妇，此邑邑使人气尽。’”

毛泽东为人也十分慷慨豪迈，从来不愿事事循规蹈矩，让自己的性格受到束缚。因而，《南史·曹景宗传》所载的这段曹景宗的自白引起了毛泽东的共鸣，令他非常感兴趣。他不仅在“作贵人，动转不得”等处逐字密密加了旁圈，还在这段记载的天头上批注道：“景宗亦豪杰哉！”毛泽东的这个批注与《南史·曹景宗传》的这段生动的文字相映生辉，活脱脱地烘托出了一个真实可信，对自由自在、无拘无束有着强烈向往的曹景宗的形象，令人回味无穷。

梁武帝运去难自由

【品读原文】　时来天地皆同力，运去英雄不自由。

——毛泽东读《南史·梁高祖本圮》的批语（见《毛泽东读文史古籍批语集》，第 185 页）。

【品读原文】　萧衍善摄生，食不过量，中年以后不近女人。然予智自雄，小人日进，良佐自远，以至灭亡，不亦宜乎。

——毛泽东读（《南史·贺琛传》的批语）（见《毛泽东读文史古籍批语集》，第 207 页）。

【品读精华解析】　《南史》的作者李延寿在《梁武帝本纪》末尾对梁武帝评论道："梁武帝时逢昏虐，家遭冤祸，既地居势胜，乘机而作，以斯文德，有此武功。始用汤、武之师，终济唐、虞之业，岂曰人谋，亦惟天命。及据图策，多历岁年，制造礼乐，敦崇儒雅。自江左以来，年逾二百，文物之盛，独美于兹。然先王文武递用，德刑备举，方之水火，取法阴阳。为国之道，不可独任，而帝留心俎豆，忘情干戚，溺于释教，弛于刑典。既而帝纪不立，悖逆萌生，反噬弯弧，皆自子弟，履霜弗戒，卒至乱亡。自古拨乱之君，固已多矣，其或树置失所，而以后嗣失之，未有自己而得、自己而丧。追踪徐偃之仁，以致穷门之酷，可为深痛、可为至戒者乎！"

李延寿的这个评价应该说是比较公正的。梁武帝不就是一味仿效西周时徐国国君徐偃王的那种仁义，"留心俎豆，忘情干戚，溺于释教，弛于刑典"，才得到天下、而天下又在自己手中丧失的吗？

毛泽东对于梁武帝这个前半生与后半生的作为和境况完全不同的封建帝王有着许多的感慨。他在《南史》卷五十五《曹景宗传》中批注道："此时梁武，尤知军机。”对梁武帝在天监五年以前的军事才能作了肯定，认为梁武帝还能称得上是一位英雄。但毛泽东对晚年的梁武帝则提出了更多的批评。如，毛泽东在《南史》卷六十二《贺琛传》上作了三条批注：“此等语，与孙权诘陆逊语同”，“‘专听生奸，独任成乱’，梁武有焉”，“萧衍善摄生，食不过量，中年以后不近女人。然予智自雄，小人日进，良佐自远，以至灭亡，不亦宜乎。”

针对梁武帝对贺琛批评的狡辩，认为梁武帝的这些话与三国时吴国的皇帝孙权反驳名将陆逊意见的话如出一辙，因而对梁武帝的强词夺理提出了尖锐的批评。并认为梁武帝的自我表白，情况尽管属实，而且作为一个封建皇帝，也是难得的，但这些都是生活上的小节，无关于政治，而“予智自雄，小人日进，良佐自远”才是梁武帝所犯错误的要害。

毛泽东对梁武帝很感兴趣。他读《南史·梁高祖本纪》，不仅在“忘情干戚”“弛于刑典”，“未有自己而得、自己而丧。追踪徐偃之仁，以致穷门之酷”等字句旁密密圈点，并画有着重线，而且还借用五代诗人罗隐所写的悼念三国诸葛亮的《筹笔驿》一诗中的诗句，在这段评论的天头上用红铅笔批注道：“时来天地皆同力，运去英雄不自由。”以表达自己对梁武帝的嗟叹之情。

直言无忌行不通

【品读原文】 此等语，与孙权诘陆逊语同。

萧衍善摄生，食不过量，中年以后不近女人。然予智自雄，小人日进，良佐自远，以至灭亡，不亦宜乎。

专听生奸，独任成乱，梁武有焉。

——摘自《毛泽东读文史古籍批语集》，第207~208页。

【品读精华解析】 贺琛（481~549年）于《梁书》卷三十八、《南史》

卷六十二俱有传。他于梁大同年间（535~546 年）后期，任职散骑常侍（皇帝身边的近侍重臣），曾就国家面临的危机，坦诚向梁武帝进谏，写成《条奏时务封事》一文呈上。《梁书》本传里可见全文引录，《南史》本传里可见要点摘录。

大同七年（541 年）底，梁武帝下诏称，当他了解到官吏如虎、民生不济、境内不宁的现状后，睡不好觉，吃不下饭，“独坐忧怀，愤慨申旦”，并呼吁“外司明加听采，随事举奏”。意思是要听听朝臣的意见，想求得扭转局面的良策。于是，第二年（542 年）初，贺琛就针对吏治之弊，分条列举了“四事”。前三事是说州郡牧守长吏贪污成风，侈靡成俗，情况确实非常严重；后一事是建议国家亟待省事息费，休养生息，积聚财货，以备征伐或不虞之变。从所举事端而言，贺琛上奏的内容，跟梁武帝之前下诏涉及的问题并不冲突，精神也完全一致，只不过贺琛讲得稍稍具体了一点，措辞也激烈了一点。结果，梁武帝一看贺琛的奏文，勃然大怒，当即口授敕文，痛斥贺琛。

毛泽东边看《贺琛传》中引录的梁武帝《敕责贺琛》的妙文边加旁批，共有三处评语可见。

第一处是在梁武帝不及实际，而大肆张扬个人勤政之劳的地方。梁武帝曰：“朕有天下四十余年，公车谠言，日闻听览。每苦倥偬，更憎昏惑。卿珥貂纡组，博问洽闻，不宜同于阘茸，止取名字，言我能上事，恨朝廷不能受。”就是说，你贺琛在上奏里怎么能撇开我梁武帝听政览阅、洞悉下情的关键不说，而行文给人印象是只有你贺琛关心时务，矛头指向我：“恨朝廷不能受。”事关天子形象，梁武帝发怒的原因，此其一也。毛泽东旁批道：“此等语，与孙权诘陆逊语同。”毛泽东读梁武帝的《敕责贺琛》，不禁想起了三国时吴主孙权的《报陆逊》，真是事有隔代相似之奇，人有异曲护短之同，文有一脉相通之处。

第二处是在梁武帝自我标榜节欲苦身的口头禅之旁。梁武帝曰：“朕绝房室三十余年，不与女人同屋而寝，亦三十余年。于居处不过一床之地，雕饰之物，不入于官，此亦人所共知。受生不饮酒，受生不好音声……”这些话，梁武帝常常对人讲，文章中、诏令中，也都不时道及，唯恐别人不注意，并以此掩盖国计民生中的大问题。因此，毛泽东旁批数语：“萧衍善摄生，食不过量。中年以后不近女人。然予智自雄，小人日进，良佐自远，以至灭亡，不亦宜乎。”

梁武帝于上台十多年（约513年前后）时，由于受佛教影响，开始素食不吃肉，坚持一日一餐，不与嫔妃过性生活，衣着、居处极其简陋。到贺琛上奏这一年，已有30多年的历史。作为帝王，能做到这一点，确实不容易，应该充分肯定。不过，毛泽东认为，萧衍这样做，只是“善摄生”，即善于保养自己身体的表现；作为政治家，他更重要的职责是安邦治国，而萧衍却“予智自雄”（妄自尊大），用小人，疏良佐，使国家每况愈下，“以至灭亡”，不正是重小节轻大节的结果吗！

第三处是在敕文末梁武帝引古人之言“专听生奸，独任成乱”处。毛泽东顺势转引旁批：“专听生奸，独任成乱，梁武有焉。”梁武帝在文中引用古人名言，当然自认为他不是这样，而且他还以此教诲那位贺琛，让他明白点大道理。殊不知当事者迷，自信者误，偏偏反过来说中了自己：“梁武有焉”。历史无情，事实如铁。名言警句，谁都会引来装点自己，评议他人，可从不见有谁反省自问，“有焉”而不觉，“予智自雄”而已。封建专制制度下，“专听生奸，兹任成乱”，这本是帝王们的通病，概莫能外。

还有一点顺便指出，三国时的陆逊上奏孙权，南朝梁代的贺琛上奏萧衍，都是就政治大局中的积弊而言的，可孙权也好，萧衍也好，都疑心是攻击自己，敏感得不得了。此二君尚且不是暴虐昏庸之辈，也如此不容直言，更可推想等而下之的君王会是什么嘴脸！所谓直言无忌无讳，说说而已，实际上是行不通的。

韦睿有刘秀、周瑜之风

【品读原文】躬自调查研究。

以少击众。

敢以数万敌百万，有刘秀、周瑜之风。

仁者必有勇。

我党干部应学韦睿作风。

——摘自《毛泽东读文史古籍批语集》，第 198~205 页。

【品读精华解析】 韦睿（442~520 年）活了 79 岁，是梁代最有名的将领之一。《梁书》卷十二、《南史》卷五十八，均有其传。毛泽东读《韦睿传》，批语多达 25 处，是他在所读史书中旁批加得最多最频的一例。毛泽东赏识“韦睿作风”，有如下数端：

第一是深入调查研究的作风。

韦睿指挥作战，特别是重大战役，他首先要实地观察，寻求破敌之策。天监五年（506 年），梁军大举北伐，并将主战场指向淮南寿阳一线，韦睿所部的任务是拿下小岘（今安徽含山县北），扫清外围。他先派两军攻打，久攻不下。于是，韦睿“巡行围栅”，查看敌人营垒，酝酿用兵方略。随后，韦睿挥师西上，又来到久攻不下的合肥（今合肥市）战场，同样“案行山川”，并决定改变攻城战术。毛泽东在这两处，各加相同批语：“躬自调查研究。”对韦睿的这种深入实际的作风，极为称道。

第二是灵活机动的战略战术。

小岘战役中，北魏守军仅 2000 余人，敌寡我众，诱敌一部出营后，韦睿及时率兵冲击，结果打败魏军守军。毛泽东连续批道：“以众击少”“机不可失”“决心”。

合肥战役中，北魏援军 5 万突然赶来，韦睿所部居于劣势，“众惧不敌”，不敢应战。韦睿当机立断，表示“有前无却”，鼓舞士气。毛泽东于此批道：“以少击众。”钟离大战中，北魏来犯之敌号称“众兵百万，连城四十余”，而当时韦睿所部不过 3 万左右，友军曹景宗所部 20 万，梁军合计 23万，且分兵夹击，所以韦睿部可能会遭到敌军压倒优势的袭击。此处，毛泽东旁批：“虽众，何所用之。”这是指魏军“虽众”，在韦睿这样的对手面前，不可能占便宜。

接下来，毛泽东又在韦睿不畏强敌、驰援钟离的一段表白旁，批曰：“敢以数万敌百万，有刘秀、周瑜之风。”其中提到的刘秀、周瑜的情况是这样的：23 年，王莽派大军 43 万（号称百万）攻打刚刚立足昆阳（今河南叶县）

的刘秀所部3000人，刘秀身先士卒，迂回猛攻，打败了王莽军；208年，东吴统帅周瑜率3万人马，于赤壁（今湖北蒲圻县西北，长江南岸）用火攻之术，大败曹操80万水陆联军。因此，昆阳之战中的刘秀，赤壁之战中的周瑜，钟离之战中的韦睿，他们都是“敢以数万敌百万”的军事奇才，“敢”字在胸，终于以少胜多，以弱胜强，赢得辉煌胜利。中国古代战争史上，类似的例子还不少。比如前面提到过的淝水之战，也是如此。毛泽东在延安时期写的军事论著中，更举了大量的战例。像韦睿这样，战前明知自己居于明显的劣势，而能“车驰卒奔”，全力赶赴前线作战，而且抱定必胜信念参战，毛泽东是由衷称赏的。

战略上藐视敌人，战术上重视敌人。这是毛泽东一贯的军事思想。韦睿正是具有这种作风的古代良将！

第三是身体力行、为人师表的作风。

天监年间，韦睿率军作战，已经是六十开外的老将。而且，本传记载，韦睿身体“素羸”，“不尝骑马”。在这种情况下，他在前线指挥作战也好，自处或待人也好，都表现出堪为师表的榜样来，既能带兵打仗，又能严格律己，是猛将，又是谦谦君子。这就非常难得！比如，钟离之战中，他不能骑马，就让人用担架抬着，“督励众军”，并亲自入阵参战，“与（魏军）争”。毛泽东在这处记载旁连加二批：“将在前线。”

交战之前，他的两员手下将领势如水火，闹不团结。韦睿“以将帅不和，将致患祸”，酌酒相劝：“且愿两虎勿复私斗。”毛泽东旁批道：“干部需和。”这种耐心细致的思想工作，对协调配合作战，是至关重要的。如果稍不留心，内讧演烈，自相拆台，未遇强敌，就会自行溃散，哪有御敌作战的可能呢？

再看本传提到韦睿平时的作风和品质。合肥城攻陷后，“所获军实，无所私焉”。毛泽东批曰：“不贪财。”即便在战争中，韦睿“昼接客旅，夜算军书。三更起，张灯达曙，抚循其众，常如不及。故投募之士争归之”。毛泽东又批曰：“劳谦君子。”韦睿不但“抚循其众”，关心部下，而且“性慈爱”，抚养其兄死后留下的孤儿“过于己子”，所得钱物“皆散之亲故”。毛泽东看到这些，不禁又批道：“仁者必有勇。”

另外，韦睿并不是一位莽撞的军人，而具有细致严谨的儒将头脑。天监八年（509年），北魏大军南下攻入司州（时治平阳，即今河南信阳市）境内，朝廷派韦睿率军自荆州任所赶往救援。援军北上抵达司州南境安陆（今湖北安陆市），韦睿令部队守安陆，并“增筑城二丈余，更开天堑，起高楼”，常胜将军竟如此“示弱”，引起部众讥讽；韦睿告诉他们：“不然。为将当有怯时。”对此，毛泽东旁批：“ 此曹操语。”夏侯渊不听曹公此语，故致军败身歼。

据《三国志》卷九《夏侯渊传》记载，夏侯渊连打胜仗，遂恃勇而少智计，曹操就告诫他：“为将当有怯弱时，不可但恃勇也。”而夏侯渊不以为然，于建安二十四年（219 年）领兵下汉中，在定军山（今陕西勉县东南）交战中，误入刘备预先设好的圈套，军败被杀于阵中。所以，韦睿能在司州支援时，审时度势，不打无把握之仗，而积极防御，做出“示弱”的姿态。这是一种聪明的举措，说明他深精兵法。毛泽东是很赞赏韦睿的这一用兵方略的。

毛泽东读《韦睿传》，读得很细。他还在传中或注或评，留下了若干相关批语。例如：当初义军东下，留韦睿镇守郢州。毛泽东旁批：“善守。”

钟离之战中，韦睿军屯于邵阳洲，而使人潜水进入坚守的钟离城通报援军抵达的消息，“使固城守”。毛泽东批注：“此别一城，非韦睿新筑邵阳洲之城。”

韦睿援司州，“至安陆”。毛泽东批注：“今湖北安陆县。”

钟离之战大胜。“魏人大溃”，主帅元英“脱身遁走”，“魏军趋水死者十余万，斩首亦如之，其余……犹数十万”。毛泽东旁注：“百万之众，皆尽。”

钟离大捷，主帅曹景宗“时与群帅争先启之捷，（韦）睿独居后”。毛泽东旁加二批：“使曹景宗胜。曹景宗不如韦睿远矣。”

本传后附韦睿之子韦放事迹，介绍此将门虎子于大通元年（527 年）仅率 200 兵士过淮参战，于赶往涡阳（今安徽蒙城县）的途中，被魏军突袭包围，“众皆失色”。韦放镇静不乱，“免胄下马，据胡床处分，士卒皆殊死战”，因而获胜。毛泽东感慨而批曰：“韦放有父风。”

总之，毛泽东对梁代老将韦睿，不但称道有加，而且推崇备至。在本传中，有一段概括韦睿一生赫赫战功与仁爱治军的文字，并称韦睿“与裴邃俱为梁世名将，余人莫及”。毛泽东特加一旁批：“我党干部应学韦睿作风。”由此可见，韦睿给毛泽东留下了深刻印象。

陈庆之使不可能变成了事实

【品读原文】 再读《陈庆之传》，为之神往。

一九六九年六月三日在武昌

——摘自《毛泽东读文史古籍批语集》，第198~205页。

【品读精华解析】 1969年夏，毛泽东抵达武汉。他翻看《陈庆之传》后，于传前写下：“再读《陈庆之传》，为之神往。”

陈庆之（484~539年）于《梁书》卷三十三、《南史》卷六十一均有传。此人从小跟随萧衍，大概是部曲兵家子弟。萧衍特别爱好下围棋，能够昼夜相继，一般人陪不住，而陈庆之却有不睡觉，“闻呼即至”的本领。这使他受到萧衍的格外亲赏。他开始带兵打仗，北上执行军事任务，直到526年前后。此后，他干了一件在中国整个军事史上堪称神话般的大事，名扬天下，令后世人瞠目结舌。毛泽东之所以“为之神往”，原因在此。

天监末年（519年），梁武帝开始信佛而不大关心朝政。随后，武备渐弛，原先能够带兵打仗的良将，大都相继去世，裴邃也于普通六年（525年）卒于军中。从此，梁军已无像样的将帅统兵北伐了。其时，北魏政局越来越乱，幼主频频更换，权臣结党营私，天灾人祸迭起，胡太后乱政在先，尔朱荣血洗洛阳在后。在这种情况下，北魏南线边防自行松弛，边镇将领纷纷南投梁王朝，以求避祸。鉴于主客观形势发生的变化，梁武帝决定利用南来的原北魏宗室亲王或方镇将领，将他们遣返北上，用扶持傀儡的策略，企图实现一平天下、统一全国的目标。

梁大通二年（528年）初，北魏因尔朱荣之乱，宗室元颢（音hào浩）等三位亲王投奔梁朝。同年十月，“（梁）武帝以（陈）庆之为假节、飚勇将军，送（元）颢还北”。这位元颢正是被梁武帝第一个遣送的傀儡。陈庆之护送此人北上洛阳去当亲梁的魏室皇帝，听来好笑，可竟然成功了，尽管为时不长！

本传总结陈庆之的丰功伟绩是：“自发铚县至洛阳，十四旬平三十二城，四十七战所向无前。” 陈庆之用 7000 人马打败了北魏 50 万精锐部队屡次设防阻击，一路厮杀，推翻了一个帝国，扶起了一个政权！

需要补充交代一下，元颢只在洛阳做了 65 天短暂的皇帝，同年七月间，尔朱荣由今山西长治市率兵南下，攻入洛阳，元颢投降，陈庆之化装潜逃，只身回到江南。尽管如此，陈庆之创造的中国军事史上空前绝后的奇迹，让他有充分的资格跻身于梁代最出名的将领行列，成为中国古代的著名军事家之一。

迷途知返，值得推崇

【品读原文】 送周小舟同志：

“迷途知反，往哲是与，不远而复，先典攸高”，几句见丘迟与陈伯之书。此书当作古典文学作品，可以一阅。“朱鲔涉血于友于，张绣剚刃于爱子，汉主不以为嫌 [疑]，魏君待之若旧”，两个故事，可看注解。

毛泽东

八月一日夜十时

如克诚有兴趣，可给一阅。

——摘自《毛泽东读书笔记解析》（下册），第 1239 页。

【品读精华解析】 丘迟（464~508 年）于《梁书》卷四十九、《南史》卷七十二的《文学传》里有传。他是梁初有名的文人，其代表作《与陈伯之书》传诵极广。

陈伯之，《梁书》卷二十、《南史》卷六十一均有传。丘迟的名文《与陈伯之书》就是写给他的，引录于他的本传。

丘迟是文人，陈伯之是武人。丘迟之所以要给陈伯之写信，是希望陈伯之率军重新回到大梁帝国的怀抱。陈伯之于齐末担任江州刺史，萧衍率义军东下，本来受命阻击义军的陈伯之归顺了萧衍，并随军往建康，参加了攻打宫城的战役。梁王朝建立后，陈伯之仍被派往寻阳任江州刺史。

可是，陈伯之对新政权并不打心底里接受，萧衍上台不久，陈伯之于天监元年（502 年）五月举兵叛梁，投奔到北魏，被北魏政府委以都督淮南军事的职务，驻扎于寿阳附近。天监四年（505 年）十月以后，梁军开始北伐，统帅是萧宏（梁武帝萧衍之弟），丘迟随北伐军北上，担任萧宏的记室（即秘书）。第二年（506 年）三月间，梁军开抵寿阳外围。萧宏指使丘迟写信给陈伯之，劝陈伯之仍归梁。由于丘迟这封信写得极为感人，陈伯之看后，“乃于寿阳拥众八千归降”。

毛泽东于 1959 年庐山会议期间，曾将丘迟《与陈伯之书》送给原先担任过毛泽东的秘书、当时任湖南省委第一书记的周小舟，让他好好阅读。同时，毛泽东还附了短简一封。

“送周小舟同志：

‘迷途知反，往哲是与，不远而复，先典攸高’，几句见丘迟与陈伯之书。此书当作古典文学作品，可以一阅。‘朱鲔涉血于友于，张绣剚刃于爱子，汉主不以为嫌 [疑]，魏君待之若旧’，两个故事，可看注解。”

毛泽东

八月一日夜十时”

“如克诚有兴趣，可给一阅。”

其中加引号的两段语句，均摘自《与陈伯之书》。这里将这两段文字用白话翻译或注释出来。

前一段引文的意思是：一个人迷途知返，会受到古代哲人的赞许；走错了路，没走多远就折回头，这为古代的典籍所推崇。

后一段引文里有两个典故，即毛泽东所称的“两个故事”。朱鲔（音 wěi 尾）这个人是西汉末年农民起义军绿林军的将领，他劝刘玄杀害了刘伯升（刘秀的哥哥），不久，刘秀的军队包围了洛阳，守城的朱鲔投降时，得到刘秀不计既往的保证；张绣是东汉末年的军阀，他先投降过曹操，接着又举兵攻打曹操，杀了曹操的长子曹昂和侄儿曹安民，后来张绣不得已再次投降曹操，曹操没有计较，给张绣封了列侯。引文中，“友于”是兄弟之意，具体指刘伯升；“涉血”即流血，“剚（音 zì 字）刃”是用刀插进去的意思，这两个词都指杀害。“汉主不以为嫌”中“嫌”字，原文为“疑”，毛泽东误写。

总之，两段引文是要强调：改正错误，既往不咎。

那么，这是什么意思呢？原来这跟 1959 年的庐山会议有关。1959 年 7 月至 8 月间，在毛泽东的主持下，中国共产党在庐山开了一个半月的会议。此次庐山会议分作两个阶段进行。7 月 2 日至 8 月 1 日，开的是中央政治局扩大会议；8 月 2 日至 16 日，开成了党的八届八中全会。会议一开始，是想就“大跃进”以来全国范围出现的“左”的偏差，让与会者摆摆问题，总结总结教训；中间彭德怀（时任国防部长）私下向毛泽东递了一封信，谈到他通过调查所了解到基层存在的一些严重问题，并提出了积极建议。

彭德怀写信前后，各分组讨论会上，黄克诚（时任军委总参谋长）、张闻天（时任外交部副部长）、周小舟等人，也就国民经济中“左”的一套造成的危害，分别在会上发了言，谈了各自的意见。毛泽东当时错误地认为，这是诬蔑大好形势的右倾言论，而且是有组织的阴谋活动。并组织批判彭德怀实事求是、为党为民直言的“错误”乃至“罪行”。为此，原定半个月的会议，延长开了一个半月。后一阶段的八中全会，最后给彭德怀、黄克诚、张闻天、周小舟等人定成“右倾机会主义反党集团”的性质。

现在，可以说，1959 年的庐山会议对彭德怀等人的批判乃至通过的定性决议，不能成立。

第九章

叙事简劲，近世佳作

——毛泽东品读《北史》

《北史》与《南史》为姊妹篇，是由李大师及其子李延寿两代人编撰完成的。关于南北交兵攻战之事，各国原始史料多夸胜讳败，很不真实。《北史》大量删削，用简述的方法勾勒出战争概况。《四库全书提要》说："延寿……于《北史》用力独深。故叙事详密，首尾典谙。离合编次，亦深有别裁。"对《北史》给予了较高的评价。毛泽东以史学家的禀赋，政治家的眼光研读《南史》与《北史》后，充分肯定："《南史》、《北史》的作者李延寿有倾向统一的思想，比《旧唐书》写得更好些。"

王建是不知政治的庸人

【品读原文】 王建庸人，不知政治。

——毛泽东读《北史·王建传》的批语（见《毛泽东读文史古籍批语集》，第212页）。

【品读精华解析】 北朝是一个战乱频仍的时代。毛泽东读《北史》，对战争中必然会出现的战俘问题非常关注。毛泽东一贯反对屠杀俘虏，主张优待俘虏。因此，他在读到《王建传》的时候批注道："王建庸人，不知政治。"这实际上也是对道武帝拓跋珪的批评。

宇文泰采取中间突破出奇效

【品读原文】 中间突破。

——毛泽东读李延寿撰《北史》卷九《周本纪》上第10页批语。

【品读精华解析】 536年12月，高欢兵分三路讨伐西魏，司徒高昂领一路由武关入上络（今陕西省商县），窦泰领一路直通潼关，高欢自领一路主力自蒲坂（今山西永济）渡河出渭北。三路大军10万余人，会攻长安。

次年1月，高欢一路在蒲坂架造浮架三座，意在渡河进军。当时，把军队驻扎在广阳（今陕西临潼区北）的宇文泰，见高欢兵分三路袭来，召集部下商议对策时说，高欢造桥，意思是告诉我们，他要渡河，实质上是为了牵制我军的主力不离开此地，从而达到掩护窦泰西进的目的。同时，宇文泰有理有据分析，应该集中兵力，攻击窦泰之军。

出于这么一种战术思路，宇文泰调派精兵良将潜伏到潼关附近的小关，等窦泰率部刚入潼关，西魏等待之军凶猛杀出，窦泰猝不及防，忙乱中妄图领军北渡与高欢部靠拢，宇文泰又率军迎头痛击，断了窦泰的退路。

高欢得知窦泰遭魏军围困，意欲渡河救援，奈何河冰太薄，无法通渡，只好引兵而退。

两魏之战以东魏的失败而告终，两魏之间的这场战争，在魏晋南北朝史上是十分著名的。毛泽东从《北史》卷九中读罢这一例战争之后，提笔作了“中间突破”的评点。“中间突破”，显然是毛泽东对宇文泰用兵（派精锐主力攻击窦泰一路）有方的赞许之词。作为一位军事家，毛泽东对历史上的战争都十分关注，每每看到书中记载的战例，都要从军事的角度进行评点。

“中间突破”无疑是一个十分有效的战略战术手段。刘邓大军的挺进中原，可谓是古今中外战争史上一次最为光芒四射的“中间突破”的战略战术的运用吧！这样的大手笔大气魄，从古到今，除毛泽东外，找不出第二人。

跟毛泽东读《二十四史》

第十章

裁国史之繁略，记礼法之沿革

——毛泽东品读《旧唐书》

五代后晋时官修的《旧唐书》，是现存最早的系统记录唐代历史的一部史籍。编修《旧唐书》时，距唐朝灭亡的时间仅有30多年，因而搜集到了大量唐朝现成的国史和实录之类的史料，毛泽东曾评价说："材料多确切。"认为《旧唐书》比《新唐书》好。他既欣赏其人才辈出的盛局，对各种各样的人物表达自己的臧否之意。同时，也从公认的盛世中发现其中存在的突出的各类政治问题，善于从纷繁的历史事件中总结唐朝的兴衰成败的经验教训，因此在品读时批注较多。

唐高祖遇事无断制

【品读原文】 遇事无断制。

——毛泽东读《旧唐书·高祖圮》的批语（见《毛泽东读文史古籍批语集》，第217页）。

【品读精华解析】 唐高祖李渊（566~635年），祖籍陇西狄道（今甘肃临洮），出身于贵族家庭。北周武帝宇文邕建德元年（572年），7岁的李渊袭封唐国公。隋朝建立后，因皇后是李渊的伯母，因而李渊得到了较快的提升，历任谯州、陇州、岐州刺史，荥阳、楼烦太守，殿内少监，卫尉少卿，右骁卫将军等职。炀帝大业十三年（617年）春，任太原留守。

李渊长期在地方和中央做官，很注意结交豪杰、树立恩德，因此颇有号召力。当隋王朝在农民大起义的打击下土崩瓦解之时，他听从次子李世民的建议，于大业十三年五月乘机起兵反隋，迅速攻取了长安，立隋炀帝孙杨侑为帝。次年四月，他逼杨侑让位，建立了唐朝。李渊在位八年（618-626年），先后削平群雄，统一了全国。然而，李渊在政治上却缺乏决断力。他早就知道太子李建成和齐王李元吉兄弟俩结党、次子李世民拉帮结派，两个集团之间有着尖锐的矛盾冲突，却不能及时采取必要的措施制止这一事态的恶性发展。武德九年（626年）六月四日，李世民铤而走险，率兵在玄武门发动政变，击败东宫和齐王府的卫队，杀死李建成、李元吉及两人的儿子。李渊被迫立李世民为太子，两月后又传位李世民，自称太上皇。后在郁郁寡欢的心境中死去，终年70岁。

《旧唐书·高祖纪》在记述李渊为人的优点时说：“倜傥豁达，任性率真，宽仁宽众，无贵贱咸得其欢心。”毛泽东在这里批注道：“遇事无断制。”对李渊在这种“宽仁容众”的表面现象背后所表现出来的优柔寡断提出了批评。

毛泽东的批评是有根据的。撰写《旧唐书》的史臣在《旧唐书·高祖纪》末尾的评论中，在肯定李渊功绩的同时，也对李渊有所指责："然而优柔寡断，浸润得行。诛文静则议法不从，酬斐寂则曲恩太过。奸佞由之贝锦，嬖幸得以掇蜂。献公遂间于申生，小白宁怀于召忽。一旦兵交爱子，矢集申孙。匈奴寻犯于便桥，京邑咸忧于左衽。不有圣子，王业殆哉！"

李世民是德才兼备的皇帝

【品读原文】 李世民工作方法有四。

——毛泽东读《旧唐书·李百药传》的批语（见《毛泽东读文史古籍批语集》，中央文献出版社 1993 年版，第 222 页）。

【品读精华解析】 唐太宗李世民是中国历史上一位杰出的封建帝王。毛泽东对李世民颇有研究。早在 1926 年，毛泽东在广州农民运动讲习所讲课时就曾讲道："唐太宗、李密皆当时草泽英雄。"他在读《智囊》一文时也对唐太宗的军事才能赞叹不已，认为："自古能军无出李世民之右者。"

唐太宗李世民（599-649 年）是唐高祖李渊次子。武德九年（626 年），他发动玄武门之变，杀掉太子李建成和齐王李元吉，被立为太子，不久又迫使父亲让位，登上了帝位，改年号为"贞观"。李世民在位 23 年（626~649 年）。在其统治的前期，他常以"亡隋为戒"，较能任贤、纳谏；发展科举制，延揽人才，使唐朝的政治面貌焕然一新；他继续推行均田制、租庸调法和府兵制度，使当时的社会经济有所恢复和发展。他出兵击败东突厥，发展与西域的交通，被铁勒、回纥等族尊为"天可汗"；他把文成公主嫁给吐蕃王松赞干布，加强了汉、藏两族的友好交往……因而被史家誉为"贞观之治”。

李世民有过人的政治手段。贞观二年（628年），时任礼部侍郎的李百药撰写了《封建论》一篇。其中，他对李世民的为政之道做了一个总结：“自陛下仰顺圣慈，嗣膺宝历，情深致治，综核前王。虽至道无名，言象所纪，略陈梗概，实所庶几。爱敬蒸蒸，劳而不倦，大舜之孝也。访安内竖，亲尝御膳；文王之德也。每宪司谳罪，尚书奏狱，大小必察，枉直咸申；举断趾之法，易大辟之刑；仁之隐恻，贯彻幽显；大禹之泣辜也。正色直言，虚心受纳；不简鄙讷，无弃刍荛，帝尧之求谏也。弘奖名教，劝励学徒；既擢明经于青紫，将升硕儒于卿相；圣人之善诱也。群臣以宫中暑湿，寝膳或乖，请徙御高明，营一小阁；遂惜家人之产，竟抑子来之愿，不吝阴阳所感，以安卑陋之居。去岁荒俭，普天饥馑，丧乱甫尔，仓廪空虚；圣情矜愍，勤加惠恤，竟无一人流离道路；犹且食啖藜藿，乐虡簨弥，言必凄动，貌成癯瘠。公旦喜于重译，文命矜其即序；陛下每四夷款附、万里归仁、必退思进省、凝神动虑、恐妄劳中国，以事远方，不借万古之英声，以存一时茂实。心切忧劳，迹绝游幸；每旦视朝，听受无倦；智周于万物，道济于天下；罢朝之后，引进名臣，讨论是非，备尽肝膈；唯及政事，更无异辞；才及日昃，命才学之士，赐以清闲，高谈典籍，杂以文咏，间以玄言；乙夜忘疲，中宵不寐。此之四道，独迈往初；斯实生民以来，一人而已。”

毛泽东对《旧唐书·李百药传》中所记载的这一段文字很感兴趣。他不仅逐一加以圈点，还批注道：“李世民工作方法有四。”

李百药所谓的“四道”与毛泽东批注的“工作方法有四”在本质上有所不同。李百药是从儒家政治的角度，用“大舜之孝”和“文王之德”来谈李世民的“孝”，用“大禹之泣辜”来谈李世民的“慈”，用“帝尧之求谏”来谈李世民的“谦”，用“圣人之善诱”来谈李世民的“明”的，注重论证儒家的治国原则。而毛泽东则是从后半部分，即李世民的具体政治事例来归纳出“李世民工作方法有四”的，即不建“小阁”，生活节俭；亲口吃野菜，不听音乐，以体恤灾民；不好虚名，不贪边功，以爱惜国力；勤于政事，喜好与人讨论问题。而且，在实际工作中，毛泽东的工作方法也体现了这些特色。可见毛泽东是非常注意借鉴历史人物优秀品质的。

笑面虎李义府

【品读原文】 笑里藏刀李义府。

——毛泽东读《旧唐书·李义府传》的批语（见《毛泽东读文史古籍批语集》，第 223 页）。

【品读精华解析】 李义府（614~666 年），祖籍瀛洲饶阳（今河北饶阳），后迁居永泰（今四川盐亭）。唐太宗贞观八年（634 年），李义府通过科举考试，被任命为门下省典仪。不久，他又经黄门侍郎刘洎和治书侍御史马周的推荐，升为监察御史，并兼侍晋王李治。李治被立为太子后，李义府又担任了太子舍人，加崇贤馆直学士。李治即位，是为唐高宗。李义府因此升任中书舍人，兼修国史、加弘文馆学士。他与许敬宗帮助唐高宗废黜王皇后，改立武则天为皇后，从而被拜为宰相。

李义府文采出众，写得一手好文章。他表面上待人彬彬有礼，和蔼温顺，见人必带笑，但内心却异常阴险狠毒，“微忤意者，辄加倾陷”。《旧唐书·李义府传》称；“时人言李义府笑里有刀，又以其柔而害物，亦谓之‘李猫’。”李义府极为贪婪，与母、妻及诸子、女婿卖官鬻爵，徇私枉法，又多将其心腹安排到重要职位上，广树朋党，以致权倾朝野。唐高宗龙朔三年（663 年），由于李义府依仗武则天的势力，专以卖官为事，使吏部的正常任命受到了严重的干扰，人们怨声载道，因而导致了唐高宗对他的不满。不久，唐高宗便将李义府治罪，将他流放。唐高宗乾封元年（666 年），李义府忧愤成疾，死于流放地。

毛泽东历来对“笑里藏刀”的人深恶痛绝，因而便在《旧唐书·李义府传》上批注道：“笑里藏刀李义府。”以表达自己对李义府的痛恨之情。

朱敬则是政治家、历史家

【品读原文】 朱敬则政治家、历史家，年七十五。

——毛泽东读《旧唐书·朱敬则传》的批语（见《毛泽东读文史古籍批语集》，第226页）。

【品读精华解析】 朱敬则（635~709年），字少连，唐亳州永城人（今河南永城人）。武则天长寿年间（692~694年），官任右补阙。长安三年（703年），迁正谏大夫，不久升为同凤阁鸾台平章事。御史大夫魏元忠、凤阁舍人张说遭到武则天的宠臣张易之兄弟的诬陷，将被处死，朱敬则挺身为他们申辩，两人才得以免死。后被诬降官。长安四年，朱敬则因年老而辞去知政事，累任冬官侍郎等职。唐中宗景龙三年（709年），病死于家中，终年75岁。

朱敬则为人清廉而正直，早年以辞学知名，精通史学，曾搜集魏晋至隋唐君臣成败之事，编著为《十代兴亡论》。朱敬则的文章，有西汉贾谊之风，受贾谊《过秦论》的影响，尤其注重对秦亡汉兴这一历史过程的探讨，著有赞扬秦朝废除分封制的《五等论》等。

毛泽东对朱敬则的评价极高。他在《旧唐书·朱敬则传》开篇的天头上批注道："朱敬则政治家、历史家，年七十五。"并在"朱敬则"三字旁用黑铅笔画了三条粗重的黑线，以表示强调。

毛泽东对《旧唐书·朱敬则传》中所引录的《上武则天疏》极为重视。他之所以把朱敬则誉为政治家、历史学家，在很大程度上都是从这篇奏疏中得出的结论。

武则天称帝后，为了严厉镇压反对派，大兴告密之风，对有嫌疑者进行严刑逼供，而朱敬则却认为武则天称帝至今已有十年了，如今政局已经稳定，应该取消告密和严刑逼供的方式了。于是，他在担任了右补阙之后，便上武则天疏，分析了秦朝和汉朝的兴衰成败。指出：尽管“刻薄可施行进趋，变诈可陈于攻战”，但“不戢将自焚”。秦朝就是因为“不知变”，一味用严刑酷法，“往而不返”，结果才导致灭亡的。而汉朝则“知变”，以“仁义”治天下，因而汉祚长久。他进而要求武则天“改法制，立章程，下恬愉之辞，流旷荡之泽，去萋菲之牙角，顿奸险之锋芒，窒罗织之源，扫朋党之迹，使天下苍生坦然大悦”。武则天读后，认为朱敬则说得很对。

毛泽东仔细阅读了朱敬则的这封奏疏，一一加以旁圈，并引用西汉贾谊《过秦论》中的一句话，在这段文字的天头上批注道：“贾谊云：仁义不施，而攻守之势异也。”可见毛泽东是完全赞同贾谊和朱敬则所总结出的秦朝因暴政而亡这个历史结论的。

刘幽求六十一岁因生气而死

【品读原文】　刘幽求能伸而不能屈，年六十一，以恚死。

——毛泽东读《旧唐书·刘幽求传》的批语（见《毛泽东读文史古籍批语集》，第 227 页）。

【品读精华解析】　刘幽求（554~715 年），冀州武强（今河北武强）人，生性刚烈，武则天圣历年间（698~700 年），刘幽求通过科举考试，被授予阆中县尉，由于刺史对他没有礼貌，他一怒之下便弃官归家。过了很久，刘幽求才被重新授予朝邑县尉。唐隆元年（710 年），刘幽求作为当时临淄王李隆基集团的政治骨干，参与和策划了诛杀韦皇后（唐中宗皇后）的宫廷政变，使李隆基之父唐睿宗李旦登上了皇帝的宝座，李隆基也被立为太子。刘幽求因有大功而从朝邑县尉被提拔为中书舍人，参知机务。其后，刘幽求见李隆基的姑姑太平公主的势力太强，已对李隆基的皇位继承权构成了威胁。便又与张姓大臣共同策划发动政变，以诛杀太平公主。

因计划泄露，李隆基采取“丢卒保车”的办法，让唐睿宗李旦将刘幽求两人分别流放到封州和峰州。唐玄宗先天元年（712 年）七月，李隆基发动政变，诛杀了太平公主，于同年八月即位，李隆基即为唐玄宗。刘幽求由封州被召回，担任了左仆射（左丞相）、平章军国大事。由于唐玄宗李隆基为了稳定政局，采用了姚崇“不用功臣”的建议，因而不久刘幽求便被罢为太子少保。开元二年（714 年）春，姚崇指控刘幽求口出怨言，刘幽求因而被贬为睦州刺史。其后，调任杭州刺史。开元三年十一月，刘幽求又调任桂阳郡刺史，在前往桂阳的路上因气愤而死。

毛泽东“刘幽求能伸而不能屈，年六十一，以恚死”的批注，是对刘幽求不能经受挫折的批评。毛泽东特别提到“年六十一”，强调年轻气盛尚可原谅，而 61 岁的老夫就不能再“聊发少年狂”了。

《回乡偶书》中的“儿童”不是作者的儿女

【品读原文】 少奇同志：

前读笔记小说或别的诗话，有说贺知章事者。今日偶翻《全唐诗话》，说贺事较详，可供一阅。他从长安辞归会稽（绍兴），年已八十六岁，可能妻已早死。其子被命为会稽司马，也可能六七十岁了。“儿童相见不相识”，此儿童我认为不是他自己的儿女，而是他的孙儿女或曾孙儿女，或第四代儿女，也当有别户人家的小孩子。贺知章在长安做了数十年太子宾客等官，同明皇有君臣而兼友好之遇。他曾推荐李白于明皇，可见彼此惬洽。在长安几十年，不会没有眷属。这是我的看法。他的夫人中年逝世，他就变成独处，也未可知。他是信道教的，也有可能屏弃眷属。但一个九十多岁像齐白石这样高年的人，没有亲属共处，是不可想象的。他是诗人，又是书家（他的草书《孝经》，至今犹存）。他是一个胸襟洒脱的人，不是一个清教徒式的人物。唐朝未闻官吏禁带眷属事，整个历史也未闻此事。所以不可以“少小离家”一诗便作为断定古代官吏禁带眷属的充分证明。自从听了那次你谈到此事以后，总觉不甚妥当。请你再考一考，可能你是对的，我的想法不对。睡不着觉，偶触及此事，故写了这些，以供参考。

——毛泽东

一九五八年二月十日上午十时

复寻《唐书·文苑·贺知章传》（《旧唐书·列传一百四十》，页二十四），亦无不带家属之记载。

近年文学选本注家，有说“儿童”是贺之儿女者，纯是臆测，毫无确据。

——毛泽东1958年2月10日致刘少奇的信（见张贻玖编《毛泽东书信选集》，中央文献出版社2003年版，第493页）。

【品读精华解析】 贺知章（659~744年），字季真，越州永兴（今杭州市萧山区）人，武则天证圣元年（695年）进士，后入丽正殿书院修书。唐玄宗开元十三年（725年）迁礼部侍郎兼集贤院学士，又充太子宾客，后累官秘书监，地位清显。玄宗天宝二年（743年）腊月，上表请求还乡为道士。次年，正月五日，玄宗为他饯行（时年86岁）。贺生性恬淡，无论官职大小，喜过常人生活，至老不失诗人的天真。《旧唐书》本传中说他：“晚年尤加纵诞，无复规拴，自号‘四明狂客’，又称‘秘书外监’，遨游里巷。醉后属词，动成卷轴，文不加点，咸有可观。”贺知章的诗流传下来的仅19首。其中几首绝句写得清新自然，不乏新意。

这首《回乡偶书》，写回乡小景，写岁月变迁，丝毫没有台阁气，亲切自然。1958年初，刘少奇在一次谈话中，说到古代官吏禁带家属，引了贺知章《回乡偶书》为例证。

毛泽东听了，“总觉不甚妥当”。为了弄清贺知章诗中“儿童相见不相识”一句中的“儿童”是否为贺的后代，贺知章在外居官，中年丧妻后有否再娶，以及当时官吏可否带家眷，毛泽东专门花功夫翻阅了《全唐诗话》等书，还找出《旧唐书列传》中的《贺知章传》进行查对，发现均无不带家属的记载。于是，他特意给刘少奇写了上边的信。

这篇文字，毛泽东从贺知章的官职及其与君王的关系，从他的性格特点及作者所处的时代的一般惯例，在翻阅了有关的史料如《全唐诗话》《新唐书》《旧唐书》后，细心考据，以近乎一个职业文学史家的治学方式，层层分析、推论，有理有据，令人叫绝。所论证的虽是理解一处诗句，一项古代官制的小事，但其批评态度之严谨、批评方法之严密，令后人可从多方面加以学习、体会。

林言拿黄巢的头请赏结果把命搭上

【品读原文】 我的头，不值钱，连三百张钞票也不值！

今有历史明文鉴戒，举事实作证，以黄巢为例。《旧唐书》说“林言斩巢”，《新唐书》又说“太原博野军杀言，与巢首俱上溥（时溥为武宁节度使）。”看来，林言拿黄巢的头请赏，连个铜钱也没有搞到手，反而赔上了自己的头，岂不哀哉？所以我不怕哪个壮士把我斩首！

——引自舒群：《毛泽东故事》，作家出版社1986年版。

【品读精华解析】 1935年10月19日，以毛泽东兼政治委员、彭德怀任司令员的中国工农红军陕甘支队最先抵达陕北苏区吴起镇，决定在挥师南下，进入甘泉地区之前，就地休整7日。这时，东北军上尉军需官左云龙投奔红军。毛泽东、彭德怀在南山坡窑洞接见他。在谈话中，左云龙对毛泽东的安全十分关心，认为必须多加小心提防。

毛泽东说：“我的头，不值钱，连三百张钞票也不值！”他笑语幽默而意味深长，“今有历史明文鉴戒，举事实作证，以黄巢为例。《旧唐书》说‘林言斩巢’，《新唐书》又说：‘太原博野军杀言，与巢首俱上溥（时溥为武宁节度使）。’看来，林言拿黄巢的头请赏，连个铜钱也没有搞到手，反而赔上了自己的头，岂不哀哉？所以我不怕哪个壮士把我斩首！”

毛泽东这里讲的“林言杀巢”，是指黄巢部将林言将黄巢徐州的两个弟弟黄邺、黄揆斩首，并将其妻子囚禁送往徐州领赏的旧事。而这个杀主求荣的林言并没有得到好处，结果自己的脑袋也被太原博野军斩掉，一并献给当时的武宁节度使。

毛泽东在从事革命工作、领导武装斗争的峥嵘岁月里，遇到过无数的艰难险阻，甚至是性命攸关的时候都是数不胜数，但他此时所提的“林言杀巢”的故事却是有具体所指，“林言杀巢”乃是起义军内部的斗争，而1935年的毛泽东就刚刚经历了这么一场惊心动魄的险关。1935年6月14日，万里长征、北上抗日的红军队伍红一方面军先头部队与红四方面军一部在四川西部的达维镇会师。自遵义会议以来确定的同红四方面军会合的战略方针终于得以实现。毛泽东、朱德立即向红四方面军的张国焘、陈昌浩、徐向前发出贺电，庆祝这一空前胜利。人们以为两支主力红军的会师一定会使中央确定的北上抗日的方针更加完满地得到实现。

然而红四方面军的领导人张国焘却另有打算，他开始以为红一方面军人多枪多，会师后就好办了。然而会师后他看到红一方面军疲惫不堪，给养匮乏，减员极大，就萌发了夺权的野心。他对能否执行北上方针表示怀疑，把红一方面军退出江西看成是红军战争的彻底失败。他认为不如早些退回西部人烟稀少的新疆、青海、西藏地区。后来，他又改变主张，要求红军南下。

这样，一场关于北上与南下的斗争就摆在毛泽东和中共中央面前。

张国焘仗着红四方面军的优势兵力，不顾党内大部分领导人的强烈反对，一意孤行要求南下，并自恃人多枪多，向中央争权，借口“统一指挥”和“组织问题”，策动一部人提出改组中央军委和总司令部，要求由张国焘任军委主席，给以“独断决行”的大权。在未达到目的之后，张国焘就企图阴谋搞掉中央，扣留毛泽东。

在这个危急时刻，在彭德怀、叶剑英的帮助下，毛泽东和彭德怀随十团即杨勇团脱离了险境。在路上，彭德怀问毛泽东，如果他们扣留我们怎么办？毛泽东说，那就只好一起跟他们南进吧！他们总会觉悟的。红四方面军的陈昌浩派人送信给彭德怀，要他们停止北进。毛泽东说，打个收条给他，后会有期。陈昌浩准备派兵追赶，当时红四方面军的另一领导人徐向前说：岂有此理，哪有红军打红军的道理！这句话起了决定作用，陈昌浩才没有追击。

在经历这样危险之后，毛泽东还是保持着乐观幽默的气度，对于自己的安危泰然处之，并用斩黄巢的林言的可怜结局来讥讽那些企图搞阴谋政变的人，说他们“岂不哀哉”！

盛彦师被冤枉而死

【品读原文】 盛彦师名将，冤死。

——毛泽东读《旧唐书·盛彦师传》的批语（见《毛泽东读文史古籍批语集》，第 220 页）。

【品读精华解析】 盛彦师，宋州虞城（今河南虞城北）人。隋朝末年，李渊起兵反隋，盛彦师率宾客千余人参加了李渊的唐军，担任行军总管，屡立战功。

唐高祖武德元年（618 年）十二月，率领残部投降唐朝的原瓦岗军领袖李密反叛唐朝，从桃林（今河南灵宝北）率部脱离唐军控制，打算前往襄城（今湖北襄樊）。唐将史万宝害怕李密，不敢拦截，对盛彦师说：“李密是骁勇的贼寇，又有王伯当辅佐他，恐怕我们无法与之对抗。”而盛彦师却笑着说：“用数千人在半道打他的埋伏，就必定能割下他的头。”史万宝说：“你有什么计谋？”盛彦师说：“兵法强调‘诈’，我不能对您讲。”于是，盛彦师率部下翻越熊耳山，在熊耳山南麓的山路旁设伏。这时，有人问：“听说李密打算去洛州（今河南洛阳），而您却进山，这是为什么？”盛彦师说：“李密声言去洛州，而实际上是想去襄城与张善相会合。”不出盛彦师所料，李密果然从桃林南下，翻越熊耳山，结果中了唐军的埋伏。李密被杀，王伯当被擒。由于盛彦师料敌如神，对敌情判断十分准确，因此毛泽东称赞他是“名将”。

武德四年（621 年）八月，盛彦师奉命安抚河南地区。这时，兖州总管徐圆朗响应刘黑闼，起兵反唐。盛彦师因寡不敌众，在作战中被俘。徐圆朗对盛彦师礼貌有加，极为优待，让他写信劝说他的弟弟献出虞城投降。但盛彦师却在信中写道：“吾奉使无状，为贼所擒。为臣不忠，誓之以死。汝善侍老母，勿以吾为念。”徐圆朗最初十分恼怒，但见盛彦师却神情自若，最后也不得不对盛彦师的气节表示钦佩，笑着说：“盛将军有壮节，不可杀也。”对盛彦师的优待仍旧不变。武德六年（623 年）二月，徐圆朗被唐军击败。盛彦师虽然逃出了徐圆朗之手，但唐高祖李渊却对他被俘后受优待一事耿耿于怀，找别的借口给盛彦师安了个罪名，将他赐死。

毛泽东对此大为不平，便在《旧唐书·盛彦师传》的开头部分批注道：“盛彦师名将，冤死。”鲜明地表达了自己的爱憎之情。

刘知几认为“识”统领“才”“学”

【品读原文】 提高嗅觉，辨别风向。

才、学、识，这里讲的是识，刘知几，识的极端重要性。

——摘自 1958 年 5 月 20 日《在中共八大二次会议上的讲话提纲》（见《建国以来毛泽东文稿》第 7 册，中央文献出版社 1992 年 8 月第 1 版，第 200 页）。

【品读原文】 唐朝有个刘知几，是个历史学家。他主张写历史的人要有三个条件：才、学、识。他说的识，就是辨别风向的问题。我现在特别提醒同志们注意的是，我们应该有识别风向的能力，这一点有极端的重要性。一个人尽管有才有学，如果不善于识别风向，那还是很迟钝的。

——摘自1958年5月20日《在中共八大二次会议上的讲话提纲》（见《建国以来毛泽东文稿》第7册，中央文献出版社1992年8月第1版，第209页）。

【品读精华解析】 刘知几关于史家须有“三长”的说法，不出自他本人的著作，而见之于《旧唐书》和《新唐书》。《旧唐书》记之较详：“子玄掌知国史，首尾二十余年，多所撰述，其为当时所称礼部尚书郑惟忠尝问子玄曰：‘自古以来，文士多而史才少，何也？’”刘知几于是回答了下面这段话，成为千古名言：

史才须有三长，世无其人，故史才少也。三长，谓才也，学也，识也。夫有学而无才，亦犹有良田百顷，黄金满籝，而使愚者营生，终不能致于货殖者矣。如有才而无学，亦犹思兼匠石、巧若公输，而家无楩楠斧斤，终不果成其宫室者矣。犹须好是正直，善恶必书，使骄主贼臣所以知惧。此则为虎傅翼，善无可加，所向无敌者矣。脱苟非其才，不可叨居史任。自敻古已来，能应斯目者，罕见其人。

刘知几所说的史才，指考订史料、编纂史书的才能；他所说的史学，指对丰富史料的了解与掌握，对历史事件、历史人物及历史发展大势的通晓与熟悉；他所说的史识，指纂史者对历史的观点、见解，以及秉笔直书、忠于史实的品质。他在《史通·辨职》中说：“史之为务，厥途有三焉。何则？彰善贬恶，不避强御，若晋之董狐、齐之南史，此其上也。编次勒成，郁为不朽，若鲁之丘明、汉之子长，此其次也。高才博学，名重一时，若周之史佚，楚之倚相，此其下也。”这里说的“彰善贬恶，不避强御”与“好是正直，善恶必书，使骄主贼臣所以知惧”，是一个意思，都是说明“史识”的含意。清人章学诚把这种直书求真、彰善贬恶的“史识”，改称为“史德”，意思更明白了。

刘知几把“彰善贬恶，不避强御”的史识，定为“此其上也”，也就是说，他在史才、史学及史识三者之中，以史识为首位，强调以史识统率史才与史学。毛泽东说识的极端重要性，正是继承了刘知几的这一思想。

刘知几说的“才、学、识”，本来只限于“治史”这个领域，而毛泽东

1958 年 5 月 20 日在中共八大二次会议上谈“才、学、识”，却把它扩大到了政治领域。他说，“识”，就是辨别风向的问题。这是对刘知几的古义作了今训，亦即对刘知几的“识”作了新解释。当然，“彰善贬恶，不避强御”，有个政治标准问题，“辨别风向”，也有个政治标准问题。从都应以一定的政治标准来衡量的这个角度看，“彰善贬恶，不避强御”与“辨别风向”，是有相通之处的。什么是善的，什么是恶的，什么是强御，什么是必要的强制手段，各个阶级有各个阶级的不同的标准，而且与不同的时代要求有关。而弄清这个标准，弄清时代的要求，就是一个辨别政治风向的问题。

如果把“识”全面地引入政治领域，有“识”者指向一些人，他们能观察到事物的底蕴，分析出事物的本质，掌握事物的发展规律，能站在时代的前面，至少不落后于时代能与时代一起前进。能辨别政治风向，也是他们的“识”的个表现。

毛泽东关于识的极端重要及“识就是辨别风向”的论述，是古为今用的一个范例。

杨再思是厚颜无耻的马屁精

【品读原文】 杨再思佞人。

——读《旧唐书》批语（见《毛泽东读文史古籍批语集》，中央文献出版社 1993 年 11 月版，第 226 页）。

【品读精华解析】 《论语·卫灵公》告诫人们说：要“远佞人”，因为“佞人殆”。小而一个单位，大而至于一个朝代，如果存在一批当权的人身边存在阿谀奉承、花言巧语的佞人，确实危险，他们是刚直公正、实事求是、坚持法纪的大敌，成事不足，败事有余。毛泽东读《旧唐书》，评论杨再思是佞人，实是一针见血，抓住了杨再思的本质。《新唐书·杨再思传》开篇说：“杨再思，郑州原武人，第明经，为人佞而智。”佞人，古今中外都有。掌握他们的表现形式，剖析他们的思想根子，戳穿他们的种种花样，预防他们的巨大危害，造成“老鼠过街，人人喊打”的局势，于国于民，为政经商，都有极大好处。“远佞人”的古训，是不可不听取的。毛泽东特地把一千二百年前的杨再思点出来，也许正含着这个意思。

杨再思先后经历了唐中宗李显、睿宗李旦和则天皇帝三代，当了十多年宰相，始终稳坐交椅，没有动摇过手中的大权。为什么会如此？他没有什么别的本领，只坚守一条处世哲学——唯上。凡皇上所喜欢的，不管是人或事，他都极力赞誉：凡是皇上所不喜欢的，也不管是人或事，他也都极力诽谤，有人问他：“你名高位重，为什么竟是这么一个软骨头？”他坦然回答说：“世间道路艰难，正直的人遭灾取祸。我不如此这般，怎么能保住身家性命呢？”

杨再思的话，可能是他的心里话。他生活在武则天先后废中宗和睿宗，排除异己，打击政敌，以逐步掌握皇朝政权的时期。武则天把李氏皇室和宗室诸王杀戮殆尽；被她怀疑为异己的正直元老重臣，如长孙无忌、褚遂良、于志宁、裴炎、程务挺等，多被她杀，少数幸存者也遭贬逐，当时的“海内名士”三十六家，被武则天加上谋反的罪名而灭族。武则天执政前并无自己在政治上的心腹，执政后又多猜疑，唯恐臣下不忠于自己，于是任用索元礼、周兴、丘神勣、来俊臣等酷吏，奖励告密，大搞逼供，乱捕滥杀，大臣们人人自危，惶惶不可终日。杨再思处于这样无情打击、残酷斗争的时期，“唯上”成了他保身保家的“绝妙”信条。于是，士人最重视的“气节”二字，在杨再思这里早就不存在了。

正直的士人，“时穷节乃见”；杨再思呢，时穷则厚颜无耻。武则天晚年宠爱的两个男妾，即张易之、张昌宗兄弟，他们狐假虎威，干尽坏事。长安四年（704年），张昌宗被告发，司刑少卿桓彦范疏请将张昌宗交付鸾台凤阁三司治罪，武则天想谅宥张昌宗，故意在朝廷上问大臣们说：“昌宗于国有功否？”作为宰相的杨再思竟然说：“昌宗往因合炼神丹，圣躬服之有效，此实莫大之功！”武则天听了很高兴，立即将张昌宗释放了，官复原职。从这件事，可见杨再思奉迎唯上到了何等目无法纪的地步了！“时人贵彦范而贱再思”，也是必然之理。左补阙戴令言写了篇《两脚野狐赋》讥笑杨再思，这却惹怒了杨再思，立即把戴令言贬为长社县令。他以为这样可以逞威风、灭讽刺，谁知朝廷内外，讽刺不齿的人更多。

凡马屁精，都信奉“曲线拍马”论。他们有时想拍主子的马屁却拍不上，有时又恐未摸透主子的脾性，天威叵测，一怒之下，得一个正好相反的结果。于是他们改拍主子左右最亲近者的马屁，让这些左右最亲近者成为自己上达“天听”的传话筒，和表达自己忠心的桥梁。杨再思就是这样一个虔诚的“曲线拍马”论者。男妾张昌宗排行第六，人称六郎，以姿貌受到武则天的宠幸，杨再思肉麻地扬言：“人说六郎面似莲花，再思以为莲花似六郎，非六郎似莲花。”有次，张昌宗的哥哥司礼少卿张同休奏请在司礼寺宴会公卿大臣。这天，与会者都尽醉极欢，张同休笑说：“杨内史面似高丽。”杨再思听了，欣然剪纸贴在自己的围巾上，反穿紫袍，跳起高丽舞来，他摇头摆手，丑态百出，满座嗤笑。一人之下、万人之上的当朝宰相，为了奉迎武则天的宠妾，竟如此当众不顾体面，不顾人格！其他巧佞邪媚之事，便可想而知了。

所以，这篇《杨再思传》确实值得一读。它或许可以使千载而下的杨再思的同路人，因照见了自己的本来面目而触目惊心，改弦更张，更可以使秉公正直的今人特别是组织部门的领导干部提高识别龌龊世界的能力，不受骗上当，选用正派的人，德才兼备的人。毛泽东继承中国传统文化中“以史为鉴”的思想，在读史过程中，为人们“发掘”了一个反面教材。

唐大将苏定方

【品读原文】 苏定方，名将亦大将，年七十六。

——见《毛泽东读文史古籍批语集》，第 220~224 页。

【品读精华解析】 苏定方（592~667 年），名烈，以字行，冀州武邑（今河北武邑）人。从少年时起，苏定方即随其父参加军事活动，曾先后为窦建德、刘黑闼部下将领，立过很多战功。入唐后，苏定方长期投身于对西突厥和百济的战争，“前后灭三国，皆生擒其主”。唐高宗乾封二年（667 年），苏定方卒，享年 76 岁。

毛泽东读《旧唐书》卷八十三《苏定方传》，所作批语是：“苏定方，名将亦大将，年七十六。”

从文献记载看，在唐代，苏定方的军事活动主要有：

贞观初年，苏定方为匡道府折冲，随李靖袭突厥颉利可汗，李靖令苏定方率 200 骑兵为前锋。苏定方率众乘雾而行，雾散时，他们距离突厥营帐只有一里多路。苏定方发起攻击，“杀数十百人”。颉利可汗狼狈逃走，余众俱降。

唐高宗永徽六年（655 年），唐朝以左卫大将军程知节为行军大总管，苏定方为前军总管，率军征讨西突厥沙钵罗可汗。唐军至鹰娑川（今新疆开都河），与沙钵罗的军队相遇。当时，苏定方率领的部队正在距唐军主力 10 余里的地方休息，望见敌兵行进中扬起的灰尘，苏定方立即率 500 骑兵出击，大败沙钵罗军，随后又追击 20 里，杀死对方 1500 余人，获马 2000 匹。

此次出征，副大总管王文度嫉妒苏定方立了战功，主张以守为主，并假称，由于程知节作战时“恃勇轻敌”，皇帝命令他“节制”军队。因此，唐军不再继续进攻。苏定方对程知节说：我们奉命讨敌，只防守，怎能立功？你是大将，反而由副将发号施令，这里边一定有问题。苏定方主张将王文度扣押起来，向朝廷请示。程知节不从。有一些突厥人向唐军投降，王文度认为，唐军走后，这些突厥人还会反叛，不如将他们全杀掉，把他们的财物夺过来。苏定方反对这样做，说这样一来，我们自己就在做贼，还提什么讨贼伐叛。之后，王文度受到查办。

唐高宗显庆二年（657 年），唐朝发两路大军，再攻沙钵罗。苏定方为伊丽道行军总管，率汉兵及回纥骑兵自金山（即阿尔泰山，突厥语“阿尔泰”意为金）进兵，为北道。沙钵罗集结将近 10 万突厥军队进行抵抗。在一次战役中，苏定方率领的回纥及汉兵共有一万多人，沙钵罗轻视苏定方的兵少，将唐军四面包围起来。苏定方令步兵布好阵势，进行防御，自己率领骑兵在北面列阵，准备出击。突厥军连续三次朝唐军步兵阵地发起攻击，都被击退。苏定方乘势率骑兵发起进攻。突厥军大溃。苏定方率军追击 30 里，杀死对方数万人。此后，苏定方又与突厥军交战数次，皆胜。沙钵罗部下的突厥人大部分都向唐朝军队投降了，沙钵罗率少数人西逃至石国，被石国人擒获，送交给苏定方派出的追兵，西突厥灭亡。后来，这一地区又有一些突厥人联合起来反叛唐朝，苏定方率军一日一夜行 300 余里，将叛军围在城中。面对唐军的绝对优势兵力，叛军不得不投降。苏定方将叛军首领都曼押回洛阳。从此，“葱岭以西悉定”。

显庆五年（660 年），唐高宗派苏定方等率兵 10 万渡海讨百济。苏定方等与新罗国合力，攻破百济国，擒百济国王及太子而还，分其地为六州，置熊津等五个都督府。

由上述内容可以看出，苏定方在指挥战争上很有才能。唐朝建立后能够肃清外患，并将疆域大幅度扩大，与他的指挥能力有一定关系。毛泽东称他是“名将亦大将”，应当就是针对他在战争中显示出来的才能和作出的贡献而言的。

魏玄同与裴炎同党

【品读原文】 魏玄同，裴炎党也。

——见《毛泽东读文史古籍批语集》，第 225~227 页。

【品读精华解析】 《旧唐书》卷八十七《魏玄同传》载：魏玄同与裴炎结交，两人关系一直很好，当时人称之为“耐久朋”。毛泽东读至此，批道：“魏玄同，裴炎党也。”

古汉语中的“党”，相当于现代汉语中的“同党”。毛泽东为什么说魏玄同是裴炎的同党呢？如果两个人只是一般的朋友关系，称他们为同党当然不合适。为了理解毛泽东这一批语的含意，下面将魏玄同和裴炎二人的情况作一简单介绍。

魏玄同，定州鼓城（今河北晋州市）人，进士出身，历任司列大夫、吏部侍郎等官，至唐高宗时，升为宰相。魏玄同与酷吏周兴不和。永昌元年（689 年），周兴告发魏玄同，说魏玄同曾说“太后老矣，须复皇嗣”。武则天听后大怒，将魏玄同赐死。监刑御史房济对魏玄同说：你为什么不告发呢？这样你就可以当面向太后辩解了。魏玄同叹气说：被人杀死和被鬼杀死，又有什么两样？我怎能干告发别人这种事呢！于是，他便被处死了。

裴炎，绛州闻喜（今山西闻喜）人，历任濮州司仓参军、兵部侍郎，唐高宗时，官至侍中、中书令，直至宰相，受遗命辅佐唐中宗。唐中宗即位后，欲以韦后的父亲韦玄贞为侍中。裴炎与武则天定策，废中宗，立睿宗。武则天临朝后，裴炎反对给武氏祖先立庙和诛杀诸王，引起武则天和武承嗣等人的不满。裴炎还曾策划乘武则天出游时，用兵劫持武则天，还政天子，未果。光宅元年（684），徐敬业据扬州起兵，以恢复唐中宗李显的皇位为号召。武则天召裴炎议事，裴炎又要求武则天还政，因而被杀。

由魏玄同和裴炎的事迹可知，这两个人在主张武则天还政一事上，站在同一立场上。因此，毛泽东说魏玄同是裴炎的同党，应当也是在这层意义上讲的。值得指出的是，古汉语中的“党”含有贬义，所谓君子不党即是。因此，所谓“魏玄同，裴炎党也”，不仅是对魏玄同个人的评价，实际上也表明了毛泽东对裴炎、魏玄同要求武则天还政一事的态度。

魏征“懂得片面性不对”

【品读原文】 唐朝人魏征说过：“兼听则明，偏听则暗。”他懂得片面性不对。可是我们的同志看问题，往往带片面性，这样的人就往往碰钉子。

——《矛盾论》（一九三七年八月）（《毛泽东选集》第1卷，人民出版社1991年6月版，第313页）。

【品读精华解析】 魏征是中国历史上的名臣，以敢于诤谏著名。魏征年老病重，太宗送医送药，使者相望于道路，来往不绝，并和太子一起去他家探望，并把衡山公主许配给他的儿子魏叔玉。魏征去世后，太宗命朝中九品以上的官员都去吊唁，并为之亲自撰写碑文，刻于石上。太宗对他思念不已，他跟左右的大臣说了如下的名言：“人以铜为镜，可以正衣冠，以古为镜，可以见兴替，以人为镜，可以知得失；魏征没，朕亡一镜矣！”这恐怕是历代大臣中所享受的最大哀荣了！

毛泽东对魏征也有所评论，他说：“唐朝人魏征说过：‘兼听则明，偏听则暗。’他懂得片面性不对。可是我们的同志看问题，往往带片面性，这样的人就往往碰钉子。”

“兼听则明，偏听则暗”，的确是一句至理名言，这不仅是实践经验的总结，也符合唯物辩证法。毛泽东历来注重实事求是，讲究客观全面地认识实际情况，因此，毛泽东重视魏征的这句话，是与他的性格和工作作风紧密相连的。

慧能是中国佛教的始祖

【品读原文】 唐朝佛教《六祖坛经》记载，惠（慧）能和尚，河北人，不识字，很有学问，在广东传经，主张一切皆空。这是彻底的唯心论，但他突出了主观能动性，在中国哲学史上是一个大跃进。惠（慧）能敢于否定一切。有人问他：死后是否一定升天？他说不一定，都升西天，西方的人怎么办？他是唐太宗时的人，他的学说盛行于武则天时期，唐朝末年乱世，人民思想无所寄托，大为流行。

——摘自毛泽东 1958 年 8 月 21 日在中共中央政治局北戴河扩大会议上的讲话（见王兴国著：《毛泽东与佛教》，中国书籍出版社 1996 年版，第 112 页）。

【品读原文】 慧能主张佛性人人皆有，创顿悟成佛说，一方面使繁琐的佛教简易化；一方面使印度传入的佛教中国化。因此，他被视为禅宗的真正创始人，也是真正的中国佛教的始祖。在他的影响下，印度佛教在中国至高无上的地位动摇了，甚至可以“喝祖骂佛”。

——摘自林克：《毛泽东身边的岁月片断》（见《缅怀毛泽东》下册，中央文献出版社 1993 年版，第 559~560 页）。

【品读精华解析】 在中国佛教的几个宗派中，毛泽东比较熟悉的是禅宗，尤其是六祖慧能。毛泽东的秘书林克曾回忆道：毛泽东很欣赏禅宗六祖慧能，《六祖法宝坛经》一书，他经常带在身边。他多次给我讲六祖慧能的身世和学说，更为赞赏他对佛教的改革和创新精神。我对慧能及禅宗的一点微薄知识，多是得自毛泽东的讲授。毛泽东对我谈到慧能的身世。……为我背诵了这两首法偈：“身是菩提树，心如明镜台。时时勤拂拭，勿使惹尘埃。”“菩提本无树，明镜亦非台。本来无一物，何处惹尘埃。”毛泽东跟我说，后一首是慧能所作，指出世间本无任何事务，故无尘埃可沾；佛性本来是清净的，怎么会染上尘埃？这与佛教一切皆空、万法皆空的宗旨最契合。

在 1958 年 8 月 21 日中共中央政治局北戴河扩大会议上，毛泽东也讲到了慧能，认为他“主张一切皆空。这是彻底的唯心论，但他突出了主观能动性，在中国哲学史上是一个大跃进”。并赞扬慧能敢于否定一切。

从以上的回忆与讲话中，我们可以看到毛泽东对慧能在中国佛教史上的地位给予了充分的肯定。

毛泽东认为，慧能的思想使烦琐的佛教简易化，使得人人易懂，人人易学。这样就动摇了印度佛教在中国的地位。因为他使禅宗徒众，敢于说佛不在外，只在我心中，甚至人人都可自称为佛了。这样，原来天竺各派所虚构的高不可攀的佛，变成了举目可见可为的平常人。其实，佛教一传入中国，就面临着如何让中国人接受的问题。要使它中国化，就必须融进中国传统的思想。早在南朝梁武帝时期，鸠摩罗什的弟子竺道生，就开始用玄学来解释佛理，从而吸收了中国传统的道家思想。再后来，禅宗的一些僧徒所作的语录，除去一些必要的佛教门面话外，大量吸收了儒家的思想，特别是在宋代，佛教与儒家的一些思想，简直没有什么区别了。这就使佛教更加中国化了。

关于毛泽东讲慧能高扬主观能动性一点，可从慧能针对神秀的“身是菩提树，心如明镜台。时时勤拂拭，勿使惹尘埃”提出的四句偈看出。

慧能针锋相对地提出的四句偈是：

菩提本无树，明镜亦非台。本来无一物，何处惹尘埃。

可见，慧能认为“佛性”是人心本有的，人们在选择“成佛”道路时，要有坚定的主观信仰，相信自己的内心，就可以解脱苦难。也就是说，人们要解脱苦难，不必向外面寻找原因，只需要内心用力即可。这正是毛泽东所说的，慧能“突出了主观能动性，在中国哲学史上是一个大跃进”。但慧能是从唯心主义的角度突出主观能动性的，因为他否认一切外界条件的制约，只讲内心解脱。所以他只强调“自性”“身中净土”。

东方人造罪，念佛求生西方；西方人造罪，念佛求生何国？凡愚不了自性，不识身中净土，愿东愿西；悟人，在处一般。所以佛言随住处恒安乐。（《坛经·疑问品》）

这正是毛泽东说的“惠能敢于否定一切”，因为他实际上将西方净土也否定了。毛泽东讲慧能说人死后不一定升天，也是从这段话中引申出来的。

李白不愧为诗仙，有脱俗之气

【品读原文】 李白的诗，文采奇异，气势磅礴，有脱俗之气。

——摘自毛岸青、邵华：《回忆爸爸勤奋读书和练书法》（见《瞭望》1983 年第 12 期）。

【品读原文】 我喜欢李白。但李白有道士气，杜甫是站在小地主的立场。

——摘自何其芳：《毛泽东之歌》（见《时代的报告》，1978 年第 2 期）。

【品读原文】 李白的《蜀道难》写得很好。有人从思想性方面作各种猜测，以便提高评价，其实不必。不要管那些纷纭聚讼，这首诗主要是艺术性很高，谁能写得有他那样淋漓尽致呀，它把人带进祖国壮丽险峻的山川之中，把人们带进神奇优美的神话世界，使人仿佛到了“难于上青天”的蜀道上面了。

——摘自杨建业：《在毛泽东身边读书——访北京大学中文系讲师芦荻》（见《光明日报》1978 年 12 月 29 日）。

【品读精华解析】 毛泽东爱读李白的诗。1942年的一天，毛泽东约见何其芳、严文井、周立波等交换文艺工作的意见时，有人问他，您是喜欢李白，还是杜甫？毛泽东回答说：“我喜欢李白。但李白有道士气。”他还赞扬李白的诗“文采奇异，气势磅礴，有脱俗之气”。

“诗言志。”李白洒脱豪放的艺术气质及其背后传达出的追求个性解放、反抗各种世俗规范的人生价值观，是毛泽东喜欢李白的主要原因。毛泽东说李白有道士气，不知是否与李白笔下总是充满笑傲王侯、讽刺权贵、超脱世俗、不满现实、指斥人生、饮酒赋诗、纵情欢乐的浓烈感情与精神状态有关。龚自珍说：“庄屈实二，不可以并，并之以为心，自白始。”（《最录李白集》）李白的艺术，融合了道家的洒脱飘逸与屈骚的奇逸瑰丽，超越有限的现世人生，以无穷无尽的宇宙自然为人生精神的栖息地，向传统的儒家的社会理性发出坚决的挑战。毛泽东作为一个伟大的革命家，作为中国革命史上最伟大的思想家，作为中国历史和文化传统的挑战者，从李白诗歌中获得思想和感情的共鸣是可想而知的，也是可以理解的。千古诗人心相通。

《将进酒》一诗，是李白于天宝十一年（752年）在嵩山友人元丹丘处作的。诗人自长安放还以后，天涯漂泊，南北漫游。仕途失意，理想幻灭，年过半百，功业无成，精神上十分痛苦。他在《书怀赠南陵常赞府》中说：“自顾无所用，辞家方来归。霜惊壮士发，泪满逐臣衣。以此不安席，蹉跎身世违。”在《赠宣城宇文太守兼呈崔侍御》中也感叹道岁月蹉跎，壮志未酬，看来只有以酒浇愁了。因此，诗人在这首诗中，以豪放的笔力、傲岸不羁的情怀，狂歌高唱，抒发内心的抑郁和苦闷，表现了一位希望有所作为而又大失所望的志士的愤懑与抗争。同时，诗中流露出来的诗人对于人生的深刻的忧患意识，也是它给人以深沉的感染力的原因。诗人将这一忧患意识表述为“万古愁”，即古往今来无人能回避的永恒的悲剧：宇宙的无限与个体生命的有涯。

这首诗气势奔放，语言豪迈，它以高度的夸张、明快的节奏和参差不齐的句式以及跳跃性的韵律，把诗人的感情，如“黄河之水天上来”一样倾泻而出，酣畅淋漓。赵翼在《瓯北诗话》中称赞道：“才气豪迈，全以神运，自不屑束缚于格律对偶，与雕绘者争长。”

毛泽东在一本《注释唐诗三百首》中，在《将进酒》的标题前，画了一个大圈，标题后连着画了三个小圈，天头上批注：“好诗”。毛泽东之所以称此诗为好诗，除了以上分析的，恐怕还在于这首诗虽然流露了诗人人生短促、及时行乐的情绪，更主要的还是“天生我材必有用”的对自我的绝对自信，以及充分表达出来的面对人生的积极抗争与热烈追求的精神。

除了《将进酒》之外，《梁甫吟》也是毛泽东反复阅读、多次圈画的一首诗。《梁甫吟》是李白初入长安寻求政治出路失败后抒怀言志之作。全诗气势磅礴，极富浪漫主义色彩。诗中大量引用历史故事、神话传说中有为之士遭受的挫折，比拟自己的怀才不遇，表达自己报国无门、壮志难酬的境遇和心情。诗中写道：“吾欲攀龙见明主，雷公砰訇震天鼓。帝旁投壶多玉女，三时大笑开电光，倏烁晦冥起风雨。阊阖九门不可通，以额扣关阍者怒。”毛泽东喜爱这首诗，早在20世纪60年代，他就曾在五页红格信纸上，凭记忆手书过全诗。在毛泽东故居藏书里，有一份《梁甫吟》的手抄本，这是毛泽东晚年，由于视力减退，特意让人用大字抄写的。右上角，有毛泽东用铅笔画着读过两遍的圈记。在另一本20世纪70年代出版的大字本《唐诗别裁集》的这首诗里，他在“君不见高阳酒徒起草中”“指挥楚汉如旋蓬”两句旁，用红铅笔画着直线，在函套上也画着读过两遍的大圈。这些印记告诉人们，毛泽东晚年对李白这首政治上失意后的悲愤之作，从感情、思想和艺术等方面都有着更深的理解和同情，表露出特殊的倾心。

毛泽东圈阅过的李白的诗还有不畏权贵、不崇拜偶像的《庐山谣寄卢侍御虚舟》（“我本楚狂人，凤歌笑孔丘”）；表现诗人一身傲骨的《梦游天姥吟留别》（“安能摧眉折腰事权贵，使我不得开心颜”）；反映诗人怀才不遇、极端沉重而又不甘消沉的苦闷心情的《宣州谢朓楼饯别校书叔云》（“弃我去者，昨日之日不可留。乱我心者，今日之日多烦忧，长风万里送秋雁，对此可以酣高楼”，“抽刀断水水更流，举杯消愁愁更愁”）；语言明快爽朗，形象生动感人，情感真切朴质，具有民族乐府风韵的《赠汪伦》（“李白乘舟将欲行，忽闻江上踏歌声。桃花潭水深千尺，不及汪伦送我情”）、《黄鹤楼送孟浩然之广陵》（“故人西辞黄鹤楼，烟花三月下扬州。孤帆远影碧空尽，唯见长江天际流”）、《子夜吴歌》（“长安一片月，万户捣衣声。秋风吹不尽，总是玉关情。何日平胡虏，良人罢远征”）。关于《蜀道难》这首诗，《本事诗·高逸第三》中，有这样一段记载：“李太白初自蜀至京师，舍于逆旅。贺监知章闻其名，首访之。既奇其姿，复请所为文。出《蜀道难》以示之。读未竟，称叹者数四，号为谪仙，解金龟换酒，与倾尽醉。期不间日，由是称誉光赫。”由这段话可知，这首诗是天宝元年以前，李白在长安送友人蜀时所作。

李白在这首诗中，根据他在蜀地丰富的生活经验，驰骋其丰富的想象，以生动的语言、夸张的手法、惊异的形象，极力描绘出了一幅蜀地山川奇险图，展现了祖国大自然壮丽多姿的风貌。

在一本《注释唐诗三百首》中，毛泽东在李白的《蜀道难》这首诗的天头上画着一个大圈，批道：“此篇有些意思。”

1975年，他在同芦荻的谈话中又赞扬“《蜀道难》写得很好”，并进而分析道：“这首诗主要是艺术性很高，谁能写得有他那样淋漓尽致呀，它把人带进祖国壮丽险峻的山川之中，把人们带进神奇优美的神话世界，使人仿佛到了‘难于上青天’的蜀道上面了。”看来，毛泽东赞扬这首诗，着重的是它高超的艺术性。这种艺术性就体现在淋漓尽致的描画、想象与夸张，将蜀道之难写至极境。殷潘在《河岳英灵集》中，也盛赞这首诗“奇之优奇”，“骚人以还，鲜有此体调”。沈德潜在《唐诗别裁集》中也说此诗“笔阵纵横，如虬飞蠖动，起雷霆于指顾之间”。

毛泽东肯定此诗的艺术性，但并不同意任意拔高。他说：“有人从思想性方面作各种猜测，以便提高评价，其实不必。”的确，关于此诗的主题思想，研究者众说纷纭。有断定为某人某事而作者，有以为讽刺时政者，如萧士赟《分类补注李太白诗》说，这首诗是安史之乱后，讽刺玄宗逃难入蜀之作；初版于1963年，由朱东润主编的《中国历代文学作品选》中编第一册，在该诗前面的“题解”中说：“唐时，蜀中商业经济极为发达，入蜀的人们乐不思返，而没有意识到这一地区，形势险要，自古为封建割据之地，随时有发生变乱的可能。诗中强调‘所守或匪亲，化为狼与豺’，就是指此而言的。”还有称它为“失声横泣之什”者；当然也有以为“自为蜀咏”，“即事成篇，别无寓意”者。毛泽东不全同意这些内容分析，提出

“不要管那些纷纭聚讼”，认为主要是艺术性高。艺术性高，他同样给予高度评价。

毛泽东不光喜欢《蜀道难》，还善于把它用到工作之中。

据作家杜鹏程回忆说，1956年2月4日晚上，在中南海怀仁堂，毛泽东、周恩来、陈毅等接见出席关于知识分子问题会议的文学艺术界的代表。当毛泽东走到作家杜鹏程面前和他握手时，问他现在在哪里工作，沈雁冰介绍说在西北的铁路建设工地工作。周恩来走过来说：就是宝成铁路工地。陈毅也说：往我的家乡修铁路啊！毛泽东望着杜鹏程说：李白的《蜀道难》就是写的你们现在工作的那些地方的艰险情景。不过“蜀道”很快就不“难”啰！说罢，就随意而动情地吟诵那诗篇中的一些句子。

当然，毛泽东对李白的某些诗也有一些微词。李白志在“申管晏之谈，谋帝王之术，奋起智能，愿为辅弼，使寰区大定，海县清一”，故而他在《古风》第三首中赞美秦始皇的功业。毛泽东曾从这首诗中引申出这样的看法：这首诗大段是讲秦始皇了不起，“秦王扫六合，虎视何雄哉！挥剑决浮云，诸侯尽西来”。只是屁股后头搞了两句：“但见三泉下，金棺葬寒灰。”就是说他还是死了。你李白呢？尽想做官！结果充军贵州。白帝城遇赦，于是乎“朝辞白帝彩云间”。《梁甫吟》说现在不行，将来有希望，“君不见高阳酒徒起草中”，“指挥楚汉如旋蓬”。那时是神气十足。我加上几句，比较完全：“不料韩信不听话，十万大军下历城。文王火冒三千丈，抓了酒徒付鼎烹。”把他下油锅了。

在这段富有情趣的调侃议论中，毛泽东不无挑剔地指出李白在自己诗歌中抒发的傲视一切的勃勃雄心，与他在现实生活中想当官而不得的尴尬处境之间的深刻矛盾。

写文学史不可轻视韩愈

【品读原文】　我同意你对韩愈的意见，一分为二为宜。

——摘自毛泽东1976年2月12日致刘大杰信［见《毛泽东论文艺》(增订本)，第172页］。

【品读原文】　韩愈的古文对后世很有影响，写文学史不可轻视他。

——摘自刘大杰：《一次不平常的会见》（见《毛泽东在上海》，中共党史出版社1993年版，第143页）。

【品读原文】　韩愈的《师说》是有真知灼见的。

——摘自韩世福：《毛主席到马列学院作报告》等。

【品读精华解析】　毛泽东早年读书上学的时候，在他的国文老师袁仲谦的教导下，认真学习韩愈的文章，改变了文风。后来他在与斯诺谈话时还说："多亏袁大胡子，今天我如果需要的话，仍然能够写出一篇过得去的古文。"

20世纪60年代中期，他在阅读《唐书·李汉列传》时批注道："韩愈文集，为李汉编辑得全，欧阳修得之于隋县，固以流传，厥功伟哉。"毛泽东把韩愈文集得以保存下来，传之后世，看作是一件功德无量的大好事，足见毛泽东对韩愈文章的喜好和重视。

1973年国内开展评法批儒运动，一些报刊基本否定韩愈。1975年8月2日，文学史家刘大杰为修改自己的著作给毛泽东写信，不同意全部否定韩愈。毛泽东于1976年2月12日回信说："我同意你对韩愈的意见，一分为二为宜。”这就进一步表明毛泽东赞同和肯定韩愈反对骈文、革新文体、词必己出、文从字顺、陈言务去等方面的思想。即使在否定他维护孔孟儒家道统思想方面，也要把他思想的另一面，诸如关心民生疾苦、反对横征暴敛、反对藩镇割据、排斥佛道等思想进步的方面区分开来。

韩愈的卓越贡献是他和柳宗元共同倡导的古文运动，反对六朝以来形式主义的骈体文。提倡不拘形式、写作内容充实的散体文，主张文以载道，文道合一，并身体力行，在继承秦汉古文的基础上创新和发展，写出了许多优秀的散文作品，《师说》是其中最著名的散文之一。毛泽东对此评价很高，并说：“韩愈的《师说》是有真知灼见的。”他之所以推崇《师说》，是因为此文章不仅在文风上而且在内容上都是出类拔萃、有独到的见解。《师说》这篇文章文笔酣畅流利，说理透彻，逻辑性强。在内容上文章提出：“师者，传道、授业、解惑也。”“圣人无常师……是故弟子不必不如师，师不必贤于弟子。闻道有先后，术业有专攻，如是而已。”毛泽东非常赞同文中观点。

1940年秋，毛泽东在延安的时候到马列学院去作报告，马列学院的教育处长邓力群等一行四人去接毛泽东，刚走了一半路，就遇上了毛泽东。毛泽东对他们说：“韩愈的《师说》是有真知灼见的，‘生乎吾前，其闻道也，固先乎吾，吾从而师之；生乎吾后，其闻道也，亦先乎吾，吾从而师之。’一路上，你们给我介绍了很好的情况，真是‘亦先乎吾，吾从而师之，’谢谢你们!”毛泽东借用《师说》里的句子表达的意思是，生于我之前的人，所得到的学问和知识肯定先于我，所以我必须向他们学习；而生于我之后的人，如果得到的学问和知识也比我多的话，我也必须向他们学习。因此师无先后之分，老师不一定贤于弟子，弟子也不一定不如老师。这次他去马列学院作报告，了解了许多情况，所以他说“吾从而师之”，对大家表示感谢。

韩愈不仅是杰出的散文家，还是在中唐诗坛上能够别开生面的诗人。他与孟郊诗风相近，尚险尚怪，又多联句之作，时人称之为韩孟诗派，与这一诗派相关的还有贾岛。

有人批评韩愈的诗“以文为诗”，实际上，韩愈是想突破在当时影响甚大的大历十才子的空虚平庸的诗风，想像倡导古文运动那样来为诗歌寻求新的出路。尽管韩愈的诗歌多有“缺点”，但他还是对探索新的诗风作出了有益的尝试。毛泽东对韩愈的诗做出了较为客观公正的评价：“韩愈以文为诗；有些人说他完全不知诗，则未免太过，如《山石》，《衡岳》，《八月十五酬张功曹》这类，还是可以的。据此可以知为诗之不易。”“柳宗元曾经描写过的‘黔驴之技’，也是一个很好的教训。一个庞然大物的驴子跑进贵州去了，贵州的小老虎见了很有些害怕。但到后来，大驴子还是被小老虎吃掉了。”

白居易的诗高在有平常心

【品读原文】　江州司马，青衫泪湿，同在天涯。作者与琵琶演奏者有平等心情。白诗高处在此，不在他处。其然岂其然乎？

——毛泽东读白居易《琵琶行》的批语（见《毛泽东读文史古籍批语集》，第21页）。

【品读精华解析】　从现有的材料看，毛泽东没有对白居易其人其诗作过全面的评论，只批注过他的一首《琵琶行》，另引用过他的《放言五首》中的一首诗。

白居易作《琵琶行》时，正值他因做谏官触犯了皇帝，被贬为江州司马，反映了他政治上遭受迫害、体会朝政黑暗的悲愤心情。诗中借一个沦落天涯弹琵琶女子的一生，抒发自己政治上的坎坷遭遇，以及与之共鸣的思想感情。“同是天涯沦落人，相逢何必曾相识”，表达出白居易对弹琵琶女子的深刻理解与同情，使白居易这首诗成为传世之作。毛泽东评价“白诗高处”在于作者与弹琵琶女子“有平等心情”，可谓一语点破这首诗的精髓。

诗人白居易是弹琵琶女子的知音，毛泽东更是白居易的知音。

白居易的诗大都构思曲折起伏，感情刻画细腻真切，语言朴实优美，并且通俗易懂，朗朗上口。除《琵琶行》之外，还有一首《长恨歌》，是描写唐明皇与杨贵妃的爱情故事的，毛泽东也很爱读。另外，白居易16岁时写的一首《赋得古原草送别》："离离原上草，一岁一枯荣。野火烧不尽，春风吹又生。远芳侵古道，晴翠接荒城。又送王孙去，萋萋满别情。"毛泽东对这首诗也很喜欢，在四五本诗集中都作了圈画。

毛泽东与人民群众平等相待，他也喜欢与人民群众有平等思想的白居易的诗。

《放言五首》之一的"赠君一法决狐疑，不用钻龟与祝蓍。试玉要烧三日满，辨材需待七年期。周公恐惧流言日，王莽谦恭下士时。倘使当年身便死，一生真伪有谁知"一诗，是白居易在元和十年（815年）被贬，在去江州途中写的。这首诗虽是议论诗，但不呆板枯燥。诗中作者宽慰自己遭贬一事，出语婉曲含而不露。结构曲折，论人论事兼备。正反论证透彻，抽象的哲理寓形象事例之中，极富理趣。

这首诗的中心思想是要阐述这样一条真理：识人论事需长久全面考察方能判断正确。时间的考验将给予公正的裁决。

毛泽东1939年5月30日在延安庆贺模范青年大会上题为《永久奋斗》的演讲中，谈到了这首诗。把这首诗讲的道理概括为"盖棺论定"，并鼓励人们要奋斗到底，奋斗到死，因为"没有死就还没有达到永久奋斗的目标"。

在毛泽东的故居里有一本平装的《白香山集》，对这首诗毛泽东用红笔画满了着重线。毛泽东喜欢这首诗，是因为它道出了识别一个人真伪的道理。1972年，在批判林彪阳奉阴违，最终原形毕露的丑恶面目时，毛泽东又引用这首诗的后四句，用以说明，一个人错误的发展是有一定过程的，认识一个人是真革命还是假革命也是有一定过程的。

杜甫的诗大多并不怎么样

【品读原文】 杜甫的诗有好的，大多数并不怎么样。杜甫的诗是政治诗。

——引自张贻玖：《毛泽东批注历史人物》，鹭江出版社 1993 年 4 月版，第 261 页。

【品读原文】 杜甫的诗哭哭啼啼，不甚喜爱。

——引自陈晋主编：《毛泽东读书笔记解析》，广东人民出版社 1996 年 7 月版，第 1276 页。

【品读原文】 杜甫是站在小地主的立场。

——摘自何其芳：《毛泽东之歌》（见《时代的报告》1978 年第 2 期）。

【品读原文】 作诗要用形象思维，不能如散文那样直说，所以比、兴两法是不能不用的。赋也可以用，如杜甫之《北征》，可谓“敷陈其事而直言之也”，然其中亦有比、兴。

——摘自毛泽东 1965 年 7 月 21 日致陈毅信（见《毛泽东书信选集》，第 608 页）。

【品读精华解析】 毛泽东读过不少杜诗。从他故居的藏书中看，仅圈画过的杜诗就有 67 首。1958 年 3 月，成都会议期间，毛泽东游览了杜甫草堂，并从中借阅过各种版本的杜甫诗集有 12 部 108 本。1964 年毛泽东从湖南返回北京，火车经过岳阳地区时，手书了杜甫的《登岳阳楼》：“昔闻洞庭水，今上岳阳楼。吴楚东南坼，乾坤日夜浮。亲朋无一字，老病有孤舟。戎马关山北，凭轩涕泗流。”这一墨宝，如今由老工人刻制，装嵌在新修整的岳阳楼三楼上。

据周世钊日记记载，1971 年“九一三”事件之后，毛泽东改写过李攀龙的一首七绝：“豫章西望彩云间，九派长江九叠山。高卧不须窥石镜，秋风怒在侍臣颜。”有人曾问过周世钊，“侍臣”指的是谁？周世钊说，毛主席把这两个字改成了“叛徒”。这自然是指林彪。周世钊还说，毛主席在吟诵这首诗时，还戏改了杜甫的《咏怀古迹五首》之三“明妃村”的诗句。这首杜诗原是七律，前四句是：“群山万壑赴荆门，生长明妃尚有村。一去紫台连朔漠，独留青冢向黄昏。”毛泽东将诗中的“明妃”二字戏改为“林彪”后，则为：“群山万壑赴荆门，生长林彪尚有村。一去紫台连朔漠，独留青冢向黄昏。”这四句诗便变成对林彪讥嘲的诗了。

虽然毛泽东读过不少杜诗，但评价却不太高。1942 年 4 月，约见何其芳、严文井等作家时，毛泽东直言：“我喜欢李白。但李白有道士气。杜甫是站在小地主的立场。”1957 年在同臧克家等人的谈话中，毛泽东毫不掩饰地表示对杜甫的诗“不甚喜爱”，说：“杜甫的诗有好的，大多数并不怎么样。”1958 年 3 月，在成都会议期间的谈话中，毛泽东坦率地说他不喜欢杜甫的诗，“哭哭啼啼”，又说，杜诗是“政治诗”。

对《北征》这首诗，毛泽东是肯定的。他曾从书架上取出《唐诗别裁集》，翻到这首诗，推荐给别人读。在给陈毅的信中谈到写诗要用赋、比、兴的手法时，曾举这首诗为例。他说：“杜甫之《北征》，可谓‘敷陈其事而直言之也’，然其中亦有比、兴。”

《北征》全诗计七十韵，一百四十句，七百字。分别叙述诗人回家探亲时忧国忧民的情怀，旅途见到的战争创伤；久别还家时家人的凄惨境况；切望以官兵为主力收复两京，对借兵回纥怀有的隐忧；最后对唐朝中兴，寄予希望。全诗从命题到写作手法都是以赋为主，“敷陈其事”，所谓“书一代之事，与国风雅颂相为表里”（《苕溪渔隐丛话·诗眼》）；以比兴为辅，如形容旅途中见到的“山果”“或红如丹砂”，“或黑如点漆”，即用比喻；“阴风西北来，惨淡随回纥”，即用兴的手法。所以毛泽东说：“其中亦有比、兴。”

毛泽东对《北征》的评价，说明他不光喜爱浪漫主义作品，对现实主义的优秀之作也是给予积极肯定的。他用历史唯物主义的态度对待历史人物、对待古代文化遗产，对杜诗中的优秀之作作了公正的评价。

《赠卫八处士》一诗，是杜甫于乾元二年（759年）春由故乡洛阳返华州途中所作。此前不久，唐朝军队与安、史的叛乱军队在相州大战，洛阳潼关一线陷于兵荒马乱之中。杜甫一路目睹战乱景象之后，来到卫八处士的家里，度过了一个相对平静的夜晚。

诗中描写了诗人和知交卫八在春天的夜晚久别重逢，畅饮话别的生动景象和感人情谊。诗的开始即感叹亲朋之间别易会难，接着细致地叙写和老朋友见面的心理活动以及主宾间的问答情况。乍一相见，彼此都感到已然苍老，问到一些老友，也大都离开人间，这更加深了动乱岁月中人生无常的感慨。接着诗人笔锋一转，着力描写在老友家中所受到的极亲切热情的招待场面：夜雨春韭，新炊黄粱，罗酒浆，累十觞，开怀畅饮，情深意长。最后诗人在感人肺腑的氛围中，发出了人生无常、世事无常的沉重感叹。《杜诗镜铨》中引张上若语，称此诗“情景逼真，兼极顿挫之妙”。

毛泽东喜欢唐诗。在他的晚年，唐诗、宋词依然是他主要的精神食粮。他床头的书柜上，总放着唐诗和宋词，他自己读累了，有时便让工作人员给他读。有一天，毛泽东又提出让工作人员给他读唐诗，他的护士孟锦云在读过几首之后，又读起了杜甫的这首《赠卫八处士》。这首诗，小孟已多次给毛泽东读过，因为小孟觉得毛泽东特别喜欢这首诗，毛泽东曾说：“全诗以口语写心中之事，毫无雕琢之工。”

毛泽东对此诗的评价，确实抓住了它的特点。这首诗有接近汉魏古诗和陶渊明诗歌的那种古朴自然的一面。诗人只是随其所触所感，顺手写出，像毛泽东评的，以口语写心中之事，却造成很浓的气氛，把那一夕生活和心底卷起的层层波澜一一展现在读者面前，“毫无雕琢之工”，却结构严密，浑然一体。另外，诗中展露出的质朴无华与深情而苍凉的境界恐怕与毛泽东的晚年的心境和思绪有某种对应。这可能是毛泽东喜爱此诗的又一原因吧。

评价李商隐的诗不能一概而论

【品读原文】（李商隐）无题诗要一分为二，不要一概而论。

——摘自孙琴安：《毛泽东与刘大杰谈古典文学》（见《文艺报》1991年12月28日）。

【品读原文】李义山无题诗现在难下断语，暂时存疑可也。奉复久羁，深以为歉。诗词与论，拜读欣然，不胜感谢。

——摘自毛泽东1976年2月12日致刘大杰信［见《毛泽东论文艺》（增订本），第172页］。

【品读精华解析】新中国成立后，一次，毛泽东请周谷城到中南海书房谈古论今。谈到兴头之际，周谷城随口背诵起李商隐的《马嵬》，这是一首写安史之乱唐明皇赐死杨贵妃的诗。“海外徒闻更九州……”背着背着，周突然忘了最后两句，正在尴尬之际，毛泽东顺口接着背诵道：“如何四纪为天子，不及卢家有莫愁。”

李商隐是晚唐诗人，他的许多咏史诗，笔触含蓄，寓意深刻。毛泽东十分喜欢李商隐的《贾生》《北齐二首》《隋宫》《韩碑》等诗，他就曾不止一遍地圈画过。《锦瑟》《无题》诗，是李商隐的独特诗篇，大多描述的是爱情生活，但又蕴含一些政治内容，极尽缠绵悱恻之情。毛泽东也十分喜欢李商隐诗中含义隽永的名句，如“相见时难别亦难”“身无彩凤双飞翼，心有灵犀一点通”等句，并做过大量圈画。他早年写给杨开慧的《贺新郎·挥手从兹去》可以说与李商隐的《锦瑟》诗有异曲同工之妙。

六七十年代，毛泽东同上海复旦大学中文系教授刘大杰两次谈过对李商隐和韩愈的评价。毛泽东非常喜欢李商隐的诗，尤其是他的《无题》诗。

对韩愈的诗毛泽东也非常熟悉，而且有自己的见解和评价。

刘大杰所著的《中国文学发展史》是一部较有影响的著作，毛泽东翻阅过这本书，直到逝世，还摆放在书架上。在“评法批儒”的政治形势下，刘大杰决定再次修改《中国文学发展史》。1975 年 8 月 2 日，他给毛泽东写了一封信，就如何评价韩愈和李商隐的诗，谈了自己的看法。信中谈道：“关于李义山的无题诗，说有一部分是政治诗，也有少数是恋爱诗，这样妥当吗?”“如果能得到主席的指教，解此疑难，那真是莫大的光荣和幸福。”于是，毛泽东于 1976 年 2 月 12 日回信中，发表了“现在难下断语，暂时存疑可也”的意见。这个意见是遵循学术研究规律的。其实，早在 1965 年 6 月 20 日，毛泽东在上海接见刘大杰时，谈到李商隐的《无题》诗，毛泽东就说过：“无题诗要一分为二，不要一概而论。”

毛泽东一生酷爱中国古典文学，在病魔缠身和右眼患严重白内障的情况下，他还仔细阅读了刘大杰的来信和作品，还在思考古典文学研究问题，并复了信。这是毛泽东的最后一篇论文艺的文稿。

还有一点需要说明的是，在以前的有关内部材料中，把毛泽东这封复信的时间确定为（1975 年）“八月十二日”。经有关同志鉴定手迹，时间应为“二月十二日”。从手迹上看，尽管毛泽东重病在身，“二月”之“二”写得不标准，但绝对不是“八”，另外，刘大杰的信是 1975 年 8 月写的，如果毛泽东是在该月 12 日复的信，那么，毛泽东说“奉复久羁，深以为歉”就不合乎情理了。据此判定，这封信的时间为 1976 年 2 月 12 日（参见陈晋：《毛泽东读书笔记解析》）。

毛泽东特别喜欢李商隐的咏史诗和无题诗。李商隐的咏史诗，笔触含蓄，寓意深刻，像《贾生》《北齐二首》《隋宫》《韩碑》等诗，毛泽东就曾不止一遍地圈画过。

如《贾生》：“宣室求贤访逐臣，贾生才调更无论。可怜夜半虚前席，不问苍生问鬼神。”汉文帝召见贾谊这样有才能的人，不向他征询国家大事，却问鬼神之道，足见其昏庸。诗人不明说，却用“可怜”二字，讽喻是很深的。这首诗，毛泽东有六处圈画。《北齐二首》写北周大军出征灭齐，齐后主高纬仍在醉生梦死地过着腐朽享乐的生活；《隋宫》写隋炀帝淫游无度，不听谏言，等等。这些诗和七言古诗《韩碑》，毛泽东都分别圈画三至五遍之多。

李商隐的无题诗，大部分是写爱情的。辞藻朴实自然，情致缠绵高雅，生动感人。像《无题》："相见时难别亦难，东风无力百花残。春蚕到死丝方尽，蜡炬成灰泪始干。晓镜但愁云鬓改，夜吟应觉月光寒。蓬山此去无多路，青鸟殷勤为探看。"毛泽东在这首诗的标题上连画三个圈，圈画过五遍。对含有"身无彩凤双飞翼，心有灵犀一点通""春心莫共花争发，一寸相思一寸灰"等著名诗句的无题诗，毛泽东画着大圈、小圈，流露出极为赞赏的心情。另外如《锦瑟》《夜雨寄北》等诗，毛泽东都是多次圈画。

集文学与哲学于一身的柳宗元

【品读原文】 我国历史上的哲学家如柳宗元，他是文学家，也是唯物论者。他的哲学观点是在现实生活中同不同观点进行辩论和斗争中形成的。他在任永州司马的十年间，接触贫苦人民并为他们办了许多好事。正是在此期间，他写了山水游记等许多文学作品，同时又写了《天说》《天对》等哲学著作，这是针对韩愈的唯心观点而写的。

——摘自毛泽东 1963 年在杭州一次会议上的讲话（见陶鲁笳著：《毛主席教我们当省委书记》，中央文献出版社 1996 年版，第 124 页）。

【品读原文】 屈原写过《天问》，过了一千年才有柳宗元写《天对》，胆子很大。

——摘自毛泽东同刘大杰的谈话（见《毛泽东在上海》，中共党史出版社 1993 年版，第 143 页）。

【品读原文】 柳子厚出入佛老，唯物主义。他的《天对》，从屈原的《天问》以来，几千年只有这个人做了这么一篇。

——摘自毛泽东1964年8月在北戴河同哲学工作者的谈话（见张贻玖著：《毛泽东批注历史人物》，鹭江出版社1993年4月版，第268页）。

【品读原文】 柳宗元是一位唯物主义哲学家，见之于他的《天对》，这篇哲学论著提出了"天与人交相胜"的论点，反对天命论。刘禹锡发展了这种唯物主义，而这篇文章无一语谈到这一大问题，是个缺点。

——摘自林克：《毛泽东身边的岁月片断》（见《缅怀毛泽东》下卷，中央文献出版社1993年版，第566页）。

【品读精华解析】 毛泽东对柳宗元无论是政治思想，还是哲学观念和文学创作都是肯定的，其重要原因是柳宗元是一位具有朴素唯物主义思想的文人。他在读章士钊写的《柳文指要》后，认为该书中"大抵扬柳抑韩，翻二王、八司马之冤案，这是不错的"。柳宗元是八司马之一，毛泽东肯定了章士钊为柳宗元翻案，即是肯定了柳宗元的政治作为。毛泽东喜爱柳文。他在为《柳文指要》跋修改加写的一段话中，对柳宗元与韩愈共同发动的古文运动给予了高度评价，他说："这一'新兴文运'，使大言小言，各适其域。工也，农也，商也，学也，兵也，其中多数人，皆能参与文事之列。经济有变化，反映经济政教亦将有变化，文事亦将有变化。一成不变之事，将不可能！"

对柳宗元的哲学思想，毛泽东也大加肯定。认为柳宗元是一位唯物主义哲学家。前面引的毛泽东1963年在杭州一次会议上的讲话，就明确指出柳宗元"是文学家，也是唯物论者"，并告诉人们他的哲学观点是在现实生活中同不同观点进行辩论和斗争中形成的。对柳宗元的哲学名著《天对》，毛泽东十分欣赏。

1965年6月20日，毛泽东在上海与古典文学史专家刘大杰谈文论史时就说过："屈原写过《天问》，过了一千年才有柳宗元写《天对》，胆子很大。"同样的意思，毛泽东1964年8月在北戴河同哲学工作者谈话时也讲过："……《天对》，从屈原的《天问》以来，几千年只有这个人做了这么一篇。"

毛泽东对柳宗元的喜爱，到他的晚年还依然如故。此时，他尤其赞赏柳宗元的《封建论》一文，到了1974年开始的"评法批儒"运动，在全国更发展到了无以复加的地步。这时，毛泽东之喜爱柳宗元，已不纯粹是从文学的角度或古代哲学史的角度了，而是结合当时的政治形势，用作宣传反对"复辟"、提倡"法治"思想的工具。由文化意义上的评判而发展为政治意义上的"批判"，这是毛泽东晚年谈论文史的一个重要特点。

另外，毛泽东极其善于从历史故事中吸取经验教训，这是他指导中国革命成功的法宝之一。有一次，毛泽东将日本比喻成驴子一样的庞然大物，而将八路军和新四军比喻成可以吃掉驴子的小老虎。这个比喻新颖独特，发人深思。毛泽东是这样说的："柳宗元曾经描写过的黔驴之技，也是一个很好的教训。一个庞然大物的驴子跑进贵州去了。贵州的小老虎见了很有些害怕。但到后来，大驴子还是被小老虎吃掉了。我们八路军新四军是孙行者和小老虎，是很有办法对付这个日本妖精或日本驴子的。目前我们须得变一变，把我们的身体变得小些，但是变得更加扎实些，我们就会变成无敌的了。"

另外，据何其芳《毛泽东之歌》所记，同年5月30日，毛泽东到鲁迅艺术学院讲话时说："你们快毕业了，快要离开鲁艺了。你们现在学习的地方是小鲁艺，还有一个大鲁艺。只在小鲁艺学习还不够，还要到大鲁艺去学习。大鲁艺就是工农兵群众的生活和斗争。广大的劳动人民就是大鲁艺的老师。你们应当认真地向他们学习，改造自己的思想感情，把自己的立足点逐步移到工农兵这一边来，才能成为真正的革命文艺工作者。农民的脚踩过牛屎，但却比知识分子干净。""你们从小鲁艺到大鲁艺去，就是外来干部。不要瞧不起本地的干部，不要以为自己是洋包子，瞧不起土包子。知识分子不要摆知识架子。"接着，毛泽东讲了《黔之驴》的故事，将驴比作"洋包子"，将老虎比作"土包子"，以强调"洋包子"不要看不起"土包子"。

毛泽东所说的柳宗元是唐代的大文学家，是著名的"唐宋八大家"之一。他的寓言散文十分著名，毛泽东举出的"黔驴之技"的例子就是柳宗元的寓言散文。

第十一章

必备一家之史，以为万世之传

——毛泽东品读《新唐书》

《新唐书》是宋代官修书。宋仁宗认为《唐书》浅陋，下诏重修，最后在欧阳修主持下完成。《新唐书》比起《旧唐书》来，确有自己的一些特点和优点。因为宋代大体上继承了唐代的制度，为了总结唐代的典章制度供宋王朝参考，《新唐书》对志特别重视，新增了《旧唐书》所没有的《仪卫志》《选举志》和《兵志》。其中《兵志》是《新唐书》的首创。毛泽东曾对《新唐书》所载马周的一封“上书”密加圈点，并给予高度评价，称其为“贾生《治安策》以后第一奇文”。

唐太宗聪明一世，懵懂一时

【品读原文】　李恪英物，李治朽物，知子莫若父。然卒听长孙无忌之言，可谓聪明一世，懵懂一时。

——毛泽东读欧阳修等《新唐书》卷八十《李恪传》的批语（见《毛泽东读文史古籍批语集》，第233~234页）。

【品读原文】　所谓以弱当强，就是以少数兵力佯攻敌诸路大军。

所谓以强当弱，就是集中绝对优势兵力，以五六倍于敌一路之兵力，四面包围，聚而歼之。自古能军无出李世民之右者，其次则朱元璋耳。

——见《毛泽东读文史古籍批语集》，第65~66页。

【品读精华解析】　毛泽东说李世民“聪明一世，懵懂一时”，是在读欧阳修等著《新唐书·李恪传》时写的批语。这个批语指出了唐太宗李世民在立皇子问题上的失误。李治、李恪都是李世民的儿子，他们的优缺点、长短处，李世民都很清楚的。李恪善骑射，有文武才。“其母隋炀帝女，地亲望高，中外所向”。李世民很喜欢文武双全，“英果类我”的李恪，并有意识地加以培养，他经常对左右说：“吾于恪岂不欲常见之？但今早有定分，使外作藩屏，吾百岁后，庶兄弟无危亡忧。”可见对他的期望之高。

李治则为人柔弱，缺乏主见，少雄主才略，恐难堪重任。这一点，唐太宗看得清楚，于是打算废李治立李恪为太子，将来继承皇位。但因李治的舅舅长孙无忌为其外甥争位，只好放弃了改立计划，仍以李治为太子。殊不知留下后患。李治即位，即唐高宗，封武则天为皇后。李治不理朝政，导致武则天专权，宫中并称“二圣”。李治死后，武则天又连废中宗、睿宗两个皇帝，自称“圣神皇帝”，还改唐国号为周。

武则天在夺取政权的过程中大肆剪除异己，打击政敌，并滥杀一些被她怀疑的大臣。唐初的元老重臣如长孙无忌、褚遂良、于志宁、裴炎及程务挺等人，少数被贬逐，多数遭诛杀；李氏皇室及宗室诸王相继被杀戮殆尽；另有“海内名士”36家，也以谋反的罪名而被族诛。武则天以女主的身份号令天下，执政前又无自己的心腹，执政后多疑臣民不忠于己，遂任用索元礼、周兴及来俊臣等酷吏广事罗织，严刑逼供，奖励告密，滥杀无辜。造成这种局面的祸根，当在“朽物”李治。倘使当初立李恪为太子，就不会有李治称帝，则天乱唐。所以，毛泽东认为当初唐太宗李世民明明知道李治不及李恪，而没下决心改立太子，是“聪明一世，懵懂一时”，深为这一英主的失误而惋惜。

毛泽东对唐太宗的军事才华是极为钦佩和推崇的：他在读冯梦龙著《智囊》一书有关兵智部分时，写下了批注：“所谓以弱当强，就是以少数兵力佯攻敌诸路大军。所谓以强当弱，就是集中绝对优势兵力，以五六倍于敌一路兵力，四面包围，聚而歼之。自古能军无出李世民之右者，其次则朱元璋耳。”毛泽东还曾说过：打仗要像唐太宗那样先守不攻，让敌人进攻，不准士兵谈进攻的事，谈论者杀。待敌人屡攻不克，士兵气愤已极，才下令反攻，攻即胜。这样一可以练兵，二可以练民。

李世民从青年时起，就横刀立马，南征北战，屡立奇功。唐武德元年六至八月，不到20岁的秦王李世民，被任命为元帅，两次迎击进犯长安的薛举军队。首次作战失利后，他判断薛军恃胜而骄，粮运困难，利在速战，便下令坚壁不出。相持60余日后，在浅水原（今属陕西长武）一举击溃薛军10余万，迫薛举之子薛仁杲投降，夺取了陇西。因功任太尉、左武侯大将军。二年九月，依附突厥的马邑（今山西朔县）刘武周占领太原，南下河东，威胁长安。唐军屡战不利，李世民主动请战，针对刘武周部将宋金刚孤军深入、军无蓄积的弱点，采取闭营养锐、待机破亡的方略，迫使宋金刚军粮尽而退，乘机率军猛追，歼敌于介休（今属山西），收复太原。三年七月，奉命率军东击据洛阳称帝的原隋将王世充，确定先扫外围然后攻城。四年二月，将王世充围困于洛阳孤城。三月，河北窦建德率兵10余万西救洛阳。李世民面临战局突变，果断分兵围困洛阳，自率精锐控制虎牢（今河南荥阳汜水镇），阻止窦军西进。相持月余，窦军数战不利，将士思归。李世民寻机突袭，大破窦军，俘窦建德。又回军洛阳，迫王世充出降。于是河南、河北尽归唐有。

李世民雄才大略，智勇兼备，长于统军驭将。注重政治与军事并用，分化瓦解敌人。宽待降将，以德服人，对少数民族将领能竭诚相待，委以重任。对强敌来攻，常深沟高垒，闭营养锐，待其粮尽兵疲，伺机击破；对坚城防守之敌，则长期围困，阻援断粮，乘势迫降；对溃逃之敌，则穷追猛击，必求尽歼。遇战局突变，临机果决，处置得宜。他身先士卒，冲锋陷阵，体恤部众，甚得军心。

唐太宗李世民在中国历史上是一位很有影响的人物，他的政治思想、军事思想都有研究价值。毛泽东对其军事才能作了极高评价，但对他的政治失误也明确地指出。伟人也会犯错误。“智者千虑，必有一失”，无须避讳，却应总结，引为鉴戒。

对武则天的评价欠妥当

【品读原文】 你觉得武则天不简单，我也觉得她不简单，简直是了不起。封建社会，女人没有地位，女人当皇帝，人们连想也不敢想。我看过一些野史，把她写得荒淫得很，恐怕值得商量。武则天确实是个治国之才，她既有容人之量，又有识人之智，还有用人之术。她提拔过不少人，也杀了不少人。刚刚提拔又杀了的也不少。

——引自毛泽东同工作人员孟锦云的谈话（见孙宝义编《毛泽东的读书生涯》，知识出版社 1993 年版，第 118 页）。

【品读精华解析】 在我国历史上，武则天是一个家喻户晓的人物。之于她的定论，众说纷纭，但有一点趋于一致的是：武则天是一个荒淫无度的女人。这一结论的参照依据，自然是有字可查的各种书籍及无字可查的民间传谣。

历史发展到今天，人们的认识水平早已达到了去粗取精、去伪存真的程度。“尽信书，则不如无书。”书既不可尽信，民间的传谣自然更有理由不可尽信了。也就是说，世人之于武则天荒淫无度的评断，或许是有失历史的本来面目。晚年的毛泽东读史是他主要的兴趣之一，就是在他逝世前的1975年，同身边的工作人员一起时，还从评论《资治通鉴》开始，议论司马光、秦始皇、刘邦，最后将话题定格到武则天的身上。

据工作人员孟锦云（毛泽东的保健医生）回忆，毛泽东就如何读书的问题，对他们工作人员说：“读书，一要读，二要怀疑，三是提出反对的意见。不读不行，不读你不知道呀。凡人都是学而知之，谁也不是生而知之啊。但光读不行，读了书而不敢怀疑，不敢提出不同看法，这本书还是白读了。”

孟锦云这时插话：“我读书从来没有提出过不同的看法。”

毛泽东接着说：“孟夫子（此指孟锦云——笔者注），不要认为书上篇篇是事实，句句是真理。我们现代人写书时事实都有自己的选择，古人就那么客观？代代相传就不会走样？比如，写一个人，他的臣下往往说好话，甚至吹拜，他的敌人往往攻击。这一代人这样写，那一代人又那样写，言过其实的东西不少。都是白纸黑字，你信哪一个？所以需要怀疑，你怀疑，就要去找别的史料，对照一下，这是一常用的方法。”（详见孙宝义编《毛泽东的读书生涯》第118页）

正因如此，对于众说纷纭的武则天，毛泽东在同孟锦云谈话时，说：“你觉得武则天不简单，我也觉得她不简单，简直是了不起。封建社会，女人没有地位，女人当皇帝，人们连想也不敢想。我看过一些野史，把她写得荒淫得很，恐怕值得商量。武则天确实是个治国之才，她既有容人之量，又有识人之智，还有用人之术。她提拔过不少人，也杀了不少人。刚刚提拔上来又杀了的也不少。”（出处同上）

由此可见，毛泽东对武则天，是持肯定态度的，就连千古以来之于武则天“淫荡成性”的定论，毛泽东也认为“恐怕值得商量”。当然，毛泽东同工作人员的谈话，属非正式场合，他的这一番谈话中具有一定的随意性，应该是可以肯定的。

事实上，抛开武则天的私生活不谈，只议她执政时期的各种策略与措施，还是有益于社会的进步和发展的。而且，武则天也有自知之明，她不让在她的墓碑上，刻上为她歌功颂德的文字，因为她已经意识到，一个人的功过是非，不应自己吹，而是应该让后人去评说。

总之，在毛泽东看来，武则天是一个有作为、有智慧也有自知之明的女皇帝。

王勃高才博学

【品读原文】 以一个二十八岁的人，写了十六卷诗文作品，与王弼的哲学（主观唯心主义），贾谊历史学和政治学，可以媲美。

——见（《毛泽东读文史古籍批语集》，第 7~13 页）。

【品读精华解析】 王勃（650~676 年），字子安，绛州龙门（今山西省河津市）人。出身学术世家，祖父王通是隋代大儒，父亲曾任太常博士。王勃早慧，9 岁就能撰述，15 岁上书指陈时政得失，被叹为“神童”。乾封元年（666 年），以幽素科对策及第，后因为沛王写《檄英王鸡》被英王（高宗）下令逐出沛王府。王勃于总章二年（669 年）五月辞别长安，前往巴蜀游览，文名渐大，官府屡次征辟，但因山水的陶冶，王勃已无意仕进，皆予谢绝。上元二年（675 年），王勃前往交趾奉养父亲，路过洪都（今江西南昌），写下了著名的《秋日登洪府滕王阁饯别序》。同年渡海往交趾时溺水而卒，时年 27 岁。

《新唐书·王勃传》中写道：“勃属文初不精思，先磨墨数升，则酣饮，引被覆面卧。及寤，援笔成篇，不易一字。时人谓勃为腹稿。”毛泽东读这篇传记时，在这段记载下用红铅笔画着重线。在一本《初唐四杰集》里，毛泽东在王勃的《秋日楚州郝司户宅饯崔使君序》一文的标题前画着大圈，并写下一条长达1000多字的批注。这条批注有考证、有评价、有议论。从内容看，大约写于1958年之后，60年代之前。

毛泽东的这则批注，先是考证了《秋日楚州郝司户宅饯崔使君序》的写作时间，毛泽东认为："王勃此文，'是去交趾路上作的，地在淮南，或是寿州，或是江都。时在上元二年，勃应有二十三四了。作《滕王阁序》时，王勃'应是二十四、五六，而不是像有些人说的是十三。"由王勃的年轻有为引发，毛泽东在批注中一再阐述自己的观点："青年人比老年人强，贫人、贱人、被人们看不起的人、地位低的人，大部分发明创造，占百分之七十以上，都是他们干的。百分之三十的中老年而有干劲的，也有发明创造。这种三七开的比例，为什么如此，值得大家深深地想一想。结论就是因为他们贫贱低微，生力旺盛，迷信较少，顾虑少，天不怕、地不怕，敢想敢说敢干。如果党再对他们加以鼓励，不怕失败，不泼冷水，承认世界主要是他们的，那就会有很多的发明创造。"

毛泽东批注过王勃不少诗文。对他送别友人写的《杜少府之任蜀州》一诗："城阙辅三秦，风烟望五津。与君离别意，同是宦游人。海内存知己，天涯若比邻。无为在歧路，儿女共沾巾。"毛泽东在一本《注释唐诗三百首》的这首诗的天头上，简洁有力地批注了一个字："好。"在凝聚着真挚友情富有感染力的"海内存知己，天涯若比邻"这一诗句下，连画三个大圈。《秋日登洪府滕王阁饯别序》是王勃用骈体文写成的著名骈文。全文用严谨的对仗，和谐的声律，精练的语言，细致优美地描绘了湖光山色，委婉地表达了自己的怀才不遇，具有很高的文学性。毛泽东在"老当益壮，宁移白首之心；穷且益坚，不坠青云之志"等警策的句子后面画着圈，尤其对"落霞与孤鹜齐飞，秋水共长天一色"这一优美的句子，表示了由衷的喜爱。20世纪60年代，他在一次和子女们的谈话中，一边背诵这篇诗序中的佳句，一边评论，兴之所至，悬肘挥毫，为他们书写了"落霞与孤鹜齐飞，秋水共长天一色"这一具有诗情画意的千古名句，留下了珍贵的墨迹。

毛泽东对王勃作为年轻人的成就，作为诗人的造诣，给予热情的赞扬和肯定；对王勃坎坷的一生，给予充分的同情。王勃的诗文、命运、气节和成就是毛泽东喜欢他的根本原因。

马周才德，迥乎远矣

【品读原文】　传说、吕望，何足道哉，马周才德，迥乎远矣。

——毛泽东读《新唐书·马周传》的批语（见《毛泽东读文史古籍批语集》，第235~236页）。

【品读精华解析】　在《旧唐书·马周列传》的开头上，毛泽东写道："马周年四十八。"欧阳修、宋祁在《新唐书·马周传》卷后赞语中写道："(马)周之遇太宗，顾不异哉！由一介草茅言天下事，若素宦于朝、明习宪章者，非王佐才，畴以及兹？其自视与筑岩、钓渭亦何以异！迹夫帝锐于立事，而周所建皆切一时，以明佐圣，故君宰间不胶漆而固，恨相得晚，宜矣。然周才不逮傅说、吕望，使后世未有述焉，惜乎！"马周有王佐之才，是时唐太宗锐意创建，而马周的意见都切合当时实际，可以称为"以明佐圣"，所以"君宰间不胶漆而固，恨相得晚"，是很自然的。

赞语以为唐太宗发现和任用马周，与商王武丁访得版筑于傅岩之野的傅说，任以为相，致使殷商中兴，以及周文王遇垂钓渭滨的吕望，号之为太公，后辅佐武王灭商，并没有什么不同。遗憾的是马周才具不及傅说、吕尚，以致后世少有称颂。毛泽东不同意这种评价，他在这段赞语的天头批注："傅说、吕望，何足道哉，马周才德，迥乎远矣。"

“命系庖厨”是徐有功的牢骚话

【品读原文】　“命系庖厨”，何足惜哉！此言不当。岳飞、文天祥、曾静、戴名世。瞿秋白、方志敏、邓演达、杨虎城、闻一多诸辈，以身殉志，不亦伟乎？

——毛泽东读《新唐书·徐有功传》的批语（见《毛泽东读文史古籍批语集》，第237页）。

【品读精华解析】　毛泽东对《新唐书》卷一百一十三《徐有功传》读得很仔细，加了许多旁圈、三角、叉、套圈等标记，他对徐有功这个封建时代的执法楷模是赞许的，但对徐有功的一段言论也提出了批评。

据《新唐书·徐有功传》记载，当徐有功第一次遭到免官后，不久又被任命为左肃政台侍御史时，他不愿接受这项任命，曾向武则天提交了一份辞呈，说：“臣闻鹿走山林而命系庖厨者，势固自然。陛下以法官用臣，臣守正行法，必坐此死矣。”其意思是：鹿虽然在山林间奔走，但到头来却仍免不了遭到宰杀，被厨子做成菜肴而摆上饭桌。陛下让臣下我担任法官，而臣下我只能是守正行法，因而到头来必定会因此而送命。这是徐有功的牢骚话。

毛泽东在这段文字旁加了一长段的批注，这不仅是对徐有功的委婉批评，也是毛泽东本人对“以身殉职”这一精神含义的理解和表白。

姚崇是持唯物论的大政治家

【品读原文】 大政治家、唯物论者。

如此简单明了的十条政治纲领，古今少见。

韩愈《佛骨表》祖此。

二人道同，方法有些不同。

——毛泽东读《新唐书·姚崇传》的批语（见《毛泽东读文史古籍批语集》，第 237 页）。

【品读精华解析】 姚崇（650~721 年），陕州硖石（旧治在今河南三门峡南）人。历任武则天、唐睿宗、唐玄宗三朝宰相。毛泽东对姚崇十分赞赏，因此在《新唐书·姚崇传》的天头上用粗重的黑铅笔写下了“姚崇”两字，并在这两字之前批注道：“大政治家、唯物论者。”

唐睿宗时，姚崇见太平公主权势太盛，为了削弱其权力，曾奏请让太平公主出居东都洛阳，因而被贬职。唐玄宗即位之初，召见姚崇，打算任命他为宰相。姚崇则针对武则天以来的政治弊端，向唐玄宗提出了十条意见。并说如果他这十条意见不能得到采纳，那他就不愿接受宰相的任命。据《新唐书·姚崇传》记载，这十条意见是：“垂拱以来，以峻法绳下。臣愿政先仁恕，可乎？朝廷覆师青海，未有牵复之悔。臣愿不倖边功，可乎？比来壬佞冒触宪网，皆得以宠自解。臣愿法行自近，可乎？后氏临朝，喉舌之任出阉人之口。臣愿宦竖不与政，可乎？戚里贡献以自媚于上，公卿方镇浸亦为之。臣愿租赋外一绝之，可乎？外戚贵主更相用事，班序荒杂。臣请戚属不任台省，可乎？先朝亵狎大臣，亏君臣之严。臣愿陛下接之以礼，可乎？燕钦融、韦月将以忠被罪，自是诤臣沮折。臣愿群臣皆得批逆鳞、犯忌讳，可乎？武后造福先寺，上皇造金仙、玉真二观，费钜百万。臣请绝道佛营造，可乎？汉以禄、莽、阎、梁乱天下，国家为甚。臣愿推此鉴戒为万代法，可乎？”唐玄宗听后，一口答应：“朕能行之。”后来，唐玄宗和姚崇就是以这十条纲领为施政方针，励精图治，为“开元盛世”奠定了坚实的基础的。毛泽东在这段记述的天头上批注道：“如此简单明了的十条政治纲领，古今少见。”对此发出了由衷的赞叹。

姚崇不信鬼神，具有朴素的唯物论思想。开元四年（716 年），山东地区发生特大蝗灾，老百姓相信迷信，只是一味祭拜，看着蝗虫啃食庄稼而不敢捕杀。姚崇派出御史担任捕蝗使，分道督促百姓捕杀蝗虫。这时，汴州刺史倪若水上奏，说：“消除天灾应该用德。过去十六国时期汉国的国君刘聪要消灭蝗虫，可结果不但没能消灭得了，蝗虫反而更加厉害了。”黄门监卢怀慎也说：“人力怎么能够抗天灾？而且把蝗虫杀多了，必然会损伤天地的和气。”连唐玄宗对捕蝗一事也有很大的疑虑。但姚崇不为所动，说服了众人，鼓励大家积极灭蝗，最终战胜了这场特大蝗灾。

开元五年（717 年）正月，唐玄宗打算前往东都洛阳巡视，但这时太庙却忽然无缘无故地坍塌了。唐玄宗满腹狐疑，便就此向宰相们征询意见。宋璟和苏颋认为这是天降灾异，告诫陛下不宜东行，应该停止前往洛阳，修养道德，以接受上天的谴责。但姚崇却不以为然，回答说：“臣下我听说隋朝修建太庙的木材是取自前秦苻坚时期的旧宫殿。大山有了松散的土壤还会发生山崩，更何况木头用久了它是会自然腐朽。”他认为这并不是什么“天降灾异”，因此劝说唐玄宗按期前往洛阳。唐玄宗听了姚崇的话，十分高兴，便依从姚崇的建议。

姚崇历来不信佛教。他在遗嘱中对儿子们说：“今之佛经，罗什所译，姚兴与之对翻，而兴命不延，国亦随灭。梁武帝身为寺奴，齐胡太后以六宫入道，皆亡国殄家。近孝和皇帝发使赎生，太平公主、武三思等度人造寺，身婴夷戮，为天下笑。五帝之时，父不丧子，兄不哭弟，致仁寿，无凶短也。下逮三王，国祚延久，其臣则彭祖、老聃皆得长龄。此时无佛，岂抄经铸像力邪？绿死丧造经像，以为追福。夫死者，生之常，古所不免，彼经与像何所施为？儿曹慎不得以此！”姚崇遗嘱中所说的罗什即十六国后秦时期来中国翻译佛经的西域僧人鸠摩罗什，姚兴即后秦皇帝。五帝即指传说中的伏羲、神农、黄帝、唐尧、虞舜这五位上古帝王，三王则指夏、商、周三代。彭祖是夏朝人，传说他活了800余岁；老聃即老子，春秋时期的人，传说他活了200来岁。毛泽东在这段文字上批注道："韩愈《佛骨表》祖此。"毛泽东所说的《佛骨表》即韩愈向唐宪宗上奏的《论佛骨表》。毛泽东认为韩愈《佛骨表》中所表述的反佛教思想即源于姚崇，对姚崇的反佛教言论寄予了很高的评价。

开元四年闰十二月，姚崇向唐玄宗请求，辞去了宰相职务，并推荐宋璟担任了宰相。两人以其突出的政绩在历史上齐名，被并称为"姚宋"。欧阳修在《新唐书》卷124的"赞"中评论说："姚崇以十事说天子而后辅政，顾不伟哉，而旧史不传。观开元初皆已施行，信不诬已。宋璟刚正又过于姚崇，玄宗素所尊惮，常屈意听纳。故唐史臣称崇善应变以成天下之务。璟善守文以持天下之正。二人道不同，同归于治，此天所以佐唐使中兴也。"毛泽东不完全同意欧阳修的这种看法，批注道："二人道同，方法有些不同。"这里所谓的"道"，即政治方针和路线。而所谓的"方法"，即政治方式和策略。应该说，毛泽东的这个见解是完全正确的。

"多藏厚亡"，贻害子孙

【品读原文】　多藏厚亡。

——毛泽东读《新唐书·李叔明传》（见《毛泽东读文史古籍批语集》，第10页）。

【品读精华解析】　李叔明可谓能吏，可谓勇将，但他却不懂得为子孙后代做打算。他留下无数田宅，本是为后代着想，谁知却恰恰害了后代。子孙在富贵奢侈的环境中长大，不知生计之艰难，不知进取，而游手好闲，无所事事，甚至骄纵不法，触上刑网，遗下无穷祸患，所以善于教育子孙的人，常常不是留给子孙财产，而是传给子孙勤俭的作风，进取的精神。毛泽东很敏锐地看出了这一点，在《李叔明传》上批注说：“多藏厚亡。”“多藏厚亡”语出《老子》：“是故甚爱必大费，多藏必厚亡。”意思是聚财过多而不能施以济众，必引起众怨，最终会损失更大。

裴度亲自调查研究，值得学习

【品读原文】 调查研究，出以亲身。

——毛泽东读《新唐书·裴度传》的批语（见《毛泽东读文史古籍批语集》，第247页）。

【品读精华解析】 唐宪宗时，蔡州叛乱，朝廷派兵征讨，裴度受宪宗委派巡视各军，还朝后向宪宗汇报了军队情况，并提出攻取策略，深受宪宗叹赏。王承宗、李师道想缓解朝廷对蔡州的进攻，于是派刺客刺杀执政大臣，宰相武元衡被刺死，刺客又击刺裴度，连刺三下，砍断了靴子，砍伤了背部，又击伤了他的头部，幸亏他用毡子蒙住头，才没被刺死。侍从们都害怕得发抖，只有驺人王义抓住刺客大喊，刺客斩断了王义的手。裴度滚到沟里，刺客以为他已死了，就逃走了。后裴度亲自调查，弄清了刺客的底细，将王承宗、李师道的阴谋报告了宪宗，宪宗对他更加信任。

裴度注重亲身调查研究，这一点很值得后人学习。毛泽东读《裴度传》时，就着重指出了这一点，他批注道：“调查研究，出以亲身。”毛泽东非常重视调查研究，他在《湖南农民运动考察报告》一文中详细论述了调查研究的重要性，并列举了调查的几种方法。在毛泽东看来，只有深入调查，才能了解实际情况，制定出正确可行的方针政策。

庞勋起义因内部分裂失败

【品读原文】 徐州兵七百戍桂州，六岁不得代。

内部分裂，因而败亡。

——毛泽东读《新唐书·康承训传》的批语（见《毛泽东读文史古籍批语集》，第244页）。

【品读精华解析】 《新唐书》卷148《康承训传》对庞勋起义有较详细的记载。毛泽东仔细地阅读了《新唐书·康承训传》，作了两条批注,一是：“徐州兵七百戍桂州，六岁不得代。”二是：“内部分裂，因而败亡。”前一条批注，点明了庞勋起义爆发的原因；后一条批注，则是对庞勋起义失败原因的分析。后一条批注与前一条批注相呼应，显得尤为精当。

庞勋起义正因为是“徐州兵七百戍桂州，六岁不得代”，起义的准备并不充分，因而庞勋等人只能用“杀人放火受招安”来鼓动七百戍兵哗变。由于这种局限，因而在起义之初，当七百戍兵一路剽掠，回到徐州城下时，由于唐王朝指示徐泗观察使崔彦增“抚慰戍卒擅归者，勿使犹疑”，七百戍兵面临朝廷的招安，对是否继续对抗朝廷的问题就已有了分歧。赵武等12名将士不愿参与起义，打算逃跑，结果被庞勋处死。这件事使庞勋起义一开始就蒙上了一层分裂的阴影。

当哗变队伍转变成了农民起义的武装后，原七百戍兵的领导者内部又发生了严重的分裂。

起义军大将孟敬文多谋善断，兵强马壮，但野心勃勃。当他率军攻占丰县，便滋生了背叛庞勋、自成一军的打算。于是，他在暗中散布符谶，说自己有天命，为背叛做舆论准备。庞勋对此也有耳闻，因而对孟敬文的一举一动尤其留意。当唐将薛尤率魏博军进攻丰县时，庞勋趁机派亲信率兵三千赶到丰县，名义上是帮助孟敬文守城，实际上是对孟敬文进行暗中控制。孟敬文对庞勋此举心照不宣。孟敬文暗中设计，与庞勋的亲信约定共击魏博军，并大肆吹捧庞勋的亲信，说他如何如何勇敢、如何如何能战，支使他担任前锋。等两军交锋时，孟敬文却引兵退走，致使庞勋亲信全军覆没。

庞勋大怒，派人去诱骗孟敬文，说王弘立已经攻取淮南，庞勋现打算前往淮南坐镇，因此想从诸将中挑选一名骁将，镇守徐州。孟敬文利欲熏心，为了争取到镇守徐州的机会，他没有来得及多想，便立即上马赶往徐州。庞勋于是将孟敬文抓了起来，砍了头。孟敬文一死，无疑削弱了起义军北线的防御力量，使战场形势朝有利于唐军的方面转化了。

姚周也是庞勋起义军的一员能征善战的大将，但与防守宿州的起义军将领梁丕素来不和。因而，当姚周在柳子城与康承训所指挥的唐军主力血战时，梁丕却不发兵增援。柳子城作战失利后，姚周与数十人突出重围，逃往宿州。梁丕开门让姚周进入宿州城后，便丧心病狂地杀了姚周。事后，庞勋将梁丕贬职，而改任张玄稔负责宿州防务。

张玄稔原为徐州旧将，起义军攻入徐州后，他被迫参加了起义军。当康承训指挥唐军围攻宿州时，他见势不妙，便接受了康承训暗中招降，杀掉了起义军守将张儒等人，献出了宿州。张玄稔在投降唐军后，还带领人马，谎称是从宿州突围而来，骗开符离城门，使唐军兵不血刃便得到了符离。接着，他又引着唐军进攻徐州，并配合唐军攻城，致使徐州失陷。当庞举直、许佶率众突围后，张玄稔竟亲自带兵追杀，杀了庞举直和许佶。由于张玄稔的叛变，庞勋起义军遭到了沉重的打击。而张玄稔因镇压庞勋起义有功，最后被唐王朝加封为右骁卫大将军、御史大夫。

毛泽东在其革命生涯中，对队伍的内部团结非常重视。因而，他在读《新唐书·康承训传》时，庞勋起义军内部的这些矛盾和分裂因素自然也就引起了他的注意。毛泽东在对庞勋起义的整个过程进行了认真分析后，认为庞勋起义的失败并不在于唐军能战，而在于起义军的内部分裂。因此，他以“内部分裂，因而败亡”八个字，对庞勋起义失败的原因作了精辟的概括总结。

《奏疏》是《治安策》以后第一奇文

【品读原文】（马周给唐太宗的奏疏是）贾生《治安策》以后第一奇文。宋人万言书，如苏轼之流所为者，纸上空谈耳。

——毛泽东读《新唐书》卷九十八《马周传》的批语（见《毛泽东读文史古籍批语集》，第235~256页）。

【品读精华解析】毛泽东在《新唐书》卷九十八《马周传》所载录的马周在贞观十一年（637年）向唐太宗所上的奏疏的天头上批注道："贾生《治安策》以后第一奇文。宋人万言书，如苏轼之流所为者，纸上空谈耳。"

毛泽东最推重西汉贾谊的《治安策》，认为《治安策》"切中当时事理"，"有一种颇好的气象"，"是西汉一代最好的政论"。因而，"贾生《治安策》以后第一奇文"是毛泽东对马周这篇奏疏所作的高度评价。这个深受毛泽东赞赏的奏疏的大体内容及毛泽东的评价依据是：

第一，建议唐太宗节俭治国，力戒奢侈，关心百姓的疾苦。他从历史上夏、商、周至魏、晋、隋统治天下的时间长短，总结经验教训说："自古明王圣主，虽因人设教，宽猛随时，而大要节俭于身，恩加于人，二者是务。故其下爱之如父母，仰之如日月，敬之如神明，畏之如雷霆，此其所以卜祚遐长，而祸乱不作也。"毛泽东在《旧唐书》《新唐书》的这一部分密加圈点，在"节俭于身，恩加于人"处，逐字加了套圈，天头上连画三个大圈。马周列举尧、禹、汉文帝、汉景帝节俭的事例，尖锐地指出："今京师及益州诸处，营造供奉器物，并诸王妃主服饰，皆过靡丽。"老百姓所服的徭役太重，"颇嗟叹"。他说："陛下少处人间，知百姓辛苦，前代成败，目所亲见尚犹如此，而皇太子生长深宫，不更外事，即万岁后十圣虑之所当忧也。"毛泽东在"陛下少处人间……目所亲见"处，字字都加了旁圈，在天头上画了三个大圈，他对马周从国家前途着想，敢于尖锐地反映政治中的敏感问题，不粉饰太平，很为赞赏。

第二，建议唐太宗重视人民群众的作用。他说：“自古以来，国之兴亡，不由积蓄多少，在百姓苦乐也。”毛泽东在此处天头上画了三个圈，逐字加了旁圈。马周举例说：隋虽有洛口仓贮米，东都积布帛，西京金银库，当李密（隋末农民起义瓦岗军的领袖）、王世充（本为隋朝将领，后反叛）起来造反，这些都成了帮助造反者的财物。而且，“但贮积者，固有国之常，要当人有余力而后收之，岂人劳而强敛之以资寇邪”。毛泽东对这段引文逐字加了旁圈。马周指出，而今百姓有怨言，“以为陛下不忧怜之”，这是由于“今营为者，多不急之务故也”，“若人既劳，而用之不息，万一中国水旱，而边方有风尘之警，狂狡窃发，啡徒旰食晏寝而已”。马周这种以“百姓苦乐”决定“国之兴亡”的观点，很受毛泽东的重视。

第三，建议唐太宗分封诸王、功臣要得当，要加强郡县基层的人选。马周非常同意贾谊《治安策》中有关分封诸侯的意见。他认为对诸王和功臣，不可“树置失宜，不预为节制”。他还举曹操宠爱曹植，曹丕即帝位后，曹植备受猜忌，郁郁而死为例，说明“先帝加恩太多，故嗣王疑而畏之也”，毛泽东对这一句加了旁圈。马周希望唐太宗不要“前车既覆，而后车不改辙也”。毛泽东对这一句又加了旁圈，在天头上画了三个圈。马周建议加强郡县的人选，强调说：“臣闻天下者，以人为本。必也使百姓安乐，在刺史，县令耳。县令既众，不可皆贤，但州得良刺史可矣。”毛泽东在“必也使百姓安乐”一句下，逐字加了旁圈。马周批评“今独重内官。县令、刺史颇轻其选。又刺史多武夫勋人，或京官不称职始出补外”，“所以百姓未安，殆在于此”。唐朝的官制，地方设州县两级，州设刺史，县设县令。马周这种加强基层政权的主张十分英明，也是毛泽东赏识之处。贾谊的《治安策》曾被毛泽东誉为“全文切中当时事理，有一种颇好的气氛”，“是西汉一代最好的政论”。毛泽东把马周的奏折，上比《治安策》，下比“万言书”，这“一”和“奇”的评价是多么不凡！

享有贞观之治美誉的唐太宗执政时期，是唐朝的鼎盛期，但马周却如汉代的贾谊一样，居安思危，于繁华中看出政治等方面存在的弊端及隐患。他在上唐太宗的奏疏中提出的问题，切中时弊，说理透彻，提出的建议，体现了敏锐的洞察力和卓越的政治家远见。更可贵的是他先天下之忧而忧，将个人得失置之不顾，以国家利益为重，敢于直言的勇气，这些也许正是毛泽东对这篇奏疏高度赞赏的原因。

田弘正是个好将军

【品读原文】 田弘正是个好将军。

——毛泽东读《新唐书·田弘正传》的批语（见《毛泽东读文史古籍批语集》，第245页）。

【品读精华解析】 毛泽东读《新唐书》，对唐代的藩镇割据问题也很注意。批注有两处，分别是“田弘正，好将军”和“青年将军王承元”即是专门针对藩镇割据问题而作出的评论。

所谓藩镇，就是当时由节度使统辖的军区。安史之乱结束后，由于唐朝中央政府的控制力严重萎缩，藩镇势力恶性膨胀，从而导致了唐朝后期延续一百余年的藩镇割据局面出现。当时，全国共有大小藩镇几十个。这些藩镇的力量悬殊。最小的藩镇只管辖两个州，兵力只有几千；而最大的藩镇却管辖十来个州，兵力达到十来万。不少大藩镇往往仗恃自己雄厚的兵力，不把朝廷放在眼里，自己任命辖区内的文武官员，不向朝廷上缴赋税。许多节度使不仅利用屯田的方式把封建国家的土地控制在手，而且自己也大肆兼并土地。他们还竭力扩充军队，选练精兵。不少藩镇还豢养有自己的“牙兵”。

这种“牙兵”就是节度使的亲兵，也是藩镇武装的核心。他们骁勇善战，待遇优厚，也极为骄横。不少节度使都是“牙兵”推选出来的。而且，即使是节度使，只要他违背了“牙兵”的利益，往往也会被“牙兵”杀死或推翻。例如，在唐朝后期的150年里，在“河朔三镇”先后57任节度使中，就有 22 人是被“牙兵”和部下杀死或赶走的，而真正由朝廷委任的却仅有 4 人。不少藩镇的节度使，有父死子继的，兄终弟继的，叔侄相承的，有“牙兵”和部下拥立的，朝廷只能承认，不能更改，否则他们便会用武力对抗朝廷。

“河朔三镇”是指幽州、成德、魏博（后改称天雄）这三大藩镇。它们是唐朝后期藩镇割据的策源地，也是唐朝后期藩镇割据最为严重的地区。早在唐代宗即位之初，因无力肃清河朔地区的安史残余势力，便先后将安史的降将李怀仙、李宝臣（原名张忠志）、薛嵩、田承嗣就地任命为幽州（兼领卢龙）节度使、成德节度使、相卫节度使、魏博都防御使（不久升节度使）。其中，幽州镇和平卢镇管辖幽（治今北京）、莫（治今河北任丘）、妫（治今河北怀来）、檀（治今北京密云）、平（治今河北卢龙）、蓟（治今天津蓟州区）等州，成德镇管辖恒（治今河北正定）、定、赵（治今河北赵县）、深（治今河北深州）、易（治今河北易县）等州，相卫镇管辖相（治今河南安阳）、卫（治今河南汲县）、贝（治今山东清河）、邢（治今河北邢台）、洺（治今河北永年）等州，魏博镇管辖魏（旧治在今河北大名）、博（治今山东聊城）、德（治今山东德州）等州。

田弘正（764~821 年）字安道，平州卢龙（今河北卢龙）人，系魏博节度使田承嗣之侄。唐宪宗元和七年（812 年），魏博节度使田季安（田承嗣之孙）死后，田弘正被众人拥立，继任魏博节度使。田弘正服从中央的命令，先后帮助朝廷出兵讨伐发动叛乱的原淮西节度使吴少阳之子吴元济，逼迫成德节度使王承宗归服了朝廷，讨平了平卢淄青节度使李师道的叛乱。元和十年，他服从朝廷的调动，转任成德军节度使。次年，成德军发生兵变，田弘正被原成德军都知兵马使王庭凑杀害。

青年将军王承元

【品读原文】 青年将军王承元。

——毛泽东读《新唐书·王承元》的批语（见《毛泽东读文史古籍批语集》，第246页）。

【品读精华解析】 王承元（800~833年），祖上是契丹怒皆部人，成德节度使王武俊之孙。王武俊死后，王承元之父王士真、王承元之兄王承宗相继被部下拥立为成德节度使。唐宪宗元和十五年（820年）王承宗死后，众人又想推举年仅20岁的王承元接任成德节度使。但王承元不愿继续对抗朝廷，便秘密向朝廷上表，愿意放弃成德节度使的职位，入朝供职。唐穆宗于是授予王承元检校工部尚书、义成军节度使。其后，历任鄜坊丹延节度使、凤翔节度使、平卢淄青节度使等职。终年33岁。毛泽东之所以赞誉田弘正为"好将军"，赞誉王承元为"青年将军"，是对他们反对割据、拥护中央行为的肯定。

大政治家、大军事家张说

【品读原文】 大政治家、大军事家张说。

——见《毛泽东读文史古籍批语集》，第240页。

【品读精华解析】 张说（667~731），字道济，一字说之，洛阳人。武则天时入仕，经唐中宗、唐睿宗、唐玄宗，历任多种官职，升为宰相。

毛泽东读《新唐书》卷一百二十五《张说传》时，做了如下批语："大政治家、大军事家张说。"

从《张说传》的记载看，毛泽东称张说是"大政治家"，应当与以下几方面有关。

一、在政治斗争中，张说始终站在唐玄宗一边。史载，李隆基（唐玄宗）为太子时，张说"所与秘谋密计甚众"（《新唐书·张说传》）。景云二年(711年)，有术士对睿宗说，五天内将有"急兵入宫"。睿宗让大臣们防备此事。张说对唐睿宗说，这是有人想扳倒太子。只要陛下让太子监国，名分已定，这种流言蜚语就会消失。唐睿宗便按照张说所说的办法做了。李隆基即位后，太平公主引萧至忠、崔湜为宰相，张说因不依附太平公主，被罢去宰相，任命为东都留守。张说派人将自己佩带的刀送给唐玄宗，请唐玄宗拿定主意。张说的意思，显然是请唐玄宗诛杀太平公主及其党羽。

二、引导唐玄宗尊尚经术，主张开馆置学士，修太宗之政。中书舍人陆坚觉得，给学士的待遇太厚，对国家无益。张说认为陆坚的意见不对，他说：帝王成功后往往变得奢侈和骄傲自满，有的大兴土木，有的喜好声色，现在皇帝尊崇儒术，亲自参加这些活动，就不会犯那些错误。优待学士虽然会增加一些财政支出，但却是"所费细而所益者大"。

三、善于利用各种关系，达到政治目的。姚崇得到唐玄宗宠信后，张说由于与姚崇不和，在政治上处于被动地位。在这种情况下，张说作了一首悼念苏瑰的诗，等到苏瑰忌日那一天，送给身为宰相的苏瑰之子苏颋，苏颋看了此诗，感动得直掉泪，不久对唐玄宗说，张说忠诚，有功劳，应当重用。于是，张说重新回到了政治舞台的中心。

另外，张说的其他一些表现，或许也是毛泽东称他为"大政治家"的原因。例如，张说善于用人，引荐了许多名士。再如，以往集贤院举行宴会，都是官高者先饮酒。张说认为，儒以道相高，不应以官位高低为顺序。于是大家一起喝酒。为此，人们都称赞张说做事得体。这虽是一件小事，但可以说明，张说知道怎样笼络人心。

毛泽东称张说为“大军事家”，应当是出于以下原因。

一、张说处理军旅事务有胆有识，由于朔方军大使王晙曾杀死前来归附的少数民族人，其他归附的少数民族皆疑惧不安。张说带20人，前往抚慰。副使李宪觉得这样太危险。张说却说，我的肉不是黄羊肉，不怕他们会吃我；我的血不是野马的血，也不怕他们会刺我。现在到了危急关头，也是我为国效命的时候了。经过张说努力，归附的少数民族皆安定了。

二、改兵制。张说为朔方节度大使时，唐朝在边镇的兵员总数超过60万。张说认为边防不在兵多，在他的建议下，边镇兵减少了20万。唐朝前期，实行府兵制。至唐玄宗时，府兵制被破坏，有名无实，京师防卫十分薄弱。在这种背景下，张说要求实行募兵制，短时间内募兵13万，补充了各卫的兵员。这些军队，就是后来所说的宿卫兵“彍骑”。

三、张说懂得军事，但不好战。唐玄宗时，准备对吐蕃用兵。张说主张讲和，唐玄宗未采纳。后来唐朝对吐蕃用兵，取得了一些胜利。然而张说认为，最终还会失败。果然，事情发展的结果与张说预料的一样。

四、张说不杀俘虏。王晙讨伐兰池（今宁夏盐池县境内）反叛的胡人康待宾，唐玄宗诏令张说“相闻经略”。当时，党项羌人与康待宾联合在一起。张说率步骑万人打败羌胡联军后，下令招纳党项人，让他们回到原来住的地方。副使史献要求将这些党项人全部杀掉，张说不同意。后来奏请皇帝批准，设置了麟州（今陕西神木市北），用于安置党项人。

另外，作为一个“大军事家”，张说自然也打过许多胜仗。关于这一方面，就不一一赘述了。

总之，毛泽东称张说是“大政治家、大军事家”，与历史记载是吻合的。

英才李贺早逝，可惜

【品读原文】 贾谊死时三十几，王弼死时二十四。还有李贺死时二十七，夏完淳死时十七。都是英俊天才，惜乎死得太早了。

——见《毛泽东读文史古籍批语集》，第 11 页。

【品读原文】 李贺诗很值得一读。

——摘自毛泽东 1965 年 7 月 21 日致陈毅的信（见《毛泽东书信选集》，第 606 页）。

【品读精华解析】 毛泽东在他读过的《新唐书》第二百三十卷《李贺传》的天头上标写着“李贺”两个醒目的大字，在记载李贺写诗“未始先立题，然后为诗，如他人牵合程课者”等处，逐句加了旁圈。

1965 年 7 月，毛泽东曾向陈毅推荐李贺的诗，说：“李贺诗很值得一读。”在有关王勃的批注中，毛泽东亦曾提及李贺，赞扬他是“英俊之才”，惋惜他的早殇。在中南海毛泽东故居书房里收藏有多种版本的李贺诗集，如《李长吉歌诗集》《李长吉集》《李昌谷诗集》《李昌谷诗注》等。翻开这些书，每本都有毛泽东的圈画。在李贺流传于世的 240 首诗中，经他亲笔圈画的计有 83 首，部分作品甚至圈画多至四五遍。他还圈画过《新唐书·李贺传》及《李长吉歌诗集·杜牧序》。

李贺的诗富于想象，这与毛泽东浪漫主义的气质正好吻合。这也是毛泽东喜欢李贺诗的重要原因。李贺写诗呕心沥血，创作态度极为严肃，他广泛吸取前代诗人的艺术传统，另辟新路，独树一帜，形成自己奇峭瑰丽的诗歌风格。他敢于把犀利的笔锋，直指中唐时代腐朽社会的代表藩镇和宦官，敢于撕开其阴暗帷幕，有较高的思想性。

他的作品主要有神怪、讽喻、抒情三大类。神怪诗虽只有十来首，但却占李贺名作的一半以上，因而李贺有“诗鬼”之称。毛泽东很喜爱李贺的这类作品。黄陶庵评本《李长吉集》中《梦天》一首天头上的编者评语说：“论长吉每道是鬼才，而其为仙语，乃李白所不及。”毛泽东读至此，每句都圈点断句，很重视这一评语。对李贺的《金铜仙人辞汉歌》《老夫采玉歌》《李凭箜篌引》《巫山高》《湘妃》《天上谣》《梦天》《官街鼓》等，毛泽东圈画较多。李贺的名句“天若有情天亦老”，“雄鸡一唱天下白”等，他都化用入自己的创作之中。

毛泽东读李贺的诗，不仅数量多，而且读得非常精细，有一个例子可以说明。1959 年 3 月，文物出版社刻印了一册线装本的《鲁迅诗集》。其中有一首《湘灵歌》，是鲁迅于 1931 年 3 月 5 日写赠给日本友人松元郎的。全诗为：“昔闻湘水碧如染，今闻湘水胭脂痕。湘灵妆成照湘水，皎如皓月窥彤云。高丘寂寞竦中夜，芳荃零落无余春。鼓完瑶瑟人不闻，太平成象盈秋门。”毛泽东在该诗末句旁边批注道：“从李长吉来。”李贺在《自昌谷到洛后门》一诗中有“九月大野白，苍岑竦秋门”之句，足见毛泽东对李贺诗的熟悉程度。

黄巢起义打击了封建统治

【品读原文】 “天津桥上无人识，闲倚栏杆看落晖”，得毋像黄巢吗？

——见《毛泽东读文史古籍批语集》，第 334 页。

【品读原文】 黄巢山东人，当时科举不第，气愤而起，由山东至福建、广东、湖南、湖北、河南、山西，这是农民暴动的一个很明显的例子。他完全代表农民利益的，其所以失败者，以始终暴动所致也。

唐末黄巢起兵，所向皆克，由于不代表地主阶级利益，被地主所宣传为强盗，无恶不作，所以失败了。

——见陈晋主编：《毛泽东读书笔记解析》，第 1121 页。

【品读原文】 应当认识，历史上黄巢、李闯式的流寇主义，已为今日的环境所不许可。

——引自毛泽东：《关于纠正党内的错误思想》（见《毛泽东著作选读》上册，第 35 页）。

【品读精华解析】 黄巢领导的唐末农民战争，英勇奋战了十年，转战数万里，席卷大半个中国，战斗的足迹踏遍今山东、河南、安徽、江西、江苏、福建、广东、广西、湖南、湖北、陕西等十二个省。其规模不仅创了中国农民战争史上之最，也是世界农民反封建斗争史上所少见的。其原因是唐后期封建土地占有形态发生了变化。唐前期均田制的实施给自耕农经济的发展留下了一点活动的余地，到实行两税法时，均田制完全被破坏，地主庄田迅速扩展，广大农民群众则沦为"佣力客作"的佃农和半自耕农。佃农和半自耕农有不同程度的个体经济，人身依附关系相对地减轻，失去土地后渴望土地的要求表现得更加强烈。农民阶级反封建的斗争已由要求减轻人身依附关系开始深入到土地所有制这个核心问题。随之，农民战争也就进入了新阶段，表现得空前激烈。

黄巢领导的农民革命军，发挥了空前的威力，北自黄河流域，南至珠江流域广大地区的地主都受到了严重的打击。经过这次农民起义以后，南北朝以来在社会上起着支配作用的门阀制度和观念被基本清除了。最突出的表现是从五代开始，"取士不问家世，婚姻不问阀阅"，这就是唐末农民战争的伟大功绩。唐末农民大起义，还使旧的藩镇势力在大起义以后，逐渐衰弱，以至消灭，而唐王朝本身则也名存实亡了。

唐末农民起义，由于历史条件的限制，在唐王朝和藩镇割据势力、沙陀军事贵族的反动联合下而被镇压下去，它留下了极为深刻的历史教训。

黄巢领导的农民起义军在前期执行了比较正确的战略和战术。但是，在占领长安以后，他们没有乘胜追歼以唐僖宗为首的地方统治集团的残余力量，没有及时组织军事力量向藩镇割据势力进攻，而是坐失时机，使唐王朝得以重新纠集各种反动势力，卷土重来，从而导致政权的丧失。另一方面，起义军在进军的过程中，采取流动作战的方法，打垮了不少顽敌，驰骋在祖国南北各地，然而在所到之处都未能重视根据地的建设，以支持仍在进行中的革命战争和巩固已经取得的胜利。尤其是起义军进入长安建立政权以后，仍然只停留在长安周围的狭小地区内，致使唐王朝能在全国各地纠集各种反动势力，重新造成军事力量的优势，从而集中兵力，围攻起义军，而起义军则陷于被动应付，终于避免不了失败。黄巢农民军的失败，又是与朱温之流叛变革命，从内部分裂起义军的力量分不开的。堡垒是最容易从内部攻破的。朱温叛变降唐的事实也充分说明了这一点。这些用鲜血换来的教训，是农民革命留下的宝贵财富。

第十二章

见闻较近，是以征信

——毛泽东品读《旧五代史》

五代十国，是中国历史上的一个分裂割据时期，各政权之间的兴废和争霸战争连绵不断，给人民造成了深重的灾难。《旧五代史》因其本纪部分的史料最为充实，将五代嬗递的情况记述得比较翔实，因而毛泽东读《旧五代史》与读《新五代史》的侧重面有所不同。读《旧五代史》，则比较注意对后梁和后唐这两个历史时期的研究，品读得比较仔细。

朱温不及曹操

【品读原文】 才数百人。

——毛泽东读《旧五代史》卷一《梁书·太祖本纪》第 1~2 页。

【品读原文】 唐宗失计平蔡州。

——毛泽东读《旧五代史》卷一《梁书·太祖本纪》第 8~9 页。

【品读原文】 朱温处四战之地与曹操略同，而狡猾过之。

——毛泽东读《旧五代史》卷一《梁书·太祖本纪》第 10 页。

【品读原文】 万骑不实又是万骑。

——毛泽东读《旧五代史》卷一《梁书·太祖本纪》第 11~13 页。

【品读原文】 以为任子。

——毛泽东读《旧五代史》卷三《梁书·太祖本纪》第 9 页。

【品读原文】 不书死而书葬，盖阙文也。

——毛泽东读《旧五代史》卷七《梁书·太祖本纪》第 5~6 页。

【品读精华解析】 唐朝末年，社会动乱不堪，黎民百姓流离失所苦不堪言。775 年“安史之乱”爆发之后，社会局势更加恶化，黄巢、王仙芝等率领广大民众揭竿而起，敲响了唐王朝开始走向衰亡的丧钟。

朱温本是黄巢的得力干将。882 年 2 月，黄巢令朱温带兵攻打左冯诩，唐将王重荣率兵数万，与朱温对阵交锋。朱温难敌对手，派人向黄巢请求援兵，黄巢没有理会，朱温权宜再三，遂率众投降王重荣。唐僖宗听说朱温降唐，大喜过望之时，封朱温为左金吾卫大将军、河中行营副讨使，赐名“全忠”。投降之后捞到高官的朱温立即掉转枪口，向黄巢农民起义军疯狂反扑。883年4月，朱温攻占长安，黄巢农民起义军向东溃退，朱温抓住战机，率几百人的军队乘胜追击。毛泽东读《梁书·太祖本纪》至此，提笔写下了“才数百人”的四字批语。

“才数百人”的四字批语，道出了毛泽东对黄巢起义军败军难言勇、兵败如山倒的同情之时，也充溢着对朱温用兵的赞许。

在毛泽东的眼中，朱温虽然说个人品质恶劣，但不失为一个难得的军事家。事实上，在朱温创业之初，就表现出了杰出的军事才能和过人的心智。朱温先是参加农民起义军，跟黄巢一起打天下，屡建奇功，被黄巢提拔为大将军。在出师不利的情况下，投降王重荣，反戈起义军，并在战斗中壮大自己的队伍和扩充地盘。

884年，黄巢攻打陈州不下，撤围向东，逼近汴州。朱温自知抵挡不住，就好言厚礼向李克用求援。李克用早有扩张野心，趁此亲率大军赴援，一举击溃黄巢。然李朱之间的冲突又如箭在弦！朱温深知先下手为强的道理，于一夜派兵围住李克用的住所上源驿，四面纵火乱箭齐发，企图除掉李克用，未果，双方就更加形同水火。好在唐僖宗下诏劝谕双方和解，朱温又要全力对付霸占河南的秦宗权，免遭腹背受敌之累，就派人重礼好言向李克用谢罪，李克用企望兼并邻道，又要与王重荣联兵入关中，攻伐朱玫、李昌符，也只得暂置朱温不顾。

不久，朱温率部队攻魏博，大胜。后来，朱温又攻兖、郓，李克用派兵援救，并向魏博借路，让援兵通过。朱温施出离间之计，说李克用是小人，他吞河朔之日，即是消灭魏博之时。因是，魏博与河东决裂，借路无法实现。朱温趁机向东并取三镇，但又担心罗弘信乘虚袭其巢穴，便甘言美语，竭力恭维，可谓一打一拉，边打边拉，极尽远交近攻之能事。

解决了魏博，朱温便率军攻宿州。宿州刺史张筠坚守城池不出，朱温想出一条妙计，命大将丁会带领士兵在宿州东修筑大坝，让汴水倒灌城中。张筠无奈，只好出降。

毛泽东之于“朱温处四战之地与曹操略同，而狡猾过之”的评语，就是他在看罢朱温上述的战斗历程后有感而发的。在毛泽东看来，朱温白手起家，征途坎坷，与曹操相似，作战勇猛而长于谋略，且也有“挟天子以令诸侯”的伎俩，同时对不同的军阀采取不同的方针，故毛泽东说他狡猾甚于曹操。

之于朱温的军事才能，毛泽东是持肯定态度的，但之于朱温的执政才能，毛泽东就颇有微词了。毛泽东认为朱温做到了皇帝后昏庸腐败，迟早要被灭亡。事实上，没出几年，后梁政权就被李克用父子推翻了。

点评古人在军事上的得失，是毛泽东得心应手的一件事情。可以说20世纪中国的革命史，就是一部革命军队由小到大，由弱变强的历史，毛泽东本人在这段辉煌的历史中，也从一名教书匠成长为杰出的军事家。可以说，是中国的革命战争造就了毛泽东，毛泽东又反过来成功地领导了中国的革命战争。

弥牟镇攻防战，攻者败，守者胜

【品读原文】 攻者败，守者胜；攻者愚，守者智。

——毛泽东读《旧五代史·董璋传》的批语（见《毛泽东读文史古籍批语集》，第261页）。

【品读精华解析】 董璋原为后梁的骁将，梁太祖朱温对他十分赏识，把他收为义子，赐姓朱，名友让。后梁灭亡后，董璋投降了后唐，深受后唐庄宗李存勖信任。同光三年（925年），后唐攻灭后蜀，授予董璋东川节度使，孟知祥为西川节度使。后唐明宗长兴元年（930年），董璋和孟知祥联兵对抗后唐中央政权，图谋割据四川地区。在击败率军前来讨伐的后唐大将石敬瑭后，董璋又与孟知祥发生矛盾。长兴三年，董璋率所部万人突然向孟知祥发动袭击，双方在汉州（今四川广汉）的弥牟镇一带进行激烈的攻防战，结果董璋大败，回到梓州（今四川三台）后被部下所杀。获得胜利的孟知祥乘胜攻占了东川，不久便建立了后蜀政权。此即为“攻者败，守者胜”。

《旧五代史·董璋传》中引用《九国志·赵季良传》说：赵季良与孟知祥在闲谈时曾说道：“璋性狼戾，若坚守一城，攻之难克。”当董璋率所部万人突然向孟知祥发动袭击时，孟知祥“忧形于色”，但赵季良却说：“璋不守巢穴，此天以授公也。”可见赵季良对董璋十分了解，孟知祥对董璋也早有了防范。但董璋却“不守巢穴”，放弃了自己的优势。《旧五代史·董璋传》中引用《九国志·赵廷隐传》说：董璋“部下多敢死之士”，双方交战之初，因孟知祥的士兵对董璋军队战斗力之强感到畏惧，所以尽管孟知祥亲自督战，也多次被董璋击败。于是，孟知祥的部将赵廷隐伪装溃退，董璋上了当，一味纵兵追击，指挥陷于混乱。孟知祥与部将张公铎乘机率兵反击，董璋军队的阵势大乱。赵廷隐又回头冲杀，与孟知祥等人合击董璋，董璋大败而逃。

毛泽东读史很注意剖析具体的战例。因而他读至此，便在《旧五代史·董璋传》上批注道：“攻者败，守者胜；攻者愚，守者智。”对董璋与孟知祥在弥牟镇之战中各自的表现和最后的结果作出了准确的评判。

李克用坚守获得胜利

【品读原文】 沙陀最危急之秋，亦即转守为攻之会。世态每每如此，不可不察也。

——毛泽东读《旧五代史·唐书·武皇本纪》的批语（见《毛泽东读文史古籍批语集》，第 257 页）。

【品读精华解析】 毛泽东在阅读《旧五代史·唐书·武皇本纪》时，很注意汴军两次围攻晋阳的战役。他从李克用两次转危为安、转守为攻的战例中归结出“沙陀最危急之秋，亦即转守为攻之会。世态每每如此，不可不察也”的结论，从而告诫人们：胜利往往就存在于最后坚持一下的努力之中。

在唐朝末年至五代初期的众多军阀中，实力仅次于朱温的为占据河东（今山西）的李克用。

李克用，“其先本号朱邪，盖出于西突厥，至其后世，别自号曰沙陀，而以朱邪为姓”。唐德宗时，沙陀内附，居定襄神武川的新城（今山西大同市西南），“其部落万骑，皆骁勇善骑射，号沙陀军”（《新五代史》卷四《唐庄宗本纪》），唐懿宗咸通九年（868 年），庞勋据徐州，唐发十路大军攻庞勋，酋长朱邪赤心率领沙陀军，在义成节度使康承训部下充先锋，作战有功，被任为大同军节度使，赐姓名为李国昌。878 年，李国昌子李克用杀唐大同防御使，占据云州（治云中，今山西大同市），攻夺州县。880 年，唐军击败沙陀军，李国昌、李克用率亲属逃到阴山一带。黄巢起义军进入长安后，河东监军使陈景思请朝廷招李国昌父子，唐僖宗任命李克用为代州刺史、雁门以北行营节度使。后李克用同其他唐朝军队一道，将黄巢起义军逐出关中，李克用被任为河东节度使。从此，李克用据有河东，以太原为基地，积极参加割据战争。

李克用优宠军人，对军人的违法违纪行为管制不严，所部亲军都是沙陀等部游牧人，“多不法，或陵侮官吏，豪夺士民。白昼剽攘，酒博喧竞”，老百姓深受其害。其子李存勖曾劝他整顿纪律，李克用不听，却说，现在四方诸侯都在出重赏招募勇士，我要是治军太严，他们离我而去，我独自一人怎能保住现在的基业。

然而，李克用又绝非一个没头脑的人。他占有河东后，曾几次出兵关中，帮助唐朝廷对付关中地区的割据者，做出一副拥唐的姿态。李克用这样做，是想控制唐朝廷，在政治上争得主动。朱温灭唐之后，李克用也始终不放弃拥唐的名义。这说明，李克用是有谋略的。

黄巢起义军被镇压后，李克用与朱温结下深仇，双方发生了一连串恶战。交战的结果是：朱温一方控制了整个河北及山西西南部地区，李克用的势力基本被限制在河东范围内。

随后，朱温又试图一鼓作气攻占河东，彻底消灭李克用势力。唐昭宗天复元年（901年）春，朱温派大将贺德伦、氏叔琮领六路大军合击太原，氏叔琮自太行路入，张文恭自磁州新口入，葛从周自土门入，张归厚自马岭入，王处直自飞狐入，侯言自阴地入。交战初期，李克用一方十分被动，许多将领投降，原来控制的很多地方被朱温的军队占领。朱温军一路进攻，逼至太原城下。太原城危在旦夕，李克用已经作了全线撤退的打算。《旧五代史》卷二《梁太祖本纪二》称李克用“虽时出精骑来战，然危蹙已甚，将谋遁矣”。此时，后梁军也遇到了许多难以克服的困难：连旬淫雨，粮草供应不济，士卒多患疾病，加之李克用的将领李嗣昭、李嗣源每夜率精兵强将出城突袭掩杀，使朱温的军队十分恐慌。于是，朱温不得不下令撤军，李克用一方经过坚守，终于扭转了被动局面，随后派精兵追击，杀获甚众，取得了此次战役的最后胜利。

对于李克用此次经过艰苦守城，最后转守为攻大获全胜的经历，毛泽东感慨颇深。他引用《旧五代史》卷二十六《唐书·武皇纪下》记载此次交战过程的文字，写了如下批语：“沙陀最危急之秋，亦即转守为攻之会，世态每每如此，不可不察也。”

毛泽东批语中所谓“最危急之秋，亦即转守为攻之会”，在战争中是个并不少见的现象，无须赘述，值得注意的是以下两方面：其一，批语针对李克用坚守太原这次战斗，强调其中所具有的普遍性含义“世态每每如此”；其二，毛泽东在这一批语中所抒发的感慨，其中应当也含有他自己的切身体会。毛泽东领导的革命战争，很多时候都可以称得上是“最危急之秋”，如“四一二”事变之后，反“围剿”时期，长征过程中和初到延安之时。然而无论在什么样的困难情况下，毛泽东始终都能够保持镇定，相信最后的胜利一定会到来。毛泽东的这种自信、乐观的精神状态，无疑对夺得革命战争的胜利产生着积极影响。

“生子当如李亚子”

【品读原文】 生子当如李亚子。

——见《毛泽东读文史古籍批语集》第307~311页。

【品读精华解析】 清代雍正年间进士严遂成有《三垂冈》诗一首：“英雄立马起沙陀，奈此朱梁跋扈何。只手难扶唐社稷，连城犹拥晋山河。风云帐下奇儿在，鼓角灯前老泪多。萧瑟三垂冈下路，至今人唱百年歌。”这首诗，毛泽东年轻时曾读过。

1964年，毛泽东读《五代史》，看到后唐庄宗指挥三垂冈战役一节，联想起此诗，凭记忆一字不差地将其写下来，并注明这首诗是“歌颂李克用父子”的。由于忘记了该诗为何代何人所作，同年12月29日，他写信请田家英查后告知。

一首诗，读后几十年尚能记得如此清楚，可见此诗给毛泽东留下的印象之深。联系毛泽东读新、旧《五代史》，《通鉴纪事本末》时作的批语，还可感到，毛泽东关注此诗，不单纯是欣赏这首诗本身，很大程度上是对此诗浓厚的历史内涵感兴趣，因为这首诗不仅描述了五代十国时期一个富有传奇色彩的历史故事，而且涉及两个很有特色的历史人物——李克用及其儿子李存勖。

关于李克用，前文已有介绍，下面着重介绍他的儿子李存勖。李存勖小名李亚子。据记载，他年少时，曾受到唐昭宗的接见。唐昭宗认为他是“将来之国栋也”，“此子可亚其父”，故时人称其为“亚子”。

李存勖年轻时，在政治斗争和军事斗争方面就很有远见、很有气度。有两件事可以证明。其一，李克用晚年，兵力不敌朱温，不敢出兵与后梁争锋，“土疆日蹙”。对此，李克用十分忧虑，而李存勖认为：盛衰有常理，物不极则不反，恶不极则不亡。朱温灭唐称帝，自取灭亡就在眼前。只需耐心等待后梁的衰落，不应沮丧。其二，906 年，朱温攻沧州，幽州刘仁恭遣使来求援。刘仁恭过去曾归降李克用，后复叛。李克用恨刘仁恭反复无常，不答应。李存勖认为，这正是自己由衰转盛的机会，不应将以往的仇怨记在心里。他分析形势说，现在九分天下，朱温有六七，朱温所忌惮的，只有我们和刘仁恭了。是否援救刘仁恭关系到自己的兴衰，不能错过这个机会。

908 年初，李克用死，李存勖即位。此后，他的政治、军事才能得到了更充分的展现，并取得了很大的成就。特别是三垂冈战役，一举获得了成功。

据新、旧《五代史》记载，李存勖 5 岁时，曾同其父李克用到过三垂冈。当年，李克用在此置酒作乐。伶人唱《百年歌》，“陈其衰老之状，声调凄苦”，而李克用却满怀豪气，指着李存勖说：“老夫壮心未已，二十年后，此子必战于此！”李克用能够预见到 20 年后李存勖必战于此，这种说法固然不大可信，但三垂冈一战确实证明了李存勖不是平庸之辈，李克用后继有人。因此朱温听到梁军在三垂冈战败的消息后，既失望又慨叹地说：“生子当如是，李氏不亡矣！吾家诸子乃豚犬尔。”

对于三垂冈战役，毛泽东读《旧五代史》卷二十七《唐庄宗本纪一》，从军事角度作了批注。这一批注是：“先退后进。”毛泽东之所以在古稀之年对《三垂冈》诗产生兴趣，似乎并不仅仅因为三垂冈战役是一次先退后进的成功战例，其中很可能还包含着对接班人问题的感慨，曾在读史中批注：“生子当如李亚子。”

总的看来，毛泽东对李存勖评价较高。其中的原因在于：其一，毛泽东一贯鄙视优柔寡断的将帅，而对于李存勖这种善于把握形势和作出决断的领导者，特别赞赏；其二，毛泽东指导革命战争多年，对军事方面的内容较为关注，而李存勖指导战争的举措，在毛泽东看来，又有很多地方较为可取；其三，李存勖即位时很年轻，只有 24 岁，以这样小的年龄，能够指导晋军连连获胜，乃至灭后梁，确实可以称得上是一个年少有为之人，而毛泽东对年少有为之人历来是较为重视的；其四，李存勖是李克用的“接班人”，他不仅实现了李克用的未竟之业，而且青出于蓝而胜于蓝，晚年的毛泽东考虑接班人问题，对此不可能没有感触。

跟毛泽东读《二十四史》

第十三章

法严词约，多取《春秋》遗旨

——毛泽东品读《新五代史》

《新五代史》，是唐代设馆修史以后唯一的私修正史。由北宋大文学家欧阳修所撰，依据的史料大多来自五代实录。修撰时距旧史的成书已经有60多年之久，在这个时间段又新出现了许多资料，所以《新五代史》要比《旧五代史》内容丰富得多。因此，毛泽东在读《新五代史》，批注的内容也较多，其中最注重总结当时残酷的战争为后人留下的正面或反面的军事经验和教训。

王彦章忠贞不降被杀

【品读原文】 杀降不可，杀俘尤不可。

——毛泽东读《新五代史·王彦章》的批语（见《毛泽东读文史古籍批语集》，第270页）。

【品读精华解析】 梁人王彦章为人忠烈，注重气节，经常以“豹死留皮，人死留名”的俚语来勉励自己。后梁乾化五年（915年）七月，唐军趁王彦章不在澶州（治今河南濮阳）之机，夜袭澶州，俘虏了王彦章的妻子和儿女。李存勖将王彦章的妻子和儿女带到晋阳（今山西太原），以其为筹码，派使者到王彦章的军营中，想要招降王彦章。王彦章大怒，杀掉了后唐使者，以断绝李存勖劝降的念头。几年后，李存勖见招降无望，便杀掉了王彦章的妻子和儿女。

后梁末帝贞明四年（918年）十月，唐军进攻兖州，王彦章因受到后梁权臣赵岩、监军张汉杰等人的排挤和陷害，所属精兵被抽调一空，麾下仅有新招募的京师保銮军五百余骑，因而无法抵御唐军的进攻，只好退保中都（今山东汶上）。唐军攻破中都后，王彦章仍率牙兵百余骑死战。最后，因身负重伤而被俘。

后唐庄宗很看重王彦章的骁勇，想让王彦章回心转意，为自己效力，自己劝说无效后，便派人去劝说王彦章投降。王彦章让这人去转告后唐庄宗，说：“臣下我与陛下血战十余年，今兵败为穷，此时不死，更待何时？而且臣下我已受梁恩，只能以死相报；哪有朝事梁而暮事唐的道理呢？如果臣下我这样做了，那还有什么脸面去见天下的人呢！”

后唐庄宗仍不死心，又派自己的养子李嗣源去劝降王彦章。李嗣源是唐军中以勇猛而闻名的战将，而王彦章却历来看不起他。当李嗣源来见王彦章的时候，王彦章尽管因伤势严重而不能起身，但仍强打起精神，大声喝道："你是否就是邈佶烈？我哪是贪生怕死的人！"邈佶烈是李嗣源的沙陀小名。李嗣源见王彦章轻蔑地直呼自己的小名，不由大怒。

不久，后唐庄宗采用康延孝的建议，挥师直捣后梁都城大梁（今河南开封）。唐军出发时，后唐庄宗特意让人抬着王彦章随军前进。后唐庄宗派宦官去向王彦章讲明了此次进军的目的，并问王彦章："我这次行动能成功吗？"当时，后梁权臣段凝手中虽握有六万精兵，但并非唐军的对手。王彦章心里虽然清楚这个事实，但他却不愿看到后梁被唐军攻灭，于是说："段凝有精兵六万。他作为主将，尽管没有什么能耐，但他也不会马上就倒戈的。因此，你们的这次行动很难成功。"

后唐庄宗听了很不高兴，知道王彦章绝对不会为自己效力，于是便下令杀了王彦章。

毛泽东一贯反对屠杀俘虏，主张优待俘虏。因此，当他阅读《新五代史·王彦章传》时，便很有感触地在一旁批注道："杀降不可，杀俘尤不可。"

毛泽东读史，素来对中国历史上处理战俘的问题颇为重视。如他在《三国志》卷六《魏书·刘表传》上批注道："杀降不祥，孟德所不为也。"对曹操不杀俘虏作了由衷的肯定。在读《三国志》卷六十《吴书·吕岱传》时，他也批注有："杀降不武。"读《北史·王建传》，他又批注道："王建庸人，不知政治。"毛泽东对《北史·王建传》的批注，是从政治的角度来看待战俘问题，因而显得凝练而深刻。

兵书少读不是坏事

【品读原文】 兵书多坏事，少读为佳。

——毛泽东读《新五代史·刘鄩传》的批语。

【品读原文】 （兵书）略通可以，多则有害无益。

——毛泽东读《新五代史·刘仁赡传》的批语。

【品读精华解析】 刘鄩（857~921年），密州安丘（今山东安丘）人，“素好兵书，有机略”。刘鄩原为平卢节度使王师范的大将，兵败后投降了朱温。朱温对刘鄩十分看重，先后任命他为左龙武统军、永平军节度使等。后梁末帝即位后，仍将刘鄩视为军事支柱，让他担任主将，指挥梁军与后唐抗衡。

后梁乾化五年（915年），后梁末帝为了削弱魏博镇的力量，将其分为相、魏二镇，结果激起魏博将士反叛，投入了李存勖的怀抱。李存勖得到魏博，便基本控制了河北地区。之后，李存勖迅速带兵南下，进驻魏州（今河北大名）。这时，刘鄩正屯驻在魏县（今河北魏县）。他估计唐军主力已经跟随李存勖南下，晋阳必定空虚，于是便捆扎了许多插着旗帜的草人，将其绑在驴背上，让驴驮着它们在魏县城头上转圈，而自己则亲率梁军主力直奔太原。唐军被刘鄩的草人瞒过，一时竟不敢有所动作。但刘鄩进至乐平（今山西昔阳）时，却遭遇了大雨，因道路泥泞，无法进军，只好返回。刘鄩见唐军兵锋正盛，便在莘县（今山东莘县）深沟壁垒，积蓄粮食，固守不战，打算与唐军长期相持。后梁末帝不懂军事，三番五次地催促刘鄩出兵，与唐军决战。李存勖对刘鄩的为人以及后梁末帝数次逼迫刘鄩出战的情况都了如指掌。他对部将们说：“刘鄩学《六韬》，喜以机变用兵。本欲示弱以袭我，今其见迫，必求速战。”于是扬言要回太原，让符存审留守魏州，自己率唐军主力佯作西去，暗中却将部队开到贝州（今河北清河）潜伏下来。刘鄩果然上当，出兵万人猛攻魏州东城。李存勖指挥唐军迅速南下，攻击刘鄩，重创梁军，将梁军全部逐出了河北地区。

刘仁赡（899~957年），字守惠，彭城（今江苏徐州）人。他“轻财重士，法令严肃，少略通兵书”，是南唐的著名将领，深受南唐中主李璟的信任，曾先后任左监门卫将军、黄州刺史、武昌军节度使等职。

后周世宗柴荣即位后，通过一系列的改革，使后周的国力大为加强。在此基础上，周世宗为统一中国，便开始了南征北伐。

后周世宗显德二年（955年）冬，周军从寿州以西的正阳渡过淮河，立即向寿州发起了猛攻。但周军的进攻却遭到了刘仁赡所部的顽强抵抗，寿州攻防战进行得异常激烈。周世宗见寿州难以攻克，便留下李重进和张永德两军，对寿州进行长期围困，而自己则率领周军主力对寿州以外的江北各州发起攻击。

李璟派遣齐王李景达率军救援寿州，而这时李重进和张永德两军却因相互怀疑而不能协同作战。刘仁赡向李景达建议乘机出兵进攻，以击败周军，但李景达却不答应。刘仁赡十分气愤，从此病倒在床。

显德四年（957 年）正月，周世宗再次率军来到寿州，首先击败了驻扎在寿州城外的李景达所部。南唐中主李璟闻风丧胆，也打算向周世宗奉表称臣、割地求和。而刘仁赡却不顾一切，顽强坚守，屡屡挫败周军的进攻。刘仁赡的儿子刘崇谏与诸将商议，打算开门投降。刘仁赡知道后，立即下令将儿子斩首示众，监军周廷构哭着为刘崇谏求情，但刘仁赡却义无反顾，杀了刘崇谏。将士们深受感动，都发誓死守寿州。

三月，刘仁赡的副使孙羽趁刘仁赡病得不省人事，开门投降。周世宗派人将刘仁赡抬到自己的大帐前，望着刘仁赡，感叹良久，赐给刘仁赡玉带、御马，又让人将刘仁赡抬回城中养病。当晚，刘仁赡因病重而去世。

毛泽东历来反对死读兵书，而注重临机制敌。1961 年 3 月 23 日，他在广州召开的中央工作会议上曾讲过自己过去打仗的体会：“那时打仗，形势那么紧张，谁还管得什么孙子兵法，什么战斗条令，统统都忘记了的。打仗的时候要估计敌我形势，很快作出决策，哪个还去记那些书呢?”1962 年 12 月 21 日，毛泽东在杭州的一次谈话中也说到了类似的问题：“我们的元帅，将军，没有几个大学毕业的。我本来也没有读过军事书，读过《左传》《资治通鉴》，还有《三国演义》。这些书上都讲过打仗，可打起仗来，一点印象也没有了。我们打仗，一本书也不带，只是分析敌我斗争形势，分析具体情况。”

因此，毛泽东读到《新五代史·刘鄩传》，对“素好兵书，有机略”的梁将刘鄩极为鄙夷，于是在这里批注道：“兵书多坏事，少读为佳。”

毛泽东在阅读《新五代史·刘仁赡传》后，批注道：“（兵书）略通可以，多则有害无益。”这说明，毛泽东对“少略通兵书”的刘仁赡的英雄行为是十分赞赏的。

这些批注，集中表示了他对读兵书的看法，即兵书读得太多，是无益有害，对带兵的人来说，少读为佳，略通即可。其直观依据是，刘鄩精通《六韬》，仍然打了败仗，刘仁赡只略通兵书，也不失为好的将领。从根本上说，毛泽东这个观点，并非读史的偶感，而是他从自己的作战经验，从现代革命战争的历史中引申出来的看法。新中国成立后，毛泽东谈到中国共产党的历史时，经常说，红军、八路军、人民解放军的将领，绝大多数没有上过什么学校，没读过多少深奥的兵书，但仍然是经常打胜仗。

学会游泳十分重要

【品读原文】 此人能泳。

此人必略知水性。

——见《毛泽东读文史古籍批语集》，第 267~273 页。

【品读原文】 水军应学游泳。

要学游泳。

——见《毛泽东读文史古籍批语集》，第 347 页。

【品读精华解析】 毛泽东在阅读文史古籍时，对于其中有关游泳的记载，给予了较多注意。

《旧五代史·雷满传》载："雷满，武陵洞蛮也。……又尝于府署浚一深潭，构大亭于其上。每邻道使车经由，必召筵于中，且言：'此水府也，中有蛟龙，奇怪万态，惟余能游焉。'或酒酣对客，即取筵中宝器乱掷于潭中。因自褫其衣，裸露其文身，遽跃入水底，遍取所掷宝器，戏弄于水面，久之方出，复整衣就座，其诡诞如此。"毛泽东读至此，批道："此人习水是好事。"

《新五代史·雷满传》与《旧五代史·雷满传》关于此事的记载基本相同，只是文字略有出入。对此，毛泽东也作了批语："此人能泳。"

类似的批语还有一些。如《新五代史·华温琪传》记载，华温琪早年曾参加黄巢农民起义军，起义军攻陷长安后，为供奉官都知。黄巢起义失败后，他逃往滑州。由于状貌魁伟，华温琪担心自己无法藏身，"乃投白马河，流数十里不死，河上人援而出之"。对此，毛泽东批道："此人必略知水性。"

再如，《旧五代史·李袭吉传》载，李袭吉有一次随李克用出征，返回太原时，在一处叫夏阳渡的地方过浮桥，"笮断航破，武皇（后唐李克用）仅免，袭吉坠河，得大冰承足，沿流七八里，还岸而止，救之获免"。读到这里，毛泽东批道："不学游水，此人几死。"

以上这些批语，除了说明毛泽东对游泳有着浓厚的兴趣和丰富的经验外，应当说并不含有什么重要思想。至少，从这些批语本身看，我们尚看不出有其他方面的内容。但是，毛泽东读《湘军志》六《水师篇》时作的批语，就有所不同了。

《湘军志》为清末民初人王闿运所著。王闿运，初名开运，字壬秋，又字王甫，号湘绮，湖南湘潭人。太平天国时期，王闿运曾入曾国藩湘军幕府，了解当时战争情况。他在《湘军志》六《水师篇》中，记载了咸丰五年（1855）石达开率领的太平军同曾国藩的湘军在九江、湖口进行的一场激战，其中写道："湘军水师名天下。……言船炮者，莫能及湖南焉，然太锋锐，深入要利，卒以至败。寇距九江城，于湖口梅家洲作坚屯二，与城相鼎峙，北屯小池，拒陆军。辛酉，李孟群等攻城，城北洲垒大，设炮，旁维大舟，小艇环卫之。孟群先攻其大舟，战不利，苏胜、郑沐中炮死，李金梁船沉溺于江。寇既见官军水战法，亦并力于水战，多造小艇，依大舟以出。……十二月辛丑，彭玉麟等攻湖口寇筏，破之，士死伤相积，寇亦殊死斗，其筏上作木楼，凭楼发炮，楼倾，或飞投江中，泅而走，其坚悍若此。"《湘军志》还提到，在这次激战中，有的湘军将领"溺于江"，有的太平军将士在危急时"泅而走"。大概是这些文字触发了毛泽东的某种感慨，因此他批道："水军应学游泳。""要学游泳。"

毛泽东在这里谈游泳，是强调“水军”学会游泳是很重要的。毛泽东的其他一些谈话，也表达了同样的思想。例如，1964 年 6 月中旬，他检阅北京军区、南京军区的比武汇报表演时说：“部队是不是可以大规模的游泳训练？游泳训练夏天完全可以搞。部队要学游泳。单靠游泳池不行，要学会在江海里游。不经过大风大浪不行。”半个月后，他听取周恩来等汇报工作，又谈到这件事，说：“部队要学游泳，所有部队都要学会。学游泳有个规律，摸着了规律就容易学会。整营、整团要学会全副武装泅渡。”

毛泽东学游泳，大约始于 1925 年。他在批注自己当时作的《沁园春·长沙》时说：“那时初学，盛夏水涨，几死者数，一群人终于坚持，直到隆冬，犹在江中。当时有一篇诗，都忘记了，只记得两句：自信人生二百年，会当水击三千里。”此后一生，毛泽东都酷爱游泳。1956 年，毛泽东到武汉视察工作，三次横渡长江，并写下了《水调歌头·游泳》一词。1966 年，毛泽东已是 73 岁高龄，仍然在长江中畅游了一小时零五分钟，游程 30 华里。这最后一次，在“文化大革命”中被作为毛泽东的大无畏精神和在阶级斗争的大风大浪中要压倒一切敌人的英雄气概的象征，在全国进行了广泛宣传，无人不知，无人不晓。今天，这一切都已成为历史，而毛泽东留下的与游泳有关的诗句，如：

“曾记否，到中流击水，浪遏飞舟。”（《沁园春·长沙》）

“万里长江横渡，极目楚天舒。不管风吹浪打，胜似闲庭信步，今日得宽余。”（《水调歌头·游泳》）

则仍在广为流传。透过这些诗句，我们仍可感受到毛泽东的自信和气概。

后唐灭亡是必然的结局

【品读原文】　不徙石敬瑭，没有薛文遇，照样亡国，不过时间先后耳。

——见《毛泽东读文史古籍批语集》，第 95 页。

【品读精华解析】　936 年，后唐末帝李从珂下令：徙河东节度使石敬瑭为天平节度使（治所在郓州，今山东东平县西北）。石敬瑭拒绝调任，勾结契丹，举兵反叛，进军洛阳。唐末帝率全家老幼登楼自焚，后唐灭亡。

关于后唐的灭亡，欧阳修的《为君难论》讲，后唐末帝担心石敬瑭坐镇太原，"地近契丹，恃兵跋扈"，就想把他调至东面的郓州，"举朝之士皆谏以为未可"，只有枢密直学士薛文遇表示赞成。结果，不久石敬瑭"反书至"，"君臣相顾"，不知如何是好。欧阳修本意，是要说这样一个道理："前世为人君者，力拒群议，专信一人，而不能早悟以及于祸败者多矣。"毛泽东读至此，写了如下批语："不徙石敬瑭，没有薛文遇，照样亡国，不过时间先后耳。"

显然，毛泽东不赞同欧阳修的看法，因为从历史唯物主义角度看，唐末帝专信薛文遇，徙调石敬瑭，固然直接导致了石敬瑭的反叛，这可视为后唐灭亡的一根导火索，但后唐灭亡的更深刻原因，在于当时存在的各种矛盾。只要这些矛盾得不到解决，后唐的灭亡就是迟早的事。同这些矛盾相比，唐末帝专信薛文遇，徙任石敬瑭，都是次要的。

毛泽东批语斩钉截铁，是由于他对这一时期的历史特别是后唐的内部矛盾作了全面、深入研究。理由是：第一，毛泽东曾认真读过新、旧《五代史》和《资治通鉴》，对五代十国的历史十分熟悉；第二，后唐末年存在的诸多矛盾，决定了这个政权在五代十国的大背景中不可能长期存在下去。下面对此作简单的分析和介绍。

在中国历史上，五代十国可以称得上是最黑暗、最悲惨的时期之一。剧烈的社会动荡，连年的战争，各种各样的苛捐杂税，给人民带来的苦难极为深重，百姓连能否生存都成了问题。在这一点上，后唐的情况与这一时期其他小王朝的情况没有什么两样。其中细节此处暂不多讲，但必须指出一点，即一个政权，如果连人民的生存这一最起码的要求都保障不了，那么无论采用什么统治方法，都是不可能长久的。

这一时期的政治是一种赤裸裸的强权政治。封建纲常、伦理丧失殆尽，对政治活动具有约束力的其他因素也大都不起作用了。决定权力、地位的唯一因素是武力，谁掌握了军队，谁就称王称帝；谁失去了军队，谁就被废被杀。统治者如同发了狂一样，今天你杀他，明天我杀你，即使是父子兄弟，杀起来也丝毫不留情面，并且毫无顾忌。皇帝如同走马灯一样频繁更换，乱哄哄你方唱罢我登场。处于这一背景下的后唐，权力自然也免不了被拥有军权的将领所劫夺和随之而来的又一次改朝换代。唐末帝李从珂的皇位，当初就是劫夺来的。他可以夺，别人自然也可以夺，而石敬瑭恰恰又是一个野心家，握有军权，具备一切篡夺条件，早就准备反叛。五代十国时期的官吏，对于靠武力劫夺权力、地位的做法，司空见惯，习以为常。

这些官吏对于改朝换代，对于一个皇帝取代另一个皇帝，表现出了历史上少有的麻木。很少有人像其他历史时期的正直官吏那样，为一个王朝尽忠尽节。相反，历仕数朝而保住身家地位（如冯道）的官吏比比皆是。后唐末年的情况正是这样。很多官吏都知道石敬瑭对后唐是一个致命威胁，但他们并不急于对此采取措施。对他们而言，谁当皇帝都一样，个人利益才是最重要的。于是，后唐末帝名为一国之君，实际上却处于极度孤立的状态，成了真正的“孤家寡人”。一个政权，众叛亲离到了如此程度，不亡何待？

五代十国大分裂，与少数民族有密切关系。北方相继出现的五个政权，除后梁外，都与沙陀人有关。因此，当时的统治者对于向契丹称臣、称儿皇帝，并没有后人看得那样严重。而契丹政权恰恰又是影响中原王朝稳定，甚至存在的一个不可忽视的因素。

由此可见，危机四伏的后唐不亡于石敬瑭，也会亡于其他人之手，“不过时间先后耳”。

石敬瑭、桑维翰合谋卖国

【品读原文】 注意此等事。

——见《毛泽东读文史古籍批语集》，第267~273页。

【品读精华解析】 936年，石敬瑭灭后唐称帝，都于汴，国号晋，史称后晋。

五代十国时期，乱世枭雄层出不穷，称帝称王者比比皆是。从这一角度讲，石敬瑭称帝不过是在众多的称帝者中又增加了一个，本不值得特别注意。但是，石敬瑭的称帝又与其他人的称帝有所不同，他为了得到契丹人的支持，不惜向契丹称臣当儿皇帝，割让大片领土。石敬瑭这样做，使北方大片土地长期处于异族统治之下，为后世投降卖国者开了先河。后世人对此事的印象极为深刻。

石敬瑭向契丹人许下的条件是：向契丹称臣，拜契丹主为父，割让幽州之地及雁门关以北诸州，另加岁贡帛30万匹。这样的条件，连赞同他反叛后唐的刘知远都觉得有些过分。刘知远说："称臣可矣，以父事之太过，厚以金帛赂之，自足致其兵，不必许以土田，恐异日大为中国之患，悔之无及。"但石敬瑭一心想做皇帝，不听刘知远劝告，将幽蓟十六州（后又称燕云十六州），即今山西雁门关以北、河北北部、京津一带全部割让给了契丹。这是人们很熟悉的。

然而石敬瑭卖国，帮其策划、执行的桑维翰，人们不一定都熟知。桑维翰是后唐同光年间（923~926年）进士。石敬瑭反叛时，桑维翰在其手下任掌书记，"首预其谋"。石敬瑭向契丹人割地求救的表文，就是桑维翰起草的。后来，由于另一个卖国者赵德钧的竞争，石敬瑭害怕契丹人转而支持赵德钧，派桑维翰见契丹主，桑维翰"跪于帐前，自旦之暮，涕泣争之"，终于使得契丹主下了支持石敬瑭的决心。后来，后晋的一些将领提出讨伐契丹，桑维翰又力劝石敬瑭不可。

石敬瑭与桑维翰这两个卖国贼，对契丹奴颜婢膝，无耻至极。石敬瑭靠契丹得帝位，奉事辽主（937 年，契丹改国号为辽），极为恭敬，上表称辽主为“父皇帝”，除岁贡帛 30 万匹以外，加送辽主及述律太后以至辽相韩延徽、枢密使赵延寿等人大批贿赂。有时，辽方感到不如意，派人来责备，他总卑辞谢罪，请求原谅。桑维翰也一再强调“契丹之功”，提醒石敬瑭“不可负之”。但是，石敬瑭的部属中，不愿降辽者仍占多数。对石敬瑭的做法，“朝野咸以为耻”。比如，成德节度使安重荣就指斥石敬瑭“父事契丹，竭中国以媚无厌之虏”。941 年，游牧在雁门以北的吐谷浑部，不愿降附辽国，酋长白承福率众逃回河东，河东节度使刘知远使亲将郭威劝说白承福归附于河东镇。次年，辽主使人来问吐谷浑的罪名。石敬瑭既不敢得罪刘知远，更不敢得罪“父皇帝”，无路可走，忧郁成病，不久死去，结束了可耻的一生。桑维翰则在后晋末年，被另一个卖国者杀死。

毛泽东读《旧五代史》卷八十九《桑维翰传》，注意到其中的一个注。这个注的大概内容是，桑维翰应试前，其父引他去见齐王张全义，张全义“力言于当时儒臣，由是擢上第”。对此，毛泽东批道：“如不力言，则下第单子耳。”从这条批语中，可看到毛泽东对桑维翰其人的不屑与蔑视。

最后补充说明一点，后晋时期的卖国投降者不只石敬瑭、桑维翰两人。除这两人之外，较为有名的卖国投降者还有赵德钧、赵延寿父子，以及杜威、张彦泽等人。这些人投靠辽国，目的是在辽的羽翼下当皇帝。辽国则利用这一点，声称让他们做皇帝，鼓励他们做辽的鹰犬，在对后晋作战中充当前锋。辽国的这一策略，在分化后晋上层人物上收到了明显效果，因此，这一时期出现的卖国投降者特别多。

毛泽东读《新五代史》卷七十二《四夷附录》，针对辽国曾答应灭后晋后立赵延寿为皇帝一事，批道：“注意此等事。”外部势力干涉中国政治事务最常见的手法，就是扶持汉奸，在内部进行捣乱。“此等事”历来都有，自然值得注意。

书法不明，是为掩人耳目

【品读原文】 此等书法，不经说明，谁能知之？

——见《毛泽东读文史古籍批语集》，第 267~273 页。

【品读精华解析】 石敬瑭临死前，让儿子石重睿拜见冯道，又让宦官将石重睿抱到冯道怀中，其意是让冯道辅佐石重睿继位。石敬瑭死后，冯道并未按石敬瑭的意愿去做。冯道与天平节度使、侍卫马步都虞候景延广商议，“以国家多难，宜立长君”，改立石敬瑭之兄石敬儒的儿子石重贵做了皇帝。是为晋出帝。

《新五代史》卷八载，天福三年（938 年）“十二月丙子，封子重贵为郑王”。卷九载，天福八年（943 年）五月“追封皇伯敬儒为宋王”。不熟悉这一段历史的人，仅凭这两条记载，很难看出晋出帝与石敬儒之间的真实关系，很可能会得出晋出帝石重贵是石敬瑭儿子的印象。

那么，《新五代史》为什么要这样记呢？对此，欧阳修本人在《新五代史》卷九的最后做了一个说明，译成现代汉语，主要意思为：按照礼的规定，可以视兄弟的儿子为自己的儿子，但如果自己有亲生儿子，兄弟的儿子便不能为继承人。石敬儒其实是晋出帝的父亲，为什么写成‘皇伯’呢？因为石敬瑭有亲生儿子，石重贵继承皇位名不正言不顺，后晋的大臣立石重贵做了皇帝，违反了礼的规定，因此讳言晋出帝的父亲是谁，以此欺骗天下人，让世人觉得晋出帝好像真是石敬瑭的儿子似的。如果石敬瑭没有亲生儿子的话，石重贵以侄子身份继承帝位，就不用这样遮掩。写“追封皇伯敬儒为宋王”的用意，就是让世人看到晋出帝不是正统的继承人。

毛泽东读《新五代史》，对于欧阳修的这段说明性文字，旁批道：“此等书法，不经说明，谁能知之？”由于史书编写者的“春秋笔法”，把本来并不复杂的事情弄得叫人难以理解。在中国古代史籍中，类似的情形还有不少。幸亏欧阳修还特意加了一段说明，我们才了解到真相，否则，“不经说明，谁能知之?”

后晋不敌辽投降

【品读原文】 晋时事。

——见《毛泽东读文史古籍批语集》，第 267~273 页。

【品读原文】 事有如此之怪。

——见《毛泽东读文史古籍批语集》，第 257~262 页。

【品读精华解析】 石重贵即位后，任用景延广为相。景延广以反辽自任，经他坚持，晋出帝向辽主告丧时，自称孙而不称臣。辽主大怒，遣使来责。景延广说，晋有横磨大剑十万口，要战则来，他日打了败仗，贻笑天下，不要后悔。辽主更怒。赵延寿想代晋称帝，劝辽击晋。后晋的平卢节度使（驻青州，今山东益都）杨光远遣使密告辽主，说晋主负德背盟，境内大饥，公私困竭，趁此机攻之，一举可取。辽主集诸州兵合 5 万人，使赵延寿统率，对他说，如果得了中国，应当立你为帝。同时，辽主还经常指着赵延寿对后晋降人说，这是你们的主子。赵延寿信以为真，竭力为辽效劳。

944 年，赵延寿率兵南下，前锋到了黎阳（今河南浚县），辽主屯兵元城（河北大名县），以为后盾。后晋军沿黄河设防，交战中辽兵屡败。辽主听从赵延寿建议，自率兵十余万，至澶州（今河南濮阳）城北列阵，想一战取胜。晋将高行周率前军与辽军战，互有胜败。辽主见晋军不弱，对左右说，杨光远说晋兵已饿死一半，为什么还这样多。晋、辽两军苦战至傍晚，死伤都很重。入夜后，辽军后退 30 里，随后，辽兵分两路回国，一路经沧州、德州，一路经深州、冀州，沿路烧杀抢掠，方圆1000里内几乎什么也没剩下。

第二年，辽兵再次大举南侵。辽主进驻元氏（今河北元氏县）仍派赵延寿为先锋，晋军屯邢州（今河北邢台县）。当时桑维翰代景延广执政，他畏惧辽军，令诸军撤退，退到相州城（今河南安阳市）。后晋朝廷下令几路军队还屯澶、魏、邢等州。晋军数万在相州安阳水南岸列好阵势，将军皇甫遇、慕容彦超率数千骑去侦察，被辽兵数万围困，将军安审琦率骑兵往救。辽军望见尘起，即解围退去。毛泽东读《新五代史》卷四十七《皇甫遇传》，在这一段记载下写了提示性批语："晋时事。"

辽军退去的当晚，晋将张从恩认为，辽军兵多，晋军兵少粮缺，不如退至黎阳仓，靠大河拒守。张从恩不待诸将议决，即引本部兵先行撤退，只留下500人守安阳河桥。知州何彦伦与军校商议说，500疲惫之兵怎能守桥，便带500兵入守相州城。天亮后，赵延寿与辽将率兵数万前来攻城，在安阳河北布阵。相州守军在城上摇旗呐喊，辽军不知城中虚实，只好退走。

相州被围，辽军本来占有绝对优势，却莫名其妙撤走。这类难以理解之事，在此次辽兵入侵中屡有发生。如前述皇甫遇脱围的当晚，辽军中有传言说晋大军来了，辽主在邯郸听到这个消息，立即退走，两天走了300里。毛泽东读《旧五代史》卷八十三《晋少帝本纪》，注意到了晋、辽之间交战中出现的这种现象，批道："事有如此之怪。"

946年，晋出帝任杜威为元帅，李守贞为副帅，率诸军击辽。结果，辽兵在恒州（今河北正定县）包围了杜威所部，杜威投降。接着，辽主引兵南下，长驱直入开封城。晋出帝上降表，晋亡。

冯道是“风俗之坏极”的代表

【品读原文】 五代纲维横决，风俗之坏极矣，冯道其代表也。宋兴稍一振，然犹未也。

——见《毛泽东早期文稿》，第591~592页。

【品读精华解析】 毛泽东非常重视人的道德品质，在他执政期间，从来都极为重视思想道德建设。在评价历史人物的时候，也是这样。他曾经说过：“五代纲维横决，风俗之坏极矣，冯道其代表也。宋兴稍一振，然犹未也。逮范文正出，砥砺廉节，民黎始守纲常戒于不轨。其至也，朱程礼义之士兴，天下风俗，骎骎比隆东汉焉。”

冯道的确是一位“长乐老”。中国人说“知足者常乐”，冯道是有官就长乐。中国人说“无官一身轻，有子万事足”，冯道是无官不能活，有官万事足。

冯道的一生，就是一部“做官学”，他本人就是一位官场常胜将军，是一部活的教材，他一生的意义也许就是教人怎样做官，用他一生的实践在向人们宣告着官场不倒的秘密：良心丧尽+善于投机。

毛泽东一生反对机会主义者。什么是机会主义呢？机会主义就是没有原则，没有理想，就是见风使舵，就是有奶便是娘。因而，从一定意义上说，机会主义者是最无耻的。例如，今天有些商人没有原则和理想，什么赚钱就做什么，结果好则树不起什么品牌，成不了什么气候，坏则一败涂地，甚至锒铛入狱，这就是商业上的机会主义者，冯道是政治上的机会主义者，用今天的话说就是旧政客。毛泽东一生坚持革命理想，最不能容忍的就是政客，因此，他将冯道称为五代“风俗之坏极”的代表，也就可以理解了。

后唐灭梁胜在审机独断

【品读原文】 已成摧枯之势，犹献退兵之谋，世局往往有如此者。此时审机独断，往往成功。

——(见《毛泽东读文史古籍批语集》，第 309~310 页)。

【品读精华解析】 《后唐灭梁》一节中，记述了五代时期后梁与后唐两个封建政权相互争斗，长期攻战，直至后唐灭掉后梁的历史过程。毛泽东认真阅读了这一节的内容之后，在“后唐灭梁”四个字的标题旁逐字加了旁圈，以示重视，并对书中记述的几次重大战役作了许多圈点和批注，加以评论。后梁末帝贞明四年（918 年）年底，李存勖出兵进攻后梁。由于轻敌冒进，在一次战斗中，其部下大将周德威父子双双战死，梁军乘机四面蚁集，并占据一座土山的制高点，晋军的形势十分严峻。

但是，李存勖不气馁，又重新聚集起溃兵散卒，大举反攻，再次夺回了这座土山。傍晚，梁军又发动进攻，“晋兵望之有惧色，诸将以为诸军未尽集，不若敛兵还营，诘朝复战”。毛泽东在这句话的旁边画了一串叉，显然是不同意这种态度。李存勖召集部下诸将商议对策时，天平节度使、东南面招讨使阎宝说：“王彦章骑兵已入濮阳，山下惟步卒，向晚皆有归志，我乘高趣下击之，破之必矣。今王深入敌境，偏师不利，若复引退，必为所乘。诸军未集者闻梁再克，必不战自溃。凡决胜料敌，惟观情势，情势已得，断在不疑。王之成败，在此一战。若不决力取胜，纵收余众北归，河朔非王有也。”昭义节度使李嗣昭说：“贼无营垒，日晚思归，但以精骑扰之，使不得夕食，俟其引退，追击可破也。我若敛兵还营，彼归整众复来，胜负未可知也。”银枪大将李建及说：“贼大将已遁，王之骑军一无所失，今击此疲乏之众，如拉朽耳。王但登山，观臣为王破贼。”毛泽东对这三段引文逐字加了旁圈，表示认同三位将军的意见，并在天头上批注道：“此战必不可少。”李存勖采纳了这三个人的意见，并动情地说：“非公等言，吾几误计。”于是，李嗣昭、李建及“以骑兵大呼陷阵，诸军继之，梁兵大败”，“自相腾藉，弃甲山积，死亡者几三万人”。毛泽东对这几句引文也逐字加了旁圈，以表示很满意这一战役的结果。

后梁遭到后唐的不断打击之后，大势已去，然犹做垂死挣扎。后唐庄宗同光元年（923年），李存勖屯兵于朝城，准备与梁军展开决战。这时，梁军右先锋指挥使康延孝率领百余骑兵来降，李存勖礼贤下士，当即脱下自己的锦袍、玉带赠送给康延孝，并封他为南面招讨都指挥使、领博州刺史。然后向他询问有关后梁的军情。康延孝以实相告说：梁末帝既懦弱又糊涂，只宠信赵岩及张汉鼎、张汉杰兄弟，这些人便恃宠弄权，卖官鬻爵，胡作非为，民怨极大；而梁军主帅段凝又“智勇俱无”，“终必败亡”。为了报答知遇之恩，康延孝又出谋献策说：“臣窃观梁兵，聚则不少，分则不多。愿陛下养勇蓄力以待其分兵，帅精骑五千自郓州直抵大梁，擒其伪主，旬月之间，天下定矣。”李存勖听后很高兴，采纳了他的意见，依计夺取了郓州。毛泽东对康延孝的这番分析献策逐字加了旁圈，以示重视。

正当李存勖准备乘梁军势衰发动总攻的时候，由于李继韬举潞州投降后梁，后唐也就立即陷入内忧外扰的严峻形势：正面，梁军主帅段凝分兵数路前来争夺郓州；北边，契丹要在“草枯冰合”之时乘机进犯；唐军背后，李继韬配合后梁援军攻取了泽州，又分兵进攻晋阳和成德，断绝了唐军归路；而后唐境内又因连年的战乱破坏，军需粮草十分匮乏。因此，李存勖“深以为忧”，遂召集众将领商量对策。宣徽使李绍宏等人认为：“郓州城门之外，皆为寇境，孤远难守，有之不如无之，请以易卫州及黎阳于梁，与之约和，以河为境，休兵息民，俟财力稍集，更图后举。”毛泽东对这种畏缩妥协的主张，又一次逐字画了一串叉，并在天头上批注道：“已成摧枯之势，犹献退兵之谋，世局往往有如此者。此时审机独断，往往成功。”

李存勖听了李绍宏等人的妥协退兵之策，很不高兴地说：“如此，吾无葬地矣。”他让诸将散去，独自征求枢密使郭崇韬的意见。郭崇韬说：陛下不洗浴，不解盔，日征夜战十五年，方才登上帝位。老百姓都盼望国家太平，安居乐业。现在刚夺取郓州就守不住，陛下怎能安定中原呢？如果依照李绍宏的意见行事，恐怕将士都会“食尽众散”，虽划河为界，可谁为陛下守卫呢？我曾询问过康延孝，详细打听了后梁的实情。“段凝本非将材，不能临机决策，无足可畏。降者皆言大梁无兵，陛下若留兵守魏，固保杨刘，自以精兵与郓州合势，长驱入汴，彼城中既空虚，必望风自溃。苟伪主授首，则请将自降矣。”毛泽东对郭崇韬这段分析献策逐字加了旁圈，表示赞同，并认为郭崇韬的意见与康延孝的计策基本一致，所以又在天头上批注道：“仍康延孝之意。”

郭崇韬的一番话，更坚定了李存勖进取的决心。于是，他先以优势兵力挫败了进攻郓州的梁军，“大喜，谓郭崇韬曰：郓州告捷，足壮吾气”。毛泽东对这句引文也逐字加了旁圈，以肯定李存勖其军事行动。接着，李存勖挥师直取汴梁，迫使梁末帝自杀，后梁灭亡。至此，李存勖因为在关键时刻能够“审机独断”，所以终于灭梁“成功”。毛泽东对这次后唐灭梁的决定性战役，进行了高度的概括，他在批注中评论说：康延孝之谋，李存勖之断，郭崇韬之助，此三人者可谓识时务之俊杰。

李存勖有超凡出众的军事才能，关键时刻能够“审机独断”，一举而灭梁，堪称五代时期一位杰出的军事家。因此，毛泽东对于李存勖的事迹，也有多处圈点和批注。当李存勖的父亲李克用惨败于朱全忠之后，李克用很担心后梁的威胁，李存勖“慰以尊养待时，勿轻沮丧”，还说“夫为天下者，不顾小怨”。对此，明末史学家张溥便在篇末史论中评价说：“晋王志气远大。”李存勖登上帝位后，立即挥师南下，终于灭梁成功。对此，张溥又评论说：“兵败而复胜，师正而出奇，询谋良将，决断胸中，履险若夷，及锋既用。”毛泽东对张溥的这些评论逐字加了旁圈，有的还在天头上画着三个圈，以示赞同。

郭威称帝过程记载不明

【品读原文】 旧史无此。

所谓允明反弑，明是诬词。

——见《毛泽东读文史古籍批语集》，第 267~273 页。

【品读精华解析】 后汉隐帝刘承祐虽然名义上是皇帝，却处处受制于权臣，不掌实权。950 年底，他密谋诛杀了几位主政主军的大臣后，又派人去魏州杀统军大将郭威。郭威得讯后，让养子郭荣留守，命郭崇威率骑兵为先头部队，随后自率大军，朝京城进发。

郭威的大军一路畅通无阻，基本没有遇到像样的抵抗，7 天后，便到了开封城外。后汉朝廷慌作一团，意见纷纭，莫衷一是。刘承祐派军队出城作战，结果失败。刘承祐逃至赵村，被追兵赶上，下马躲入老百姓家里，最后为乱兵杀死。郭威军顺利进入京城。

郭威进京时，后汉高祖刘知远的弟弟河东节度使刘崇在太原，忠武节度使刘信在许州，刘崇之子刘赟为武宁节度使在徐州。此三镇如果联合起来，号召复汉，对郭威十分不利。于是，郭威设计：先声称迎刘赟为帝，稳住刘崇，待刘资远离徐州，距京城较近时，连同刘信一起除掉，刘崇一伙也就无能为力了。定计之后，便以太后名义下令立刘赟为帝，派大臣冯道等去徐州奉迎。这一计策果然蒙住了刘崇和刘赟。刘崇听说是自己的儿子当皇帝，不再发兵。刘赟前来即位，至宋州，被拘。郭威以太后名义将刘赟废为湘阴公，不久将其杀死，刘信自杀。等到刘崇知道上当，为时已晚，只能于郭威称帝后，自己也据晋阳称帝，国号汉（北汉）。

951 年，辽兵入寇。郭威率大军击辽，行至澶州，将士数千人忽大噪，对郭威说，将士抢掠京城，与刘家人结了仇，不能再让刘家人做皇帝，皇帝该你自己做。于是不由分说，将黄旗披在郭威身上，拥其为皇帝。郭威称帝，国号周，史称后周。

以上这段历史，史书记载不尽相同，在一些看似是细节而实际上关系重大之处，某些官修史书明显有曲笔和遗漏。毛泽东在读这段历史时，注意到了其中两点。

第一，郭威是怎样动员手下将士起兵反汉的？《新五代史》卷十一《周太祖本纪》中的说法是，郭威仿造了一份诏书，内容是汉隐帝密令诛杀将士。将士们因此被激怒了，站到了他这边。毛泽东读《新五代史》卷十一《周太祖本纪》，在这段内容下批道："旧史无此。"

"旧史"指《旧五代史》。其中记载：郭威见到诏书后，同魏仁浦商量办法，魏仁浦说，你是立过大功、手握强兵的大臣，现在遭到小人陷害，怕是分辩不清了。事情到了这个地步，不可坐以待毙。于是，郭威召集郭崇威、曹威和诸将，"告以杨邢等冤死及有密诏之状"，要他们执行密诏，"庶不相累"。郭崇威说，天子年幼，这件事一定是天子左右的小人干的，如果这些小人得了志，国家便没有安定的时候了。他提出同郭威一道"入朝自诉，荡涤鼠辈以清朝廷"。这里，郭威不仅没有伪造诏书，反而还将诏书内容如实向诸将作了传达。

《旧五代史》之所以不载伪造诏书事，并非因为此事不重要，而是考虑到仿造诏书毕竟是一种不够光明正大的办法，有损郭威形象。《旧五代史》这一段是根据后周的记录所写。后周官员自然不愿，也不敢将这种内容记录下来。

第二，汉隐帝刘承祐是被谁杀死的？《新五代史》《旧五代史》都称，杀死汉隐帝的是翰林茶酒使郭允明。其中《新五代史》卷十一《周太祖本纪》的记载是："十一月……甲辰……郭允明反，弑隐帝于赵村。"然而，毛泽东不相信这一记载，他在读到这里时批道："所谓允明反弑，明是诬词。"

毛泽东的判断是有道理的。据《资治通鉴》卷二八九载："帝策马将还宫，至玄化门……帝回辔，西北至赵村，追兵已至，帝下马入民家，为乱兵所弑。"同书《考异》记："刘恕曰：'允明，帝所亲信，何由弑逆！盖郭威兵弑帝，事成之后讳之，因允明自杀，归罪耳。按：弑帝者未必是郭允明，但莫知为谁，故止云乱兵。”

南唐不抓政治亡国

【品读原文】 南唐李后主虽多才多艺，但不抓政治，终于亡国。

——毛泽东于 1957 年 4 月 10 日同人民日报社负责人的谈话（转引自邓振宇等编：《毛泽东评点二十四史人物精选》，时事出版社 1997 年 12 月版，第 1402 页）。

【品读精华解析】 毛泽东在 1957 年 4 月 10 日同人民日报社负责人谈话，批评“书生办报”时说：“南唐后主虽多才多艺，但不抓政治，终于亡国。”毛泽东的这个评论是很有见地的。

南唐后主李煜算得上是有艺术气质和创作才能的一代词家，并且能书善画，通晓音律。但严格说来李煜算不上一个政治家，甚至他本人对政治也根本不感兴趣。李煜青年时代，经常受到长兄太子弘冀的猜忌。陈彭年《江南别录》记载：“后主幼而好古，为文有汉魏风。母兄冀为太子，性严忌。后主独以典籍自娱，未尝干预时政。”他不便参与政治，于是就把才智精力倾注于文学艺术和爱情逸乐中去。太子弘冀和其他四位兄长后早死，李煜徙封为吴王，以尚书令知政事居东宫，但也仅开崇文馆以招揽文学之士。政治锻炼的严重不足，对李煜后来的一生产生了重要的影响。

李煜即位前，南唐国力每况愈下，先臣事于周，后又奉宋正朔，纳贡称臣。即位后，面对宋室强大的压力，李煜虽然也“常常以国蹙为忧”，但他既缺乏封建社会政治家的才干和权术，又没有治国御敌的良策，甚至缺乏辨别忠奸的眼光和鉴别人才的能力。据史书记载，当时朝廷大臣中也有一些忧愤国事忠贞有识之士。南都留守林仁肇提出收复淮南故地的良策，李煜惧不敢从，却听信谗言，派人把他杀了。

既不会抓政治，又不敢抓政治，李煜便只能一味卑辞厚礼，以谋妥协。他派弟弟李从善去宋室朝贡，结果被留为人质。又去唐号，改称“江南国主”，贬损仪制。李煜深知宋军迟早要挥师南下，但不思振作，不做任何准备。他派徐铉出使宋廷说：“李煜事大宋礼甚恭，以病未任朝谒，非敢拒诏。乞缓兵以全一邦之命。”宋太祖一听，按剑大怒：“不须多言！江南亦有何罪？但天下一家，卧榻之侧，岂容他人鼾睡！”徐铉只得惶恐而退。李煜不抓政治，不搞战备，他最大的愿望是希望宋太祖延缓派兵南下：“倘宗社之失不在臣身，则死生之愿足矣。”将一邦性命系于他人一念之仁，这何止是不抓政治，简直是不懂政治。

由于李煜政治上孱弱昏庸，加速了南唐的灭亡。

就在内忧外患接踵而至的时候，李煜仍然过着风流放荡的生活。他自称“浅斟低唱偎红依翠大师，鸳鸯寺主，传持风流教法”。纳小周后后，更是寄情声色，穷极侈靡，每日唱歌吟词作乐。他自己在词中记载，宫廷中经常纵情声色，甚至通宵达旦，“红日已高三丈透，金炉次第添香兽”，宫廷中歌舞依然进行，以致“佳人舞点金钗溜”。宫廷中的奢靡由此可见一斑。处在这种优游岁月中的李煜，自然更少关心政治了。李煜又笃信佛法，广建佛寺，甚至在宫禁中也建造僧尼精舍，多聚徒众。宋室正是利用了他崇佛这一点，派出小长老等为间谍，作为破城时的内应的。

胡仔《苕溪渔隐丛话》记载宋太祖说：“李煜若以作诗工夫治国事，岂为吾虏也。”话虽有讽刺之意，但却也道出了李煜被俘并不是不可避免，而是根本不抓政治，根本没有去争取，所以最后“归为臣虏”，“仓惶辞庙”，过着“日夕只以眼泪洗面”的俘虏生活，他自己要负责的。对于这一点，李煜似乎也有所认识。他在《破阵子》词中写道：“四十年来家国，三千里地山河。凤阁龙楼连霄汉，玉树琼枝作烟萝，几曾识干戈？”词中明显表达出愧意，他说：“自是人生长恨水常东。”这恨是不是也包含着对自己不抓政治的悔恨呢？毛泽东说李煜不抓政治，终于亡国，正是揭示了这个道理。

跟毛泽东读《二十四史》

第十四章

卷帙浩繁，贯通南北

——毛泽东品读《宋史》

两宋是我国周边少数民族再度崛起的时期。北宋先后与辽、夏对峙而终亡于金，南宋先后与夏、金、蒙古并立而终亡于元。因此，毛泽东读《宋史》，很注意研究两宋与各少数民族政权之间的战争问题，同时也注意查证历史记载的正确性，与此同时，对宋朝时期的许多文人书籍也进行了多次批注。这些，对我们读宋史有很好的指导作用。

赵匡胤“黄袍加身”不实

【品读原文】 ……每一部史书，都是由封建的新王朝臣子奉命修撰的，凡关系到本朝统治者不光彩的地方，自然不能写，也不敢写，如宋太祖赵匡胤本是后周的臣子，奉命北征，走到陈桥驿，竟发动兵变，篡夺了周的政权。《旧五代史》（宋臣薛居正等撰）却说他黄袍加身，是受将士们“擐甲将刃”“拥迫南行”被迫的结果，并把这次政变解释成是“知其数而顺乎人”的正义行为。

——摘自芦荻：《毛泽东读二十四史》（见《光明日报》1993年12月20日）。

【品读精华解析】 毛泽东曾说：“一部二十四史大半是假的，所谓实录之类也大半是假的。”他还分几个方面说明了二十四史为什么会假，并举了例子，其中之一是：

……每一部史书，都是由封建的新王朝臣子奉命修撰的，凡关系到本朝统治者不光彩的地方，自然不能写，也不敢写。如宋太祖赵匡胤本是后周的臣子，奉命北征，走到陈桥驿，竟发动兵变，篡夺了周的政权。《旧五代史》（宋臣薛居正等撰）却说他黄袍加身，是受将士们“擐甲持刃”“拥迫南行”被迫的结果，并把这次政变解释成是“知其数而顺乎人”的正义行为。

赵匡胤篡周一事，史称“陈桥兵变”。关于这一事件，各种官修史书的记载如下。

《旧五代史》卷一百二十《周恭帝本纪》载：“（显德）七年（960）春正月辛丑朔，文武百僚进名奉贺，镇、定二州驰奏，契丹入寇，河东贼军自土门东下，与蕃寇合势，诏今上（指赵匡胤）率兵北征。癸卯，发京师，是夕宿于陈桥驿。未曙，军变，将士大噪呼万岁，擐甲将刃，推戴今上升大位，扶策升马，拥迫南行。”于是，周恭帝下诏禅位。

《新五代史》卷十二《周恭帝本纪》载：“（显德）七年春正月甲辰，（周恭帝）逊于位，宋兴。”

《宋史》卷一《太祖本纪》载：“（显德）七年春，北汉结契丹入寇，命出师御之。次陈桥驿，军中知星者苗训引门吏楚昭辅视日下复有一日，黑光摩荡者久之。夜五鼓，军士集驿门，宣言策点检为天子，或止之，众不听。迟明，逼寝所……诸校露刃列于庭，曰：‘诸军无主，愿策太尉为天子。’未及对，有以黄衣加太祖身，众皆罗拜，呼万岁，即掖太祖乘马。太祖揽辔谓诸将曰：‘我有号令，尔能从乎？’皆下马曰：‘唯命。’太祖曰：‘太后、主上，吾皆北面事之，汝辈不得惊犯，大臣皆我比肩，不得侵凌，朝廷府库，士庶之家，不得侵掠。用令有重赏，违即孥戮汝。’……副都指挥使韩通谋御之，王彦升遽杀通于其第。太祖进登明德门，令甲士归营，乃退居公署。有顷，诸将拥宰相范质等至，太祖见之，呜咽流涕曰：‘违负天地，今至于此！’质等未及对，列校罗彦瑰按剑厉声谓质等曰：‘我辈无主，今日须得天子。’质等相顾，计无从出，乃降阶列拜，召文武百僚，至晡，班定。翰林承旨陶谷出周恭帝禅位制书于袖中，宣徽使引太祖就庭，北面拜受已，乃掖太祖升崇元殿，服衮冕，即皇帝位。迁恭帝及符后于西宫，易其帝号曰郑王，而尊符后为周太后。”

这些记载，文字上固然有出入，但都将赵匡胤龙袍加身说成是被迫的。而实际上，“陈桥兵变”显然是赵匡胤和赵匡义蓄意发动的一次军事政变。《续资治通鉴》卷一的《考异》称：“据《辽史·穆宗记》，应历十年（960年）正月无用兵事。又，《辽史·萧思温传》云：周师陷易、瀛、莫等州，人皆震骇，往往遁入西山。是年闻周丧，燕民始安。以事势度之，显德六年（959年），周师取三关，辽人败衄之余，群情震恐，断不能甫逾月即举兵南下也。《辽史》不载此事，得其实矣。”这说明，本来就没有所谓“北汉结契丹入寇”之事。即使镇、定二州确有关于这一方面的报告，也是有意导演出来的。

拥兵将领凭借武力劫夺政权，这种事情在五代十国时期屡见不鲜。“陈桥兵变”则是这种劫夺的重演。对于发生这种事情，周世宗并非全无防备。当时周太祖郭威的女婿张永德任殿前都点检。张永德立有军功，所掌握的殿前诸班是最精锐的禁军。由于有传言说“点检作天子”，周世宗削去张永德军职，改任他为宰相，以赵匡胤任殿前都点检。然而在那个时代，无论谁掌握了军权，都可能成为篡夺者。张永德靠不住，赵匡胤同样靠不住。周世宗可能想不到，尽管采取了预防措施，他死后过了半年，新换的殿前都点检还是做了皇帝。

“陈桥兵变”发生后，后周官僚的反应各不相同。有的试图反抗，被镇压了，如《宋史》卷，《太祖本纪》中提到的副都指挥使韩通知道此事后，慌忙往家中赶，准备率众抵抗。结果赵匡胤的部下王彦升骑马赶至其家，将韩通及其妻子一道杀死。有的官僚对此事表示痛心疾首。如宰相范质，退朝后知道发生了兵变，抓着另一个宰相王溥的手说：“仓卒遣将，吾辈之罪也。”几乎抓出血。虽然范质和其他大多数官僚一样，最后都投靠了赵匡胤，但在当时情况下，他们这样做，在很大程度上应是出于无奈，根本不是因为赵匡胤称帝一事“应天顺人”。

毛泽东读《宋史》时，对赵匡胤还作过另一个批语：“说不杀士大夫，伪也。”赵匡胤曾说过“誓不杀士大夫”。然而在《宋史·太祖本纪》里，却记有不少杀士大夫的实例。如乾德四年（966 年）五月甲戌，“光禄少卿郭圮坐赃弃市”。八月庚戌，“枢密直学士冯瓒、绫锦副使李美、殿中侍御史李楫，为宰相赵普陷，以赃论死。会赦，流沙门岛，逢恩不还”。毛泽东的批语，揭穿了赵匡胤言行不一的真面目。

毛泽东之所以讲陈桥兵变的故事，并将它与二十四史中对它的记载相比较，就在于要人们学会透过现象看本质。

宋太宗德才不备

【品读原文】 此人不知兵，非契丹敌手。

尔后屡败，契丹均以诱敌深入。聚而歼之的办法，宋人终不省。

契丹善用诱敌深入战，让敌人多占地方，然后待机灭敌。

——毛泽东读《宋史·太宗纪》的批语（见《毛泽东读文史古籍批语集》，第 278~279 页）。

【品读精华解析】 宋太祖开宝九年（976 年），赵匡胤死，其弟赵匡义（又名赵光义、赵炅，即宋太宗）即位。毛泽东对赵匡义的评价，比对赵匡胤还低。将毛泽东的有关批语归纳起来，就是：赵匡义无德无能。

关于赵匡义的无德，毛泽东的批语主要涉及两件事：其一是赵匡胤之死，其二是赵匡义立太子后暴露出来的小人心理。

赵匡胤之死是一桩历史公案。《宋史·太祖本纪》《太宗本纪》皆未提赵匡胤的死因。从历史记载的惯例讲，这也就意味着赵匡胤的死是一种自然死亡。北宋熙宁年间（1068~1077 年）出现的一部杂记类著作《湘山野录》，其中有“烛影斧声”之说，赵匡胤是被赵匡义杀死的。南宋初李焘编《续资治通鉴长编》，采用了这一说法。宋代以后，有人认为《湘山野录》的记载不足凭信，有人则认为不可信的是《宋史》的记载，因为它经过了史臣的粉饰加工。到底哪种说法更可靠，迄今尚无定论。

赵匡胤是否为赵匡义杀死？第一，官修史书不会记录下是赵匡义所杀，史官因为君王讳，不能记；而发生在宫廷内部的事情，民间又无从了解其真相。第二，总的来看，《续资治通鉴长编》的可靠性绝对不低于《宋史》，但是《湘山野录》一书的记载，就不一定可靠了。《续资治通鉴长编》据《湘山野录》编纂历史，其可靠性自然也会因此而打折扣。因此，对于赵匡胤是不是被赵匡义杀死这个问题，在没有发现新的权威材料之前，便只能是仁者见仁、智者见智了。

毛泽东读《宋史·太祖本纪》，在有关赵匡胤之死的文字下批道："不书病，年五十。"

在《宋史·太宗本纪》的赞语旁又批道："不择手段，急于登台。"

从这两条批语可以看出，毛泽东显然是相信"烛影斧声"之说的。

赵匡义的小人心理，在《宋史纪事本末·至道建储》中有一段很形象的文字。这段文字的大意是：至道元年（995年）八月，赵匡义立寿王元侃为皇太子。由于将近百年没见过立太子仪式了，京城的老百姓对重新举行这种仪式非常高兴，称新立的太子为"少年天子"。赵匡义听到这种称呼后很不高兴，把寇准叫来，对他说：老百姓都倾向于太子，我怎么办？寇准向他祝贺说：这是国家的福气啊！赵匡义这才高兴起来。连自己的儿子受到臣民拥戴都心怀嫉妒和不满，赵匡义的心胸之狭窄也就可想而知了。毛泽东读书至此，批道："赵匡义小人之言。"

关于赵匡义的能力，《宋史》卷五《太宗本纪二》的赞语称，赵匡义"沉谋英断，慨然有削平天下之志"，称赞他的功德"炳焕史牒"。毛泽东对这种溢美之词不以为然，批道："但无能。""幽州之败。"

所谓"幽州之败"，指的是北宋初年宋朝在对辽作战中的两次失败。第一次失败发生在979年。这年，宋军平定了占有今山西太原及附近地区的北汉，随后乘胜伐辽，试图一举收复五代时被辽占领的燕云之地。宋太宗率兵长驱直入辽国的南京（今北京市），屡攻不能下。宋军当初攻太原，用了几个月时间，已经疲惫，此时又攻南京，更加懈怠。辽将耶律休哥引大军来，先是在具有决定性的高梁河（今北京东）一战中大败宋军，之后又一路追击，宋太宗坐着驴车狼狈逃走，宋军兵仗、辎重皆被辽军俘获。

宋军在高梁河战败一事，《宋史》卷四《太宗本纪一》中虽然也有记载，但从中看不出赵匡义大败逃走的狼狈相。而毛泽东在读《宋史》这一段文字时，则毫不客气地指出："此人不知兵，非契丹敌手。""尔后屡败，契丹均以诱敌深入、聚而歼之的办法，宋人终不省"。

雍熙三年（986年），在经过几年的准备后，赵匡义再度发兵伐辽。此次兵分三路，一路由曹彬、米信率领，为主力，号称10万；一路由田重进率领；一路由潘美、杨业率领。而辽朝一方则兵分两路，以南京留守耶律休哥对抗曹彬等，耶律斜轸领兵抵挡潘美等，辽承天后、辽圣宗则亲领大兵相机增援。

同979年一样，此次战争一开始，宋军进展亦很顺利，三路大军皆收复了一些州县，但是随着战线拉长，宋军的弱点也暴露出来：劳师远来，粮运不继，机动性差。辽朝名将耶律休哥针对宋军的弱点大做文章，他不与宋军力战，而是千方百计拖垮宋军，切断宋军的粮道。面对辽军的这种战术，曹彬虽然占领了涿州（今河北涿州），十几天后却因粮尽而不得不退守雄州（今河北雄县）。后来，当曹彬所部想再攻涿州时，耶律休哥仍然采用老战术，使宋军始终处于缺粮缺水，被动挨打的境地，疲于应付。宋军且行且战，好不容易靠近了涿州，军粮已尽，不得不又一次后撤。耶律休哥抓住这个机会，率军大举反攻，大败宋军。宋军人马相踏，死者无数，弃甲仗如山。此后宋军全线撤退，辽军取得了对宋作战的全面胜利。宋朝的此次北伐也就这样结束了。雍熙三年后，宋朝在军事上对辽基本处于守势。

毛泽东读《宋史》卷五《太宗本纪二》，针对宋朝雍熙三年伐辽的文字，批道："契丹善用诱敌深入战，让敌人多占地方，然后待机灭敌。"同批评赵匡义"不知兵"形成鲜明对照，毛泽东对契丹人采用的"诱敌深入、聚而歼之"战术，颇为赞赏。契丹人的这种战术，同毛泽东指导革命战争时运用的战略战术，有相似之处。毛泽东总结出的"敌进我退，敌驻我扰，敌疲我打，敌退我追"十六字方针，就是"诱敌"后"待机灭敌"的策略。可见，毛泽东读《宋史·太宗本纪》时作的批语，不仅仅是一种读书心得，其实也是他本人军事生涯中的得意之笔。

毛泽东认为，诱敌深入是克敌制胜的基本战略战术原则之一。1965年8月11日，罗瑞卿向毛泽东和中央常委汇报关于诱敌深入的备战方法问题时，毛泽东谈道：就是要诱敌深入。我最近研究历史，古今中外，凡是诱敌深入的，就把敌人歼灭了；凡是开始打了胜仗，兴高采烈，深入敌境，就打败仗。宋朝第二个皇帝赵光义，经过苦战灭亡了北汉，占领了太原之后，接着就同辽国打仗，深入到现在的北京附近，被敌人一个反击，打得大败，皇帝几个月不知下落。刘邦也是几次轻敌冒进，被打得大败，差一点被敌人捉住。……不让敌人打些胜仗，尝到味道，它就不来了。这件事要经常研究才好。

宋高宗才是投降派的首脑

【品读原文】　主和的责任不全在秦桧，幕后是宋高宗。秦桧不过执行皇帝的旨意。高宗不想打，要先“安内”，不能不投降金人。文徵明有首词，可以一读。是赵构自己承认：“讲和之策，断自朕意，秦桧但能赞朕而已。”后来史家是“为圣君讳耳”，并非文徵明独排众议，他的《满江红》：“慨当初，倚飞何重，后来何酷！岂是功高身合死，可怜事去言难赎。”一似丘浚的《沁园春》所说：“何须苦把长城自坏，柱石潜摧。”

——(见舒湮：《1957年夏季我又见到了毛泽东主席》，载《文汇月刊》1986年第9期)。

【品读原文】　……封建社会有一条“为尊者讳”的伦理道德标准，必是皇帝或父亲的恶行，或是隐而不书，或是把责任推给臣下或他人。譬如宋高宗和秦桧主和投降，实际上主和的责任不全在秦桧，起决定作用的是幕后的宋高宗赵构，这在《宋史·奸臣传》的《秦桧传》里，是多少有所反映的。

——(见芦荻：《毛泽东读二十四史》，载《光明日报》1993年12月20日)。

【品读精华解析】　宋钦宗靖康二年（1127年），金朝军队攻破北宋都城汴京，掳走宋徽宗、宋钦宗，北宋灭亡。岳飞《满江红》词中“靖康耻”句，指的便是这件事。同年五月，宋钦宗的弟弟赵构南逃至今河南商丘（时称“南京”）称帝（宋高宗），重建宋王朝，改年号为建炎，史称南宋。

宋高宗上台后，面对金兵的不断入侵，执行消极抗战、积极投降的对金政策。南宋初年的历史，呈现出抗战—投降—再抗战—再投降的过程。也就是说，当金朝的进攻威胁到南宋的统治时，宋高宗不得不任用抗战将领抵抗敌兵；当抗敌获胜，宋高宗就又信用主张投降的官僚屈膝求和；金兵再度南侵，宋高宗被迫再次起用抗战将领；抗战获胜，宋高宗就又在胜利形势下向金求降。

对于南宋初年执行主和投降政策，后人通常将责任归之于秦桧，并把对投降卖国者的义愤，集中在他的身上。然而，毛泽东读史，却发现南宋主和投降的决策人物并非秦桧，而是宋高宗赵构。据舒湮回忆，毛泽东 1957 年曾说过：

主和的责任不全在秦桧，幕后是宋高宗。秦桧不过执行皇帝的旨意。高宗不想打，要先“安内”，不能不投降金人。文徵明有首词，可以一读。是赵构自己承认：“讲和之策，断自朕意，秦桧但能赞朕而已。”后来史家是“为圣君讳耳”，并非文徵明独排众议，他的《满江红》：“慨当初，倚飞何重，后来何酷！岂是功高身合死，可怜事去言难赎。”一似丘浚的《沁园春》所说：“何须苦把长城自坏，柱石潜摧。”

毛泽东晚年，在指出“二十四史大半是假的”时，又讲到这个问题：

……封建社会有一条“为尊者讳”的伦理道德标准，必是皇帝或父亲的恶行，或是隐而不书，或是把责任推给臣下或他人。譬如宋高宗和秦桧主和投降，实际上主和的责任不全在秦桧，起决定作用的是幕后的宋高宗赵构，这在《宋史·奸臣传》的《秦桧传》里，是多少有所反映的。

毛泽东提到的文徵明，是明代著名的文人，曾作《满江红·拂拭残碑》一首：

拂拭残碑，敕飞字，依稀堪读。慨当初，倚飞何重，后来何酷。岂是功高身合死，可怜事去言难赎。最无辜，堪恨又堪悲，风波狱。岂不念，疆圻蹙；岂不念，徽钦辱。念徽钦既返，此身何属。千载休谈南渡错，当时自怕中原复。笑区区，一桧亦何能，逢其欲。

该词是文徵明看到宋高宗褒奖岳飞的手诏石刻后写的，是关于岳飞冤死的有名翻案文字。文徵明通过这首词表达的意思是：议和与杀岳飞两事，都与宋高宗贪恋帝位有关，而区区秦桧的所作所为，不过是投宋高宗贪恋帝位之“欲”而已。

《宋史·秦桧传》中的“反映”，应当是指《秦桧传》中关于主和投降决策过程的记载。绍兴八年（1138 年）十月，秦桧私下对宋高宗讲，大臣们怕担责任，两头讨好，同他们不能够商定大事，如果陛下决心讲和，请只和我一个人商量，不许其他人参与。宋高宗当时就表示同意，但秦桧请他考虑三天再作决定。三天后，宋高宗求和的决心更加迫切，然而秦桧认为还不够，请他“再思三日”。又过了三天，秦桧确知宋高宗决心要讲和，于是拿出了事先准备好的议和书。由这一过程可以看出，主和是宋高宗经过较长时间考虑后作出的决策，秦桧虽然也力主求和，但作出决策的却不是他。

除了《秦桧传》，《宋史》中还有一些可以证明毛泽东论断的文字。如《宋史》卷三十一《高宗本纪八》载，绍兴二十六年（1156 年）三月，宋高宗在诏书中说；“议和之策，断自朕志，秦桧但能赞朕而已。”这个诏书，是针对秦桧死后兴起的反投降浪潮颁布的。可见，赵构自己都承认，议和是他的主张，秦桧不过是一个辅助者和执行者而已。

结合南宋初年宋、金之间议和与交战的实际进展过程，可以更好地理解毛泽东关于宋高宗在主和投降中起主要作用的论断。

南宋建立之时，宋王朝对北方的统治尚未到完全不可收拾的地步。金朝在军事上虽然处于优势地位，但宋军和人民自发组织的义军，仍在北方广大地区内进行着顽强的抵抗。在这种情况下，如果南宋朝廷将各种抗金力量组织起来，坚持抗战，阻挡住金兵的进攻，守住以汴京为中心的中原地带，并非全然不可能。然而，宋高宗等人此时已经被金兵的频频进攻吓坏了，他们无意留在北方抗战，只想逃往东南，偏安一隅。因此，尽管主张抗金的李纲极力反对，说天下精兵都在西北，应暂迁襄、邓，待两河部署就绪，重回东京，宗泽也上书劝宋高宗“勿听奸邪”，应作回汴的决策，宋高宗一伙仍然于建炎元年（1127 年）冬不顾后果地逃往扬州。

宋朝廷南逃，等于向敌人表示决意放弃中原。金朝得知这一消息后，发动了一连串进攻。建炎元年底，金朝兵分三路南侵。建炎二年（1128 年）秋，金兵再次南侵，目标直指扬州。建炎三年（1129 年）初，宋高宗从扬州逃到镇江，又逃到杭州。同年五月，由杭州北上，进驻江宁，改名建康府。在此期间，宋高宗曾派使向金求和，金朝不许。八月，宋高宗派使再次向金求和，在求和书中无耻地说，现在我方既无力量防守，也没地方可逃，只有求你们可怜宽恕了。我们愿意做大金的属国，大金国又何必一定要兴兵呢！

但金朝不理宋高宗的摇尾乞怜，再次出兵南下。宋高宗在金兵的追击下，从建康逃到镇江，随后又逃到常州、杭州、越州、明州、定海，最后乘船入海，逃到温州避难。

金兵退走后，宋高宗一伙苟安江南的意图暴露得更加明显。绍兴二年（1132 年）正月，宋高宗返回杭州（已改名为“临安府”），大兴土木，修建明堂、太庙。宋高宗这样做，意味着他已将临安视为都城，不想再收复中原了。

再说秦桧。北宋末年，金兵攻下东京（今开封），时为御史中丞的秦桧同宋徽宗、宋钦宗一起被掳走。建炎四年（1130 年）底，他从金朝来到临安，自称是逃回，其实是金朝为实行“以和议佐攻战”政策，有意放他回来的。秦桧回来后，拟了一封同金朝议和的文书，进呈宋高宗，并自称有二策可以耸动天下。宋高宗此时正有意求和投降，看了这份议和文书后，对秦桧大为赏识，立刻任命他为礼部尚书，三个月后又升他为参知政事。次年八月，秦桧受命任右相兼知枢密院事，抛出他的两策：“南人归南，北人归北。”遭到南宋许多大臣的反对，连宋高宗也不满，问：我是北方人，该到哪里去。为此，秦桧任右相一年后被罢免。

秦桧虽然被罢相，南宋的主和投降政策却并未结束，宋金之间为议和而进行的接触仍在频频进行。到了绍兴八年三月，为适应求和投降需要，宋高宗再次任用秦桧为右相，于是便有了我们前面提到过的那个决策过程。次年正月，秦桧代宋高宗拜受金朝诏书，接受“和议”。金朝把陕西、河南地“赐”给宋朝，宋向金称臣，每年贡银 25 万两、绢 25 万匹。金朝归还宋徽宗和宋徽宗皇后的棺木。这样，南宋便成了金朝的属邦。

可见，南宋实行主和投降政策，秦桧虽然起了很大作用，但最关键的人物却不是他，而是宋高宗。秦桧是建炎四年底回到临安的，此前的事自然与他无关，即使是秦桧回来之后，他在制定、执行政策上也只是宋高宗的辅佐，如果宋高宗不想投降，单凭秦桧，是不可能掀起大浪的。

毛泽东的“主和责任不全在秦桧”的说法，应当说是符合历史实际的，对历史人物的评价是全面的。当然，主和责任不全在秦桧，并不等于说秦桧没有责任，在历史进程中，个人虽然难以违抗其必然性，但也不是无所作为的！毛泽东的意思恐怕是与赵构相比，秦桧不应承担最主要的责任。这是历史唯物主义的态度。

“无敌”杨业战死在沙场

【品读原文】 杨业战死。

——(见《毛泽东读文史古籍批语集》，第 278~280 页)。

【品读精华解析】 毛泽东读《宋史》卷二《太宗本纪二》，在“会契丹十万众复陷寰州，杨业护送迁民遇之，苦战力尽，为所禽，守节而死”这一节文字下批道：“杨业战死。”

据史书记载，杨业（？—986 年）初为北汉将领，叫刘继业，979 年归降宋朝后，恢复了原来的姓氏，并将“继业”改为“业”。

杨业作战以骁勇闻名，北汉时，国人号之为“无敌”。979 年，宋军进攻北汉，北汉主刘继元已经投降，杨业犹据城苦战。后来，宋太宗通过刘继元出面，这才使他归降了宋朝。入宋后，杨业历任郑州防御使、云州观察使等职，在对辽作战中，战功卓著，声望很高。980 年，辽发兵 10 万攻雁门，杨业出轻兵袭击，辽兵败走。从此以后，辽兵很惧怕杨业，作战时尽量避开他。

雍熙三年（986 年），宋朝再度发兵攻辽。杨业为潘美副将，由雁门向西进攻，交战之初，攻下了雁北诸州。后来，潘美和杨业得知曹彬所率宋军主力战败的消息后，引兵护诸州百姓南徙，行至朔州（今山西朔县）狼牙村，得知辽军已占领寰州（今山西朔县东北）。杨业认为，在敌强我弱的情况下，不宜与之正面作战，应当运用计谋，在运动中达到保全诸州民众的目的。但是监军蔚州刺史王优不同意这一方案。王优认为领数万精兵不应畏惧如此，并指责杨业号称“无敌”却畏惧辽兵，“得非有他志乎”？在这种情况下，杨业只好表示自己愿做先锋，但他知道此行必败，因此临行前指着陈家谷口与潘美、王优等约定，让他们在此地布好阵势，准备接应。

耶律斜轸得知杨业到来，令手下将领萧达凛设下埋伏，自己领兵摆出一副与杨业交战的架势，佯败，将杨业引入埋伏圈。杨业大败撤退，从中午力战至日暮，方至陈家谷口，然而此时这里却并无宋兵接应。原来，王优在这里等了几个时辰，一直没有杨业的消息，以为辽兵已经败走，想争功，便领兵离开了陈家谷口。潘美制止不住，也率兵朝西南而行，途中听说杨业已战败，便自行撤退了。杨业看到谷口无人，率士卒力战，为流矢所中，堕马被俘，不食三日而死。其子杨延玉和岳州刺史王贵等阵亡，士卒伤亡殆尽。事后，宋朝廷追赠杨业为太尉、大同节度使，录其子五人；潘美降三官，除王优名。

杨业战死，极大地影响了北线宋军的士气，“自是宋守云、应诸州者，闻之皆弃城遁”（《辽史纪事本末》卷十九）。宋王朝对收复燕云诸州不再抱希望，对辽作战采取守势。

杨业的事迹，后来被加工成杨家将的故事，广为流传。小说、戏剧中的老令公杨继业，原型便是杨业。这一故事，从一个侧面反映了人们对宋朝苟安政策的不满和对抗辽将领杨业的肯定。

宋徽宗有才但没有出息

【品读原文】 可不要看不起老粗。知识分子是比较没有知识的。历史上当皇帝，有许多是知识分子，是没有出息的。隋炀帝就是一个会做文章、诗词的人。陈后主、李后主都是能诗能赋的人。宋徽宗既能写诗，又能绘画。一些老粗能办大事情，成吉思汗、刘邦、朱元璋。

——毛泽东在1964年3月24日的一次谈话（见陈晋：《毛泽东之魂》，第311页）。

【品读精华解析】　南唐后主李煜、陈后主陈叔宝和北宋徽宗都是亡国皇帝，更巧的是，他们或喜好歌舞，或擅长文章，或能诗会画，好“文”而不善治政治军，属于“知识分子”。但知识不能成为包袱。终日沉湎于风花雪月的生活中，而置国家社稷百姓苍生于不顾，那便是不分轻重，荒淫误国。因此，毛泽东对他们很反感，经常“敲打示众”。

1964年3月24日，毛泽东在一次谈话中说：知识分子是比较没有知识的。历史上当皇帝，有许多是知识分子，是没有出息的。隋炀帝就是一个会做文章、诗词的人。陈后主、李后主都是能诗能赋的人。宋徽宗既能写诗，又能绘画。一些老粗能办大事情，成吉思汗、刘邦、朱元璋。

很明显，毛泽东反感知识分子型的帝王，同他的“老粗出人物”的主张是互为补充的。1964年1月7日的一次谈话中，毛泽东提出了一个很直率的命题：“老粗出人物。”接着发挥：“自古以来，能干的皇帝大多是老粗出身。汉朝的刘邦是封建皇帝里边很厉害的一个。”刘邦虽然是老粗出身，没有什么文化，但豁达大度，从谏如流，有惊人的胆识和才能，以亭长起兵，成就一代伟业。毛泽东说，南北朝，宋、齐、梁、陈，五代梁、唐、晋、汉、周，很有几个老粗。他所欣赏的，是那些马上得天下，于乱世之中杀将出来，建立赫赫战功的雄才大略者。从这个侧面，我们也许能略微看出毛泽东本人的胸怀志趣吧。

岳飞赤诚报国，是个大英雄

【品读原文】　“命系庖厨”，何足惜哉，此言不当。岳飞、文天祥、曾静，戴名世、瞿秋白、方志敏、邓演达、杨虎城、闻一多诸辈，以身殉志，不亦伟乎？

——毛泽东读《新唐书·徐有功传》的批语（见《毛泽东读文史古籍批

语集》，第 237 页）。

【品读精华解析】 女真族政权——金国，于靖康二年（1127 年）掳去徽、钦二帝，灭亡北宋之后，继续向新建立的南宋境内进军；南宋王朝一开始便面临着覆灭的厄运。岳飞从宣和四年（1122 年）19 岁投身行伍起，至 39 岁被害止，一生为抗金而奋斗。

他曾作《满江红》词，下阕云：靖康耻，犹未雪，臣子恨，何时灭！驾长车踏破贺兰山缺。壮志饥餐胡虏肉，笑谈渴饮匈奴血。待从头收拾旧山河，朝天阙。但他没有实现这个愿望，就被奸佞杀害了。

据《宋史·岳飞传》：“兀术遗桧书曰：‘汝朝夕以和请，而岳飞方为河北图，必杀飞始可和。’桧亦以飞不死，终梗和议，己必及祸，故力谋杀之。”这样，岳飞虽死于秦桧的屠刀之下，其实也是金兀术借刀杀人，死于外族威逼朝廷之时。

唐臣徐有功不畏权贵，公正执法，但自己也多次因执法而被人诬陷入狱。他曾比喻自己为山林中的走鹿，不免有一天“命系庖厨”，成为俎上之肉。毛泽东则认为，徐有功“此言不当”。因为人固有一死，只要是“以身殉志”，虽死犹荣。岳飞便是榜样。

朱熹是个大学者，学问渊博

【品读原文】 毛泽东对朱熹，一方面指出他的虚伪，说他责打被压迫的妓女，给妓女加上伤风败俗的罪名，而自己却又纳妾；另一方面又指出朱熹的学问渊博，是个大学者，而且还颇有开通的地方。一方面指出骂曹操为“汉贼”的正统观念始自朱嘉的论著，另一方面又说朱熹的《紫阳纲目》是应该一读的著作。

——见芦荻《毛泽东读二十四史》，《光明日报》1993 年 12 月 20 日。

【品读精华解析】 毛泽东是精通唯物辩证法的思想家和理论家。他的观点和方法，深刻地贯注在他读史的过程中。无论是批注圈画，还是畅谈小议，以至只言片语的评论，都体现出他的思想、观点和他灵活运用的辩证法。对于纷繁复杂的历史现象，他不给以简单的论断，而是谨慎地从当时的历史条件出发，具体地加以剖析。譬如，对于宋代的道学家，他既深刻地指出了道学维护没落的封建统治的本质，又没有把情况复杂的道家简单化。据曾帮助毛泽东整理书籍的芦荻介绍，毛泽东对朱熹的评价就是一分为二（见前面的文字)，充满辩证法的。他还让芦荻读朱熹的书，并说，这是很有用的。

毛泽东曾说他“过去读过孔夫子的书，读了四书、五经，读了六年”。他所谓“六年”是指私塾读书时期。后来他在第一师范读书时，四书五经这类古籍仍属案头之书。朱熹曾编注过一本《四书集注》很有影响，毛泽东对朱熹的这部书应该是早就读过并很熟悉的。不仅如此，他对朱熹注四书还有过很精彩的评论。如 1939 年 2 月他在致张闻天的信中，认为朱熹注释《中庸》时将其中“执其两端用其中”之“两端”释为“谓众论不同之极致”，“这个注解大体是对的”，但又指出，“‘两端’不应单训为‘众论不同之极致’，而应说明即是指的‘过’与‘不及’”。

1949 年 6 月 30 日，毛泽东为纪念中国共产党成立 28 周年发表了《论人民民主专政》一文，文中的一段讲道：“宋朝的哲学家朱熹，写了许多书，说了许多话，大家都忘记了，但有一句话还没有忘记：‘即以其人之道，还治其人之身。’我们就是这样做的，即以帝国主义及其走狗蒋介石反动派之道，还治帝国主义及其走狗蒋介石反动派之身。如此而已，岂有他哉！”

全面地评价一个人物，客观地看到他在历史上的地位，批判地继承人类的精神遗产，剔除糟粕，保留精华，这是毛泽东分析朱熹给人们的启示。

范仲淹的词既苍凉又优美

【品读原文】 词有婉约、豪放两派，各有兴会，应当兼读。读婉约派久了，厌倦了，要改读豪放派。豪放派读久了，又厌倦了，应当改读婉约派。我的兴趣偏于豪放，不废婉约。婉约派中有许多意境苍凉而又优美的词。范仲淹的上两首（指《苏慕遮·碧云天》和另一首《渔家傲·塞下秋来风景异》——引者注），介于婉约与豪放两派之间，可算中间派吧；但基本上仍属婉约，既苍凉又优美，使人不厌读。婉约派中的一味儿女情长。豪放派中的一味铜琶铁板，读久了，都令人厌倦的。人的心情是复杂的，有所偏但仍是复杂的。所谓复杂，就是对立统一。人的心情，经常有对立的成分，不是单一的，是可以分析的。词的婉约、豪放两派，在一个人读起来，有时喜欢前者。有时喜欢后者，就是一例。睡不着，哼范词，写了这些。江青看后，给李讷看一看。

——摘自毛泽东 1957 年 8 月 1 日对范仲淹两首词的批语（见《毛泽东读文史古籍批语集》，第 27~28 页）。

【品读精华解析】 范仲淹虽不以词知名，但《苏幕遮·碧云天》和《渔家傲·塞下秋来风景异》确是范仲淹流传下来的五六首词中的精品，也是毛泽东喜欢书写评论的两首。

《苏幕遮》上部分写秋色，下部分写乡愁，给人以优雅、清新的感觉，很有韵味。《渔家傲》以范仲淹任陕西经略副使，负责沿边军事行政，抑制西夏侵略为生活基础，上承唐代边塞人的风格，通过描写边塞凄凉的景色，表达边防将士忧国忧民的真挚情感。胸襟开阔，风格明健。毛泽东对这两首词的批语“既苍凉又优美”非常贴切，并借此引发出关于婉约与豪放两派的评论。认为自己的兴趣在于“偏于豪放，不废婉约”。而范仲淹的这两首词即介于豪放与婉约两派之间，属“中间派”，所以毛泽东对它们百读不厌。自晚唐五代以后，在词的创作方面，逐步分成两大派别。以北宋柳永、李清照为代表的婉约派，其风格绮靡婉约，情意绵绵，人们习惯用它来写艳情；以苏轼、辛弃疾为代表的豪放派，其风格豪迈宏伟，气势奔放。从毛泽东对范仲淹两首词的批语中，可以看出他对宋词非常喜爱，并对其风格及作者也非常熟悉。毛泽东圈画过岳飞、张元幹、张孝祥、苏轼、秦少游、李清照等许多著名词人的作品，但他圈画得最多的是辛弃疾的词，约98首。

毛泽东是豪放诗人，但也不乏婉约情调。他的大部分诗词都是慷慨激昂，豪迈壮观的，但也有几首婉约情调的千古绝唱。如1923年填的那首《贺新郎》，那今朝霜重、半天残月、凄清如许的景色描绘，那凄然相向、苦情重诉、眼角眉梢都似恨、热泪欲零还住的情态勾勒，那汽笛一声肠已断，从此天涯孤旅的内心感受，深切地表达了毛泽东和杨开慧之间缱绻缠绵的柔情蜜意，透射出毛泽东作为一代伟人不常显露的内在情感。

陆游是了不起的大诗人

【品读原文】 这是陆游写的一首词：《钗头凤·红酥手》。他是南宋一位了不起的大诗人，年轻时就立志“上马击狂胡，下马草军书”。他的表妹叫唐婉，也是一位有才华重感情的妇女。他们的爱情悲剧在《齐东野语》里有记载。

——转引自邓振宇等编：《毛泽东评点二十四史人物精选》，时事出版社1997年12月版，第1577页。

【品读原文】 革命尚未全成，同志仍需努力。港台一带，餮蚊尚多，西方世界，餮蚊成阵。安得起世界各民族千百万愚公，用他们自己的移山办法，把蚊阵一扫而空，岂不伟哉！试仿陆放翁曰：人类今闻上太空，但悲不见五洲同。愚公尽扫饕蚊日，公祭无忘告马翁。

——摘自毛泽东1958年12月21日在文物出版社刻印的大字本《毛泽东诗词十九首》书眉上写的说明。

【品读精华解析】 陆游是毛泽东比较喜欢的一个诗人。他的最为人们熟悉的七绝《示儿》一诗，毛泽东曾加以改写，表达同陆游一样的胸怀和感情，也显示出毛泽东对陆游诗的熟悉与喜爱。

据介绍，毛泽东曾同在北京大学中文系读书的邵华谈起宋代诗人诗作，毛泽东问邵华最喜欢谁的作品，她说是陆游。毛泽东问为什么，她说陆游的作品，充满热血沸腾的爱国主义激情，具有雄浑豪放的战斗风格，常常表现出“一身报国有万死”（陆游《夜泊水村》）的牺牲精神。毛泽东又问她最喜欢陆游的哪几首诗词，并让她背诵，毛泽东还乘兴写下了陆游的《夜游宫·记梦寄师伯浑》。诗中忧患、沉雄、悲愤的情绪，典型地表现了南宋爱国主义诗词作品的风格，它很自然地唤起了毛泽东的共鸣。

毛泽东于1961年12月作《卜算子·咏梅》时，即在短序中写道：“读陆游咏梅词，反其意而用之。”原来，陆游在写《咏梅》一词时，因晚年不为所用而心境不好，故词也写得凄凉抑郁：“驿外断桥边，寂寞开无主。已是黄昏独自愁，更著风和雨……”因时代与心境的不同，毛泽东改写道：“已是悬崖百丈冰，犹有花枝俏。”他不同意陆游的消极，但仍借用其词的原调原韵，可见他对陆游词是相当喜欢的。

王安石因考虑欠缺变法没有成功

【品读原文】 ……王安石，欲行其意而托于古，注《周礼》，作《字说》，其文章亦傲睨汉唐，如此可谓有专门之学者矣，而卒以败者，无通识，并不周知社会之故，而行不适之策也。

——摘自毛泽东1915年9月6日致萧子升信（见《毛泽东早期文稿》，湖南出版社1990年7月版，第21~22页）。

【品读精华解析】 王安石两度为相，主持变法，一度使北宋神宗年间的政治出现生机。终因反对派的攻击、宋神宗的动摇等，招致失败。在青年毛泽东（时年21岁）看来，王安石有“专门之学”，其变法“卒以败者，无通识，并不周知社会之故，而行不适之策也”。毛泽东并非不赞成王安石的变法，而是认为他对社会现实缺乏全面了解，对决策者和上层人士的心理状态未能清楚把握，对改革涉及的阶层缺乏全面了解，未能采取恰当的措施调节、安抚他们，致使他们共同反对变法，导致了变法的失败。

毛泽东通过评价王安石的变法，强调了“通识”的重要，强调了改革要从实际情况出发，做全面的考虑。

运用之妙，在于存乎一心

【品读原文】 古人所谓“运用之妙，存乎一心”。这个“妙”，我们叫做灵活性，这是聪明的指挥员的出产品。灵活不是妄动，妄动是应该拒绝的。灵活，是聪明的指挥员，基于客观情况，“审时度势”（这个势，包括敌势、我势、地势等项）而采取及时的和恰当的处置方法的一种才能，即是所谓“运用之妙”。

——《论持久战》（一九八三年五月）（《毛泽东选集》第2卷，人民出版社1991年6月版，第494页）。

【品读精华解析】 毛泽东的《论持久战》之所以能在国内外引起重大反响，其原因就在于这是一部运用唯物辩证法著就的具有重大参考价值的军事著作。其中，在论述抗日战争的战术问题时，毛泽东摘用了不少中国传统军事著作和兵家言论，这句“运用之妙，存乎一心”就是鲜明的一例。

在正确分析中日两国的国情后，毛泽东总结出“中国的抗日战争将是一场持久战、最终的胜利将属于中国”的结论。接着，他提出了持久战的正确的作战方针：主动地、灵活地、有计划地执行防御战中的进攻战，持久战中的速决战和内线作战中的外线作战。而这个方针实行起来，离不了主动性、灵活性和计划性。

关于灵活性的问题，毛泽东指出，灵活性“就是具体地实现主动性于作战中的东西，就是灵活地使用兵力”。他进一步解释说：“灵活地使用兵力这件事，是战争指挥的中心任务，也是最不容易做好的。战争的事业，除了组织和教育军队，组织和教育人民等项之外，就是使用军队于战斗，而一切都是为了战斗的胜利。组织军队等固然困难，但使用军队则更加困难，特别是在以弱敌强的情况之中。做这件事需要极大的主观能力，需要克服战争特性中的纷乱、黑暗和不确定性，而从其中找出条理、光明和确定性来，方能实现指挥上的灵活性。”

基于对战争形势的分析，毛泽东认为，在抗日战争战场的外线，应该实行速决的进攻战。执行这个方针，有兵力的分散和集中、分进和合击、攻击和防御、突击和钳制、包围和迂回、前进和后退种种的战术或方法是比较容易的。问题的难点在于灵活地使用和变换这些战术。毛泽东强调：灵活地运用这些战术要把握好时机、地点和部队三个关节，忽略了任何一方都不能取胜。因此，正确把握灵活性的作战方法是：在正确把握时机、地点和部队三个条件的前提下，不但使用战术，还须变换战术。攻击变为防御，防御变为攻击，前进变为后退，后退变为前进，钳制队变为突击队，突击队变为钳制队，以及包围迂回等之互相变换，依据敌我部队、敌我地形的情况，及时地恰当地给以变换。

在这个问题的最后，毛泽东摘用《宋史·岳飞传》中“运用之妙，存乎一心”对战术运用过程中的灵活性作了具体阐释：这个“妙”，我们叫作灵活性，这是聪明的指挥员的出产品。灵活不是妄动，妄动是应该拒绝的。灵活，是聪明的指挥员，基于客观情况，“审时度势”（这个势，包括敌势、我势、地势等项）而采取及时的和恰当的处置方法的一种才能，即是所谓“运用之妙”。在本段中，毛泽东对“存乎一心”没有作专门论述，但联系上一节关于对主动性的论述，可以看出：毛泽东所强调的“存乎一心”即是要充分发挥人的自觉能动性的问题。

正如他所说的：“自觉的能动性是人类的特点，人类在战争中强烈地表现出这样的特点。战争的胜负，固然决定于双方军事、政治、经济、地理、战争性质、国际援助诸条件，然而不仅仅决定于这些，仅有这些，还只是有了胜负的可能性，它本身没有分胜负。要分胜负，还需加上主观的努力，这就是指导战争和实行战争，这就是战争中的自觉的能动性。”联系起来看，毛泽东摘用“运用之妙，存乎一心”既非常精准地说明了灵活性在战略战术上的运用，又为这句话赋予了更多的内涵，提出了自己的用兵谋略之道。

第十五章

断代体裁的完璧之作，跨越世纪的历史巨著

——毛泽东品读《明史》

毛泽东读《明史》，觉得它芜杂，虽然并不满意，但读时却极下功夫，这从现在保留的毛泽东批注《明史》的原件上即可看出，在毛泽东读过的《明史》的封面上，密密麻麻，不仅记录了《明史》的册和每册中的卷数，而且还列出了众多传主的姓名，如“60册，列传107，张四维，马自强”，“67册，131~132，东林党传”之类，有的还在传主的姓名之下加圈，有的在传主的姓名之后画括弧加注。毛泽东读《明史》，比较注意明代的政治问题。

朱元璋采用的策略值得借鉴

【品读原文】 朱元璋有个谋士叫朱升，很有见识，朱洪武听了朱升的话“广积粮、高筑墙、缓称王”，最后取得民心，得了天下。

——摘自毛泽东在1953年2月23日同陈毅等人的谈话（见王鹤滨：《紫云轩主人——我所接触的毛泽东》，中共中央党校出版社1991年版，第88页）。

【品读精华解析】 20世纪60年代以后，国际形势发生了一些严重的变化。美国在越战中越陷越深，难以自拔。随着越南战争的升级，美国国内反战呼声日盛，美国困难越来越大。而在这段时间里苏联却迅速地扩展了其军事力量，美苏两个超级大国的军事竞争朝着有利于苏联的方向发展。中国所处的外部环境则日趋紧张。由于中苏两党矛盾激化，苏联在中苏边界部署重兵，对中国北部形成了严重的军事威胁。中印边界发生武装冲突，中国被迫自卫，中印关系紧张。蒋介石在美国支持下叫嚣“反攻大陆”，在东南沿海不断派遣特务袭扰。中国一时处于四面受敌之势。在这种情况下，毛泽东及中共中央对外敌入侵和战争的危险性、紧迫性作了过分严重的估计，并根据这种不切实际的估计，提出了“备战、备荒”的方针和在这一方针指导下的“三线建设”任务。

“备战、备荒”的思想和“三线建设”计划发端于1964年5月中旬到6月中旬在北京举行的中共中央工作会议上。会议期间，毛泽东从存在着新的世界战争严重危险性的估计出发，指出：在原子弹时期，没有后方不行。他把全国划分为一、二、三线的战略布局，要下决心搞好三线建设。1965年6月16日，毛泽东在听取编制第三个五年计划和长远计划问题的汇报时指出：第一是老百姓，不要丧失民心；第二是打仗；第三是灾荒。计划要考虑这三个因素。同年 7 月，国家计委向周恩来汇报根据“备战”和“三线建设”要求而调整和修改的第三个五年计划初步设想时谈道：“三五”计划要从准备应付帝国主义早打、大打出发，把国防放到第一位，抢时间把三线建设成具有一定规模的战略大后方。11 月中旬，毛泽东在华东地区视察时谈到战备问题时指出：要争取快一点把后方建设起来。打起仗来，不要靠中央，要靠地方自力更生，粮食和棉花都要储备一些，要自己搞点钢，制造武器。要修工事、设防，多挖防空洞。1966 年 3 月 12 日，毛泽东在给刘少奇的一封信中提出“备战、备荒、为人民”的方针。他指出：农业机械化应与备战、备荒、为人民联系起来，第一是备战，第二是备荒，第三是国家积累不可太多。

自 1968 年起，中苏边境紧张气氛增加，冲突规模明显增大。1969 年 3 月苏联边防军入侵中国黑龙江珍宝岛地区，随后又在中苏边界西段制造新的流血事件，遭到中国守军的自卫还击和中国政府的强烈抗议，中苏关系进一步恶化。在这种背景下，毛泽东在中共中央九届一中全会上的讲话中，提出了“要准备打仗”的要求。而后，中共中央发布《中国共产党中央委员会命令》，要求各省、市、自治区各级革命委员会，各族革命人民，中国人民解放军驻防边疆部队全体指战员，充分做好反侵略战争的准备，防止敌人突袭。9 月 17 日，《人民日报》刊登了庆祝中华人民共和国成立 20 周年的口号 29 条，其中关于备战的口号是“备战、备荒、为人民”和“提高警惕，保卫祖国！随时准备歼灭入侵之敌”。1972 年 12 月 10 日，中共中央转发国务院《关于粮食问题的报告》时，传达了毛泽东关于“深挖洞，广积粮，不称霸”的指示。加上“备战、备荒、为人民”的口号，成了全民备战的基本口号。整个国家处于临战状态，战备活动进入高潮。全国各地挖了大大小小的防空洞。

战争的危险性、迫切性迫使中国把经济建设放在服从于战备的地位，这就产生了全国范围内大规模的“三线建设”，即集中对西南、西北内陆地区开展的以备战和国防工业为中心的大规模的经济建设。三线建设上马，标志着中国经济建设指导思想，由原来确立的大力发展农业，提高人民生活水平为中心转向以加强国防建设为中心，随之，建设的重点从沿海地区转向西南、西北内陆地区。于是全国各地建设大军云集三线地区，掀起了三线建设的热潮。三线建设主要是在西南、西北地区进行基础工业建设。

应该说三线建设取得了一定的成就。但由于三线建设片面强调“备战”原则，过分强调“分散”“隐蔽”，加之三线建设上马紧，规模过大，尤其是政治运动造成的管理混乱，使三线建设暴露出严重的问题。

毛泽东的这种政策虽然不一定是从朱元璋的策略发展而来，但至少是受了朱元璋“高筑墙、广积粮、缓称王”策略的影响。60~70年代的这种大规模的战备活动虽然完全是防御性的，但它却深刻地影响了当时全球的战略态势。对于一个高度戒备、充分动员起来的大国来说，任何突然袭击都是难以奏效的。积极的战略防御成为避免战争、走向缓和的重要条件。

“今犹存此弊”，时刻要警惕

【品读原文】 今犹存此弊。

——毛泽东读《明史·宣宗》的批语（见《毛泽东读文史古籍批语集》，第284页）。

【品读精华解析】 明宣宗朱瞻基（1398~1435年）是明仁宗朱高炽的长子，于洪熙元年（1425年）即位，年号宣德，在位10年。

明仁宗和明宣宗时期是明朝的鼎盛时期。明仁宗和明宣宗在明太祖朱元璋和明成祖朱棣创业的基础上，比较清楚地看到了明朝前期政治的弊端，因而一改明初的严酷国家政治，而在政治、经济等方面实行宽缓的政策，以稳定内部关系，求得社会的安宁与自身统治的稳固。史称“仁宣之治”。由于明仁宗在位仅有一年，因此，所谓“仁宣之治”实际上是在明宣宗时期完成的。

不过，由于“仁宣之治”比较注重宽容，因而也就出现了“纪纲不振”的问题。有令不行、令行不止的事情屡屡发生。宣德七年（1432年）三月庚申，明宣宗下诏行宽恤之政。第二天，他鉴于当时的政风不严，因而对自己所下的诏令是否能得到落实存有疑问，便对礼部官员重申道：“朕以官田赋重，十减其三。乃闻异时蠲租诏下，户部皆不行，甚者戒约有司，不得以诏书为辞。是废格诏令，使泽不下究也。自今令在必行，毋有所遏。”

毛泽东对《明史·宣宗》的这段故事很有感慨，对此批注道：“今犹存此弊。”

毛泽东所说的“此弊”，指的是有令不行、令行不止的问题。这个批注大约是在50年代后期以后写的，毛泽东对这个问题非常注意，并极力寻求一种合理的解决方法。1959年3月29日，他在一封党内通讯中，曾批评中层干部说：“上面的指示不合他们口味的，他们即阳奉阴违，或者简直置之不理。”“下情不能上达，上情不能下达，危险之至。因此，需要经常开会。”“上层基层，夹攻中层，中层干部的错误观点才能改正。”

不要把朱元璋写得太坏

【品读原文】 朱元璋是农民起义领袖，是应该肯定的，应该写得好点，不要写得那么坏（指朱元璋晚年）。

———摘自1955年毛泽东审阅吴晗著《朱元璋传》（修改稿）时的谈话（见范忠程主编《博览群书的毛泽东》，湖南出版社1993年12月版，第231页）。

【品读原文】 自古能军无出李世民之右者，其次则是朱元璋耳。

——见《毛泽东读文史古籍批语集》，第66页。

【品读原文】 朱洪武是个放牛娃出身，人倒也不蠢，他有个谋士叫朱升，很有见识，朱洪武听了朱升的话“广积粮、高筑墙、缓称王”，最后取得民心，得了天下。

——摘自毛泽东1953年2月23日同陈毅等人的谈话（见王鹤滨：《紫云轩主人——我所接触的毛泽东》，中共中央党校出版社1991年版，第88页）。

【品读精华解析】 朱元璋是中国历史上一个很有作为的开国皇帝，他从一个放牛娃奋斗至至尊之位，可谓身经百战征途艰涩。在位时又大刀阔斧改革勤政，使明朝的经济由复苏走向繁荣，因此深得史学家们的一致赞誉。

《朱元璋传》是著名史学家吴晗的史学代表作。吴晗是明史的研究专家。《朱元璋传》充分地肯定了朱元璋作为一个开国皇帝，不但统一了全国，发展了生产，使社会历史向前推进了一步，而且在吏治方面，也多有建树。当然，吴晗在该书中也指出，朱元璋推行特务统治，规定的八股文制度，宣扬神道等是有害的措施。

吴晗之于此书的写作，多次得到毛泽东的指导性帮助。1948 年 11 月，吴晗到石家庄解放区将该书书稿送给毛泽东审阅。毛泽东肯定了书稿的许多优点和他对一些人物的评价，同时也对书稿中关于元末农民起义领袖、红巾军领导人彭莹玉功成身退的说法提出疑问，认为彭莹玉是一个坚强有毅力的革命者，不应该有逃避（起义成功）的行为，不是他自己犯了错误，就是史料有误，建议吴晗对此予以考虑。没过几天，毛泽东又给吴晗去信指出："在方法问题上，先生似尚未完全接受历史唯物主义作为观察历史的方法论，倘若先生于这方面加力用一番功夫，将来成就不可限量。"

事后，吴晗重新查阅了大量史料，果然找到彭莹玉在杭州被元军杀害的记载，证明毛泽东的判断是正确的。

1955 年，吴晗将该书油印稿再送毛泽东审阅，毛泽东看得很细，指出："朱元璋是农民起义领袖，是应该肯定的，应该写得好点，不要写得那么坏(指朱元璋晚年)。"

之于朱元璋，毛泽东自然十分熟悉，因而对《朱元璋传》的作者吴晗的点拨较多，使其受益匪浅。1953 年 2 月 23 日，毛泽东、陈毅等到南京紫金山天文台视察工作路过朱洪武（元璋）的坟墓，在墓的正北有一墓堂，墓堂里有一幅朱洪武的全身像，整个面部很像猪脸。陈毅于是说："这个朱洪武啊！怕有人刺杀他，所以故意要画家画成这个样子，其实他长得并不这样难看。朱洪武死后，据说南京的四个城门同时出殡，迷惑人们，不知哪个棺木装的是朱洪武，他怕后人盗墓，可谓用心良苦也！"毛泽东接着说："这些都是传说，朱洪武是个放牛娃出身，人倒也不蠢，他有个谋士叫朱升，很有见识，朱洪武听了朱升的话‘广积粮、高筑墙、缓称王’，最后取得民心，得了天下。”

由是，笔者臆测，在中国那一特殊的历史时期，毛泽东提出的“深挖洞，广积粮，不称霸”的号召，大概也受到了朱升之于朱元璋此语的启发吧。

李自成推动了社会进步

【品读原文】 ……吾国自秦以来二千余年推动社会向前进步者主要的是农民战争，大顺帝李自成将军所领导的伟大的农民战争，就是二千多年来几十次这类战争中的极著名的一次。这个运动起自陕北，实为陕人的光荣。

——摘自毛泽东 1944 年 4 月 29 致李鼎铭信（见《毛泽东书信选集》，人民出版社 1983 年 12 月版，第 230 页）。

【品读原文】 当时陕省大饥，自成乘机而起，至山西、张家口、南口、土木堡等处，后至北京，卒为清兵所败……后被三桂引清兵入关，追至无路可走。这可见李自成是代表农民利益的。不过他们的举动，多为暴动，以其失败之主要原因也。

——引自《广州农民运动讲习所文献资料》，广州党史资料丛刊，中共广东省委党史研究委员会办公室、毛泽东同志主办农民运动讲习所旧址纪念馆 1983 年版，第 103~104 页。

【品读原文】 退回来就失败了。我们决不当李自成。我们都希望考个好成绩。

——引自黄丽镛编著《毛泽东读古书实录》，上海人民出版社 1994 年 6 月版，第 179 页。

【品读精华解析】 毛泽东是中国现代史上农民革命战争的成功领袖，由他创立的由农村包围城市，最后夺取城市的革命道路，历史已证明是十分英明而又正确的。

革命初期，毛泽东主动放弃到大城市上海工作，而是认识到历史上黄巢、李闯王式流寇主义的危害，决心创立井冈山红色根据地。曾经和毛泽东一同创立井冈山根据地的谭震林回忆说，1927 年大革命失败后，毛泽东拒绝到上海党中央机关工作，他说，我不愿跟你们去住高楼大厦，我要上山结交绿林朋友。他总结历史上农民起义失败的教训，对我们说，李自成为什么失败了？很重要的一个原因，就是没有巩固根据地。由此可以看出，在中国早期的革命斗争中，毛泽东就意识到了根据地的重要及注意吸取历史经验和教训。

1938 年，在一次关于保卫工作的讲话中，毛泽东又一次提到李自成，他说，我们历来的造反领袖，后来都腐化了，做了皇帝的都不好了，但李自成本人始终是好的，老百姓称赞他，因为他代表农民利益向地主阶级造反。

1944 年 4 月初，毛泽东读罢李健侯先生写的《永昌演义》（此书是陕甘宁边区政府副主席李鼎铭推荐给他的）后，于 29 日给李鼎铭写了一封信：

鼎铭老先生左右：

《永昌寅义》前数年为多我所借阅；近日鄙人阅读一过，获益良多。并已抄存一部，以为将来之用。作者李健侯先生经营此书，费了大力，请先生代我向作者致深切之敬意。此书赞美李自成个人品德，但贬抑其整个运动。实则吾国自秦以来二千余年推动社会向前进步者主要的是农民战争，大顺帝李自成将军所领导的伟大的农民战争，就是二千多年来几十次这类战争中的极著名的一次。这个运动起自陕北，实为陕北人的光荣，尤为先生及作者各位先生们的光荣。此书若按上述新历史观点加以改造，极有教育人民的作用，未知能获作者同意否？又健侯先生近来健康如何，能来延安一游否？统祈转致健侯先生为祷！

敬颂

大安！

毛泽东

四月二十九日

由此信亦可看出，毛泽东之于李自成的评价，是非常高的。

1944 年，也正好是李自成攻进北京推翻明王朝 300 周年。历史学家郭沫若在重庆写了一篇 1.9 万字的《甲申三百年祭》的史论。该文推翻明末清初以来特别为国民党御用史家大肆宣扬的“李自成万年流寇，崇祯帝旷代明君”的观点，歌颂李自成领导的是“规模宏大而经历长久的农民革命”，开创性地阐述了农民革命是推动历史前进的动力的唯物史观。在文中，郭沫若还总结了李自成进京后功败垂成的历史教训，阐明一条极为重要的历史经验：一切以革命为宗旨的阶级或社会集团，在胜利情况下要防止骄傲，同时也指出了李自成农民起义即使成功，迟早也会变质的历史必然性。

毛泽东十分看好这篇史论。4 月 12 日，毛泽东在一次高级干部报告中，说：“我党历史上曾经有过几次表现了大的骄傲，都是吃了吃亏的。全党同志对于这几次骄傲，几次错误，都要引以为戒，近日我们印了郭沫若论李自成的文章，也是叫同志们引为鉴戒，不要重犯胜利时骄傲的错误。”不久，毛泽东和党中央决定把《甲申三百年祭》作为整风文件，下发全党学习。

毛泽东十分注重胜利导致骄傲，骄傲导致吃亏的问题。1949 年 3 月 5 日，在夺取全国胜利已成定局的情况下，在七届二中全会上，毛泽东说：“因为胜利，党内的骄傲情绪，以功臣自居的情绪，停顿起来不求进步的情绪，贪图享乐不愿再过艰苦生活的情绪，可能生长。可能有这样一些共产党人，他们是不曾被拿枪的敌人征服过的，他们在这些敌人面前不愧英雄的称号，但是经不起人们用糖衣裹着的炮弹的攻击，他们在糖弹面前要打败仗，我们必须预防这种情况，务必使同志们继续保持艰苦奋斗的作风。”

是年 3 月 23 日，毛泽东与周恩来等领导人即将乘车进北京。启程前毛泽东风趣地说：“今天是进京‘赶考’。”周恩来在一旁接着说：“我们应当都能考试及格，不要退回来。”毛泽东立即说：“退回来就失败了。我们决不当李自成。我们都希望考个好成绩。”

毛泽东对李自成的评价，说明毛泽东善于总结历史的经验教训，重于借鉴历史，避免重犯历史错误，正确地掌握革命的舵轮，绕过暗礁险滩，从胜利走向胜利。

粗人朱元璋搞得很好

【品读原文】 所谓以弱当强，就是以少数兵力佯攻敌诸路大军。所谓以强当弱，就是集中绝对优势兵力，以五六倍于敌一路之兵力，四面包围，聚而歼之。自古能军无出李世民之右者，其次则朱元璋耳。

——见《毛泽东读文史古籍批语集》，第 66 页。

【品读精华解析】 朱元璋，明朝的开国皇帝，他在位时的年号为“洪武”，因此，有些场合下，特别是在文学作品中，人们又称他为朱洪武。

毛泽东在读书、谈话中，对朱元璋的军事才能和治国才能给予了充分肯定。例如，毛泽东读《智囊》卷二十二《兵智部·制胜》，批道：“所谓以弱当强，就是以少数兵力佯攻敌诸路大军。所谓以强当弱，就是集中绝对优势兵力，以五六倍于敌一路之兵力，四面包围，聚而歼之。自古能军无出李世民之右者，其次则朱元璋耳。”

再如，1953 年 2 月，毛泽东在南京游紫金山，陪同的陈毅讲了当地关于朱元璋的一些传说故事，毛泽东接着说：“朱洪武是个放牛娃出身，人倒也不蠢。他有个谋士叫朱升，很有见识。朱洪武听了朱升的话‘高筑墙，广积粮，缓称王’，最后取得民心，得了天下。”

又如，1964 年 3 月 24 日，毛泽东在一次谈话中说：可不要看不起老粗。他列举了三个老粗皇帝，其中之一便是朱元璋。在同年 5 月 12 日的一次谈话中，毛泽东又说：“《明史》我看了最生气。明朝除了明太祖、明成祖不识字的两个皇帝搞得比较好，明武宗、明英宗还稍好些以外，其余的都不好，尽做坏事。”

毛泽东关于明朝皇帝优劣的意见对不对，姑且勿论，但他说朱元璋会用兵，治国上“搞得比较好”，则是事实。考察朱元璋一生的活动，特别是他从起兵到建立明朝后在治军、治国上所作的决策和采取的措施，可以清楚看到，毛泽东的这些评价是合乎实际的。

朱元璋，祖籍沛，至其父时徙于濠州（今安徽凤阳）。生于元文宗天历元年（1328 年），15 岁时淮北大旱，继以瘟疫，父母病死，成为孤儿，入皇觉寺为僧，一月后游方淮西，21 岁时重回皇觉寺。此时元朝统治危机重重。在朱元璋游方之时，台州（今浙江临海）方国珍已经起兵，聚众海上。元顺帝至正十一年，元朝命贾鲁为工部尚书，发 15 万民夫开黄河故道。刘福通因以发动起义。稍后蕲州（今湖北蕲春）罗田人徐寿辉亦起义，据蕲水（今湖北浠水）为国都，称帝，国号天完，建元治平。次年二月，郭子兴等起兵于濠州；三月，25 岁的朱元璋投入郭子兴部下为兵。

从军后，朱元璋得到郭子兴赏识，郭子兴将自己抚养的老友马公的孤女嫁给他，此后朱元璋因军功不断升迁，由一名普通的士兵逐渐升到大元帅。元顺帝至正十五年（1355 年），朱元璋率军渡过长江，下采石，取太平（今安徽当涂），次年二月攻占集庆，改名应天府（今江苏南京）。从此，朱元璋以应天府为根据地，同元朝军队和其他反元军队作战，势力、地盘不断扩大。在这些战斗中，最值得一提的是同陈友谅的作战。

元至正二十年（1360 年），陈友谅弑徐寿辉，自称皇帝，国号大汉，改元大义，据有江西、湖广之地。陈友谅约张士诚一起进攻应天。张士诚自至正十三年（1353 年）起兵，称诚王，国号大周，此后对元屡叛屡降，至 1363 年自立为吴王，占有江北、淮东与平江（今江苏苏州）等地。这两支力量如果合在一起，朱元璋很难应付。于是，朱元璋令部下康茂才诱陈友谅速来进攻应天。陈友谅中计，在应天大败，而张士诚并未发兵。朱元璋达到了各个击破的目的。

元至正二十三年（1363 年），张士诚派大将吕珍围攻安丰（今安徽寿县南），小明王韩林儿派人到朱元璋处征兵解围，朱元璋率军往援。陈友谅乘机以大兵围攻洪都（今江西南昌），连续攻城 80 多天，城墙几次被攻破，但都被朱元璋的洪都守将朱文正击退。朱元璋在解决了小明王问题之后，统军 20 万回援。双方军队在鄱阳湖展开了可能是中国有史以来规模最大的一次水战。最后，陈友谅被乱箭射死，全军溃败，部将带着陈友谅尸体，保护着他的儿子陈理，连夜逃回武昌。经过鄱阳湖之战，陈友谅部精锐丧失殆尽。

随后，朱元璋于当年九月和次年二月两次统军亲征武昌。至正二十四年（1364 年）二月，陈理降，汉亡。

鄱阳湖之战是朱元璋与陈友谅之间决定性的一次战役。毛泽东读《明史·太祖本纪》，对这次战役十分留意，批道："此役打了两月余。"

既称"两月余"，至少应当多于 60 天。但是依《明史·太祖本纪》的记载推算，朱元璋七月癸酉日救援洪都，癸未日到达湖口，四天后即丁亥日两军相遇，八月壬戌日陈友谅死。此次战役从朱元璋到达湖口算起，实际只进行了 40 天，即使从朱元璋率兵增援时算起，也只有 50 天。由此看，毛泽东的这一批语显然不确。

消灭了陈友谅军事集团，朱元璋没有了后顾之忧，于是将用兵方向转向东面的张士诚。元顺帝至正二十五年（1365 年），朱元璋以徐达为大将军，智取江北、淮东张士诚之地，再取泰州及高邮，至次年，淮东悉入朱元璋版图。接着又命徐达、常遇春率军 20 万，讨伐张士诚，连下湖州、杭州，进围平江。至正二十七年，徐达等克平江，俘获张士诚，吴亡。

应当指出，朱元璋对陈友谅、张士诚用兵的次序，是认真考虑后决定的。当时，从实力上讲，陈友谅较强，张士诚较弱。因此，有的将领主张，用兵次序当先从较弱的张士诚入手。但朱元璋不同意，他认为，陈友谅有野心，如果同张士诚作战，陈友谅肯定会从后面进攻，这样，自己就会陷入两面作战的不利境地。张士诚没有远见，如果自己先进攻陈友谅，张士诚很可能不会采取行动。等消灭了陈友谅，再攻打张士诚，则易如反掌。后来的情况证明，朱元璋的这一分析是对的。当他与陈友谅作战时，张士诚虽派兵进行了一些骚扰，但自始至终，未对朱元璋构成严重威胁。

从朱元璋与陈友谅、张士诚作战中，可以看出朱元璋确实很有军事才能。这种才能在其后决定北伐用兵方略时，得到了又一次体现。至正二十七年，朱元璋命徐达为征虏大将军、常遇春为副将军，率师 25 万，北伐中原。在此前召开的一次决定用兵次序的会议上，常遇春提出直捣元朝都城大都（今北京）。朱元璋认为，大都守备一定很坚固，如果孤军深入，粮饷供给不上，元朝的各路援军一到达，己方的处境十分危险。他主张"先取山东，撤彼屏蔽，移兵两河，破其藩篱，拔潼关而守之，扼其户槛。天下形胜入我掌握，然后进兵，元都势孤援绝，不战自克。鼓行而西，云中、九原、关陇可席卷也”。也就是说，不急于攻大都，先消灭山东、河南、河北的元军，扫清大都的外围，待造成一种必胜之势后，再攻大都。攻下大都后，再进军西北地区。此后，北伐基本就按这个次序进行，并最终取得了胜利。

朱元璋不仅在军事上比较能干，在治国上也很有心计。这一点，仅从下面几个事例，即可见其一斑。

其一，地方机构实行分权。洪武九年（1376 年），他下令撤销行中书省，分全国为 12 个布政使司（至永乐间成为两直隶十三布政司），罢行中书省的平章政事及左、右丞，改置承宣布政使（管地方民、财两政）、提刑按察使（管司法）和都指挥使（管军政），使其不相统属。这样，就把原来无所不辖的行省权限，变成了军、政和司法的三权分立，避免了地方官吏专权，有利于中央的集权统治。

其二，中央废中书省，不设丞相，实行六部制度。明朝建国后，朱元璋便对“百司纲领”的中书省和易于擅权的丞相采取了一些限制措施。曾下令六部奏事不必先告诉中书省。洪武十三年（1380 年），借口有人告发左丞相胡惟庸“谋逆”，将其杀死，同时下令取消中书省，废除丞相一职，而且子孙永远不许再提设丞相的事，如果有朝臣提及者，必处以绞刑。废除丞相之后，将丞相之政归入吏、户、礼、兵、刑、工六部。六部尚书直接对皇帝负责。这样，朱元璋便达到了“政皆独断”的高度集权目的。

其三，设五军都督府。与兵部分掌军政。从同样的分权原则出发，朱元璋撤销了“节制中外诸军事”的大都督府，分设中、左、右、前、后五军都督府，分领在京和在外诸司卫所。五军都督府与大都督府的职权范围完全不同。大都督府掌天下兵马，五军都督府则分领都司卫所，且不包括属于“天子亲军”的上十二卫；大都督府不仅掌管兵马的操练，而且有迁选、调遣之权，五军都督府虽有管理军籍和军旅事务之权，但人事、调遣和政令发布之权却在兵部。与此同时，兵部又无权了解全国军队和马匹的具体数字。凡遇战争，天子命帅，兵部签发出兵之令；战事结束，将帅还印于朝，官军各回本卫。这样，就在最大限度上做到了将军队控制在皇帝一人手里。

其四，设三法司共掌刑政。明朝称刑部、都察院、大理寺为三法司。凡有大狱，三司会审。初审时以刑部、都察院为主；复审时则以大理寺为主。这样，便防止了司法权“专于一司”的可能性。

朱元璋实行上述措施的目的，是使国家机构“犬牙相制”，“权不专于一司”，强化皇权。此外诸如改御史台为都察院、设立独立于六部之外的六科、设特务机构、制定法律、搞文化思想专制、大兴文字狱等等，从根本上讲也都是为这个目的服务的。朱元璋虽然文化程度不高，但在如何实行统治上，同历史上许多皇帝相比，却老谋深算。因此，毛泽东说“朱元璋不蠢”，并告诫人们不要看不起老粗。

最后介绍一下朱升。朱升，字允升，休宁（今安徽休宁）人。元末举乡荐，为池州学正。元末农民起义爆发后，弃官隐居。朱元璋军攻下徽州（治所在今安徽歙县）后，经部将邓愈引荐，朱元璋向他“问时务”，他回答：“高筑墙，广积粮，缓称王。”即加强防御，积攒实力，不急于加封号，避免成为元朝军队和其他军事集团的众矢之的。从朱元璋后来的举措看，朱升的这段话显然产生了影响。朱元璋能够取得天下，应当说与他采纳了朱升的这个主张有很大关系。

20世纪70年代，毛泽东提出了“深挖洞，广积粮，不称霸”这一全民备战的口号。这一口号无论从内容到形式，都与“高筑墙，广积粮，缓称王”十分相似。当然，朱升的那句话，经过毛泽东的发挥，在不同的时代背景下，已经被赋予了新的内涵。

白莲教起义的意义重大

【品读原文】　白莲教史。

——见《毛泽东读文史古籍批语集》，第285~287页。

【品读精华解析】　明熹宗天启二年（1622年）五月，山东郓城一带爆发了徐鸿儒领导的白莲教农民起义。《明史》卷二百五十七《赵彦传》较为详细地记载了此次起义的准备、发动、进展及被镇压过程。毛泽东读了《赵彦传》后批道："白莲教史。"

白莲教为元、明、清时期民间流行的宗教，始于南宋初茅子元创立的莲宗，初为佛教的一支，教义渊源于静土宗，崇奉阿弥陀佛。元代渗入了其他宗教观念，主要是弥勒下生说，逐渐转为崇奉弥勒佛。明代正德以后，受罗教影响，吸收了"真空家乡，无生父母"观念，奉无生老母为创世主，宣称无生老母派弥勒佛下凡，将迷失在红尘中的"皇胎儿女"收回到"真空家乡"。此后教派林立，名目繁多，至清代估计在一百种以上。教义雷同，组织、法规、活动方式大体相似，故仍可统称为白莲教。参加白莲教的主要是农民、手工业者、城市平民、流民、胥吏、差役和下层知识分子。明代经由太监，也传入了皇宫。

白莲教自创立以来，经常被用于动员组织农民起义。仅明代，这样的起义就有多起，徐鸿儒起义则是其中较为著名的一次。在这次起义之前，蓟州人王森自称闻香教主，倡导白莲教，在畿辅（北京城附近地区）、山东、山西、河南、陕西、四川有很多信徒。后王森被官府逮捕，死在监狱里。其子王好贤与徐鸿儒、于弘志继续行教，"徒党益众"。此时，明王朝的统治极其腐败。自万历十年之后，明神宗朱翊钧居于深宫，"万事不理"，"未尝一接大臣"。明神宗之后，明熹宗朱由校"好亲斧锯凿髹漆之事"，一切国家大事，听任宦官魏忠贤独断专行。经济上，这一时期的赋税差徭多如牛毛，土地兼并更加激烈，加之万历年间矿监税使四出横行，水、旱、蝗、雹连年不断，逼得广大人民除了造反起义以外，别无生路。山东、北直隶地区是明朝与后金战争的直接后方，受害较他省尤为惨重。至万历末年，甚至有为了得到数十文钱即将妻子卖掉、一两个馒头即将儿子卖掉的惨事发生。在这种情况下，王好贤等人认为发动起义的时机已经成熟，遂共同商定，中秋节时"十方同起"。后由于走漏了消息，徐鸿儒遂于这年五月提前起义。

起义爆发后，徐鸿儒自号中兴福烈帝，称大乘兴胜元年。起义军各部首先攻占了郓城、邹县、滕县、峄山等地，众至数万。其后又占领了临城、纪王城、峄山、伏山、界河驿等重要城镇与军事要地，并屡次围攻巨野、曲阜、兖州、郯城等，控制了山东境内运河两岸的广大地区。

徐鸿儒起义的消息使明朝统治者极为震动，在起义军的猛烈打击下，明朝的山东巡抚赵彦、巡按王一中等一方面企图招抚分化起义军，另一方面调集附近各州县的驻军，截留各省援辽军和秋班军，加紧编练地主武装，向起义军反扑。此后，起义军与明朝军队在邹、滕、兖、曲一带进行了长达数月之久的战斗。至十月，徐鸿儒在峄县突围，由于叛徒告密，不幸被俘，十一月在北京被杀害。然而，起义军余部仍在战斗，直到天启四年（1624 年），在邹、滕、宿、泗一带，起义军仍保存着相当大的力量。而且，在这一时期里，白莲教徒还不断发动新的起义。

徐鸿儒起义虽然失败了，但这场起义的意义却不应低估。它不仅给明朝统治以沉重的直接打击，而且从历史发展角度看，这次起义实际上已经揭开了明末农民大起义的序幕。

陈新甲无意间“泄密”导致杀头

【品读原文】 不负责任。

——见《毛泽东读文史古籍批语集》，第 285~287 页。

【品读精华解析】 陈新甲（? 一 1642），《明史》卷二百五十七有传。他是明朝万历末年举人，历任定州知州、刑部员外郎、郎中、宁前兵备佥事、副使、右佥都御史、宣府巡抚、兵部右侍郎等职，至崇祯十三年（1640 年）正月，升为兵部尚书。

从举人出身，最后能够当上兵部尚书，这种事在明朝后期还是极为罕见的。陈新甲所以能得此殊荣，至少与两方面因素有关。其一是明王朝此时内忧外患俱至，而当时的许多大臣又不愿担负责任重大的兵部尚书一职，这才轮到了陈新甲。其二是陈新甲在明朝末年还算得上是一个较有能力的官员。《明史》本传称他“以才能著”，“雅有才，晓边事”。在他任宁前兵备佥事时，大凌城被清兵围困，明朝援兵至者很多，“征缮悉倚赖焉”。任宣府巡抚期间，亲自考察长城一线的防御情况，“经前人足迹所不到，具得士马损耗、城堡倾颓、弓矢甲仗朽敝状”，北线“边防赖之”。

当然，从明王朝角度讲，陈新甲在任职期间也犯有很多错误。例如，清兵深入内地，陈新甲为兵部右侍郎统兵，“终不敢战”；任兵部尚书后，他推荐能力较差的丁启睿接替杨嗣昌之职；锦州城被清兵围困，洪承畴率兵数万增援，陈新甲主张分四路夹攻，洪承畴认为“兵分力弱，意主持重以待”，陈新甲促其速战，结果大败。从品德讲，陈新甲“不能持廉，所用多债帅”。所谓“债帅”，系指那些靠借债筹钱买得官职的人。由此可知，陈新甲受贿也很严重。然而，对臣下颇为严厉的崇祯皇帝，对陈新甲却颇为“宽容”，陈新甲多次受到弹劾，都不了了之。这一方面是因为明王朝此时缺少更合适的人选，崇祯皇帝得依赖他；另一方面则在于陈新甲“深结中贵为援，与司礼王德化尤昵，故言路攻之不能入”，崇祯皇帝不了解详情。

崇祯十五年（1642年）三四月间，清兵连破沈阳、锦州，兵通山海关之际，作为兵部尚书，陈新甲鉴于明王朝当时面临的内外交困局面，自行其是干了一件“大事”，即在未征得崇祯皇帝同意的情况下开始与清议和。这件事传到崇祯皇帝那里，崇祯皇帝初时很生气，后来在大学士谢升的劝说下，又令陈新甲在秘密状态下进行此事。后来谏官听到了一些风声，纷纷上书反对。只不过由于参与此事的人少，崇祯皇帝事先又曾告诫陈新甲不得向外透露，谏官虽然反对，却拿不出真实凭据来。就在这时，陈新甲一个疏忽，自己将这个秘密泄露了出去。大致经过是：陈新甲派出去经办此事的职方郎马绍愉给他送来了机密书面报告，他看后顺手将这份报告放在桌案上。不料他的家童以为这是塘报（一种官方通讯），将这份机密文件“抄传”出去。于是舆论哗然，朝臣纷纷上疏反对，弄得崇祯皇帝十分被动、尴尬。

毛泽东读《明史·陈新甲传》时，在这一部分内容下所作的批语是：“不负责任。”

泄密后，陈新甲初时还不知“不负责任”的代价有多重。因此当崇祯皇帝为此责备他时，他非但不认错，反而自诩有功。崇祯皇帝大怒，把他关进监狱。直到这时，陈新甲才知道大祸临头。他向崇祯皇帝上疏请求宽恕，崇祯皇帝不答应。他又花钱托人说情，仍然无用。大学士周延儒、陈演对崇祯皇帝说：按照法律，敌兵不打到城下，不能杀大司马。崇祯皇帝说：别的事不提。他使七个藩王被杀被辱，难道不比敌兵打到城下更严重吗？于是，陈新甲被处死，时在同年八月。

不过，崇祯皇帝虽然杀了陈新甲，却没有将他说得一无是处。因此，当给事中沈迅事后在崇祯皇帝面前说陈新甲坏话时，崇祯皇帝却说：把你放到陈新甲的位置上，恐怕还不如他！

高启是明朝最伟大的诗人

【品读原文】 高启，字季迪，明朝最伟大的诗人。

——摘自白金华：《毛泽东谈作家与作品》，吉林人民出版社1993年版，第36页。

【品读原文】 田家英同志：

请找宋人林逋（和靖）的诗文集给我为盼，如能在本日下午找到，则更好。

毛泽东

十一月六日上午六时

田家英同志：

有一首七言律诗，其中两句是：雪满山中高士卧，月明林下美人来。是咏梅的，请找出全诗八句给我，能于今日下午交来则更好。何时何人写的，记不起来，似是林逋的，但查林集没有，请你再查一下。

毛泽东

十一月六日上午八时半

家英同志：

又记起来，是否清人高士奇的，前四句是：琼枝只合在瑶台，谁向江南处处栽。雪里山中高士卧，月明林下美人来。下四句忘了。请问一下文史馆老先生，便知。

毛泽东

六日八（九）时

——毛泽东1961年11月6日上午致田家英三封信（见《毛泽东和他的秘书田家英》，中央文献出版社1989年版，第108~110页）。

【品读精华解析】 1961年11月6日上午6时，工作了一夜的毛泽东突然给他的秘书田家英写去一信："请找宋人林逋（和靖）的诗文集给我为盼，如能在本日下午找到，则更好。"林逋是宋代归隐诗人，被世人称为"梅妻鹤子"。

林逋的诗文集很快就送到了毛泽东的手里。这天上午8时半，他给田家英写去了第二封信："有一首七言律诗，其中两句是：雪满山中高士卧，月明林下美人来。是咏梅的，请找出全诗八句给我，能于今日下午交来则更好。何时何人写的，记不起来，似是林逋的，但查林集没有，请你再查一下。"

就在田家英为他查找之时，这天，毛泽东给他写了第三封信："又记起来，是否清人高士奇的。前四句是：琼枝只合在瑶台，谁向江南处处栽。雪里山中高士卧，月明林下美人来。下四句忘了。请问一下文史馆老先生，便知。"

很快，这首诗被查明了。该书为明代高启的《梅花》九首之一，全诗为："琼枝只合在瑶台，谁向江南处处栽。雪满山中高士卧，月明林下美人来。寒依疏影萧萧竹，春掩残香漠漠苔。自去何郎无好咏，东风愁寂几回开。"这天，毛泽东手书了这首诗，并写上："高启，字季迪，明朝最伟大的诗人。"

毛泽东一直推崇高启的诗。早在1957年，毛泽东与袁水拍、臧克家谈话时曾说过："我过去以为明朝的诗没有好的，《明诗综》没有看头，但其中有李攀龙、高启等人的好诗。"大概正是这首《梅花》给毛泽东留下了好印象，只是后来他记错了作者。

在《毛泽东手书古诗词选》里，就收有毛泽东书写的高启的《吊岳王墓》，全诗为："大树无枝向北风，十年遗恨泣英雄。班师诏已来三殿，射虏书犹说两宫。每忆上方谁请剑，空嗟高庙自藏弓。栖霞岭上今回首，不见诸陵白露中。"此次毛泽东重读到高启的《梅花》诗后，就在当天，用草体书写了全诗，大大地写上"高启"二字，并写道：字季迪，明朝最伟大的诗人。这一评价，反映了毛泽东对高启及其诗作的推崇。至于毛泽东为何会如此赞赏高启其人和他所作的诗，则不得而知。

继承徐霞客注重实践的精神

【品读原文】 明朝那个江苏人，写《徐霞客游记》的，那个人没有官气，他跑了那么多路，找出了金沙江是长江的发源。"岷山导江"，这是经书上讲的，他说这是错误的，他说是"金沙江导江"。同时，我看《水经注》作者也是一位了不起的人。他不到处跑怎么能写得那么好？这不仅是科学作品，也是文学作品。

——摘自毛泽东1958年1月28日在最高国务会议上的讲话（见龚育之、逄先知、石仲泉：《毛泽东读书的生活》，三联书店1986年版，第270页）。

【品读精华解析】 毛泽东称道《徐霞客游记》，说它"不仅是科学作品，也是文学作品"，这个评价是妥帖的。同时，毛泽东更称道徐霞客其人。因为他的文章之所以写得好，并且能有新的发现，敢于否定书本上已有的定论，提出自己的科学沦断，主要是因为他亲身游历和实地考察的结果。他对金沙江是长江的源流的发现，否定了《禹贡》的"岷山导江"的"定论"，推倒了陈陈相因的旧说。毛泽东推崇的，就是这种"读无字之书"的实践精神。

毛泽东不止一次推荐过《徐霞客游记》，还说过"我想学徐霞客"的话。

1959年4月5日在上海召开的中共八届七中全会上，他说，如有可能，我就游历黄河、长江，从黄河口沿河而上。搞一班人，地质学家、生物学家、文学家，只准骑马，不准坐车，骑马对身体实在好，一直往昆仑山，然后到猪八戒的那个通天河，翻过长江上游，然后沿江而下，从金沙江到崇明岛。我有这个志向……我很想学徐霞客。徐霞客是明末崇祯时江苏江阴人，他就是走路，一辈子就是这么走遍了，主要力量用在长江。《徐霞客游记》可以看。为了实现这个愿望，他让中央警卫局在北京西山组建了一支秘密骑兵大队，作为考察之用。由于形势很快发生变化，后来这个愿望虽没有实现，却证明了毛泽东壮游天下之志，调查求实之心，愈老弥笃。